最新修訂版

超地緣政治學

地理×政治×世界史
從主體建立世界局勢觀點
從看懂國與國的競合關係強化本體

茂木誠監修　武樂清、Sideranch繪製　陳令嫻翻譯

序言

底下並排了二張世界地圖。

右邊是大家經常在學校看到的地圖，以麥卡托投影法繪成。在以太陽方向為指標的航海時代，水手經常使用這種將經度和緯度描繪成直線的地圖。

相信許多人小的時候在觀察麥卡托投影法繪製的地圖時，一定會覺得俄國與加拿大好巨大，日本好小啊，對吧？其實這和地球真正的情況相差甚鉅。

麥卡托投影法就像把圓形的地球表面像剝橘子一樣攤開。單看剝開的橘子皮，是無法想像橘子原本的形狀的。

左邊的地圖是以正方位等距離投影法描繪而成。正方位等距離意指「和中心的距離與方位正確」，以這種方式繪製而成的地圖儘管無法完美呈現地球的另一端，卻是最接近從宇宙觀察地球的模樣。在觀察整個大陸時，這是最正確的地圖。

觀察正方位等距離投影法所繪製的地圖可以發現，俄國與加拿大之間只隔著北極；中國和印度幅員廣大；俄國

麥卡托投影法繪製的世界地圖

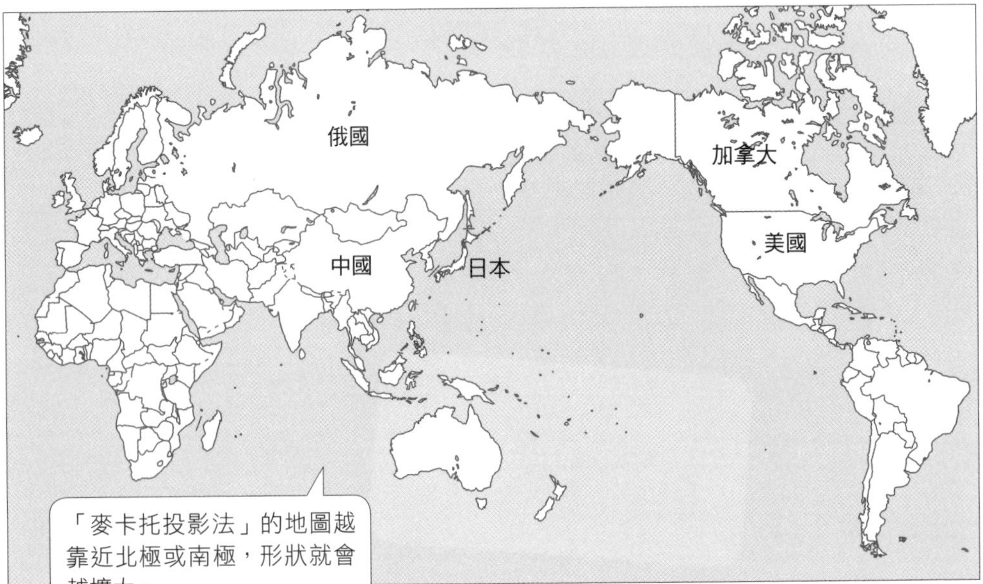

「麥卡托投影法」的地圖越靠近北極或南極，形狀就會越擴大。

除了北冰洋之外，幾乎沒有出海口。

地緣政治學是從地理的角度，分析各個國家行為的學問，其基本原理如下：

「國家的行動原則是生存。」
「接壤的國家互相敵對。」
「敵人的敵人是朋友。」

基本原理雖然十分簡單，卻能在學習的過程中體會大國領袖如何以地圖為本，思考國家政策的過程，令人興奮不已。

請大家一起好好享受吧！

茂木　誠

正方位等距離投影法繪製的世界地圖

本書基本採用「正方位等距離投影法」，分析世界各國之間的關係！
美國
加拿大
俄國
印度
中國
日本

接下來的新聞特輯介紹「當前的國際紛爭」
の今
首先是敘利亞內戰的最新情況
政府軍和反叛軍之間的內戰至今仍持續延燒。
國際紛爭啊……
貿易公司職員
松岡　健一郎
國與國之間的戰爭總是打不完啊！
就算以為結束了，還是會常常看到類似的新聞……
究竟是什麼原因逼得他們不得不打仗呢？
這些戰爭的背後都潛藏了地緣政治風險。
地緣政治風險……？
哥哥，你看的新聞好難喔！
是未來啊！
家庭老師差不多要來了！
健一郎的妹妹
未來
是嗎？要上課了啊？
是啊！
你好，敝姓坂本。
啊！老師來了。

打擾了。
家庭教師
坂本響子
啊！你好，原來哥哥也在。
坂本老師好，從今天開始，我妹妹就請您多多指教了。
今天新聞報導的是中東的戰局啊！
是啊，坂本老師好像很熟悉的樣子呢。
因為我學過世界史和地緣政治學。
喔——所謂「地緣政治學」是什麼樣的學問呢？
簡而言之，就是研究地理條件如何影響國際關係的學問喔！
咦……？
聽不懂
嗯……
那麼，我這樣說的話，不知道能不能理解……
地緣政治學是研究國家之間的關係如何因為地形而產生變化的學問。

例如……
我們用中國當例子來思考一下吧！
近年來中國在南沙群島填海造陸、建設機場跑道等等，
在南海的動作頻繁，愈來愈惹人注意對吧？
中國主張的邊界
中國
菲律賓
越南
中國這些強勢的舉動其實都是有理由的。
中國自古以來便一直感受到來自北方的威脅。
但冷戰結束後，由於俄國勢力轉弱，中國不用再擔心來自北方的侵略
露
中
於是，中國開始進軍南海。
不過，擅自進入他國領海，是違反國際法的喔！
No!
美國為了想牽制中國，所以形成目前的情勢。
為什麼遠在西方的美國要千里迢迢跑來牽制中國進軍南海呢？
因為美國要保衛麻六甲海峽這個咽喉要道。
咽喉要道？

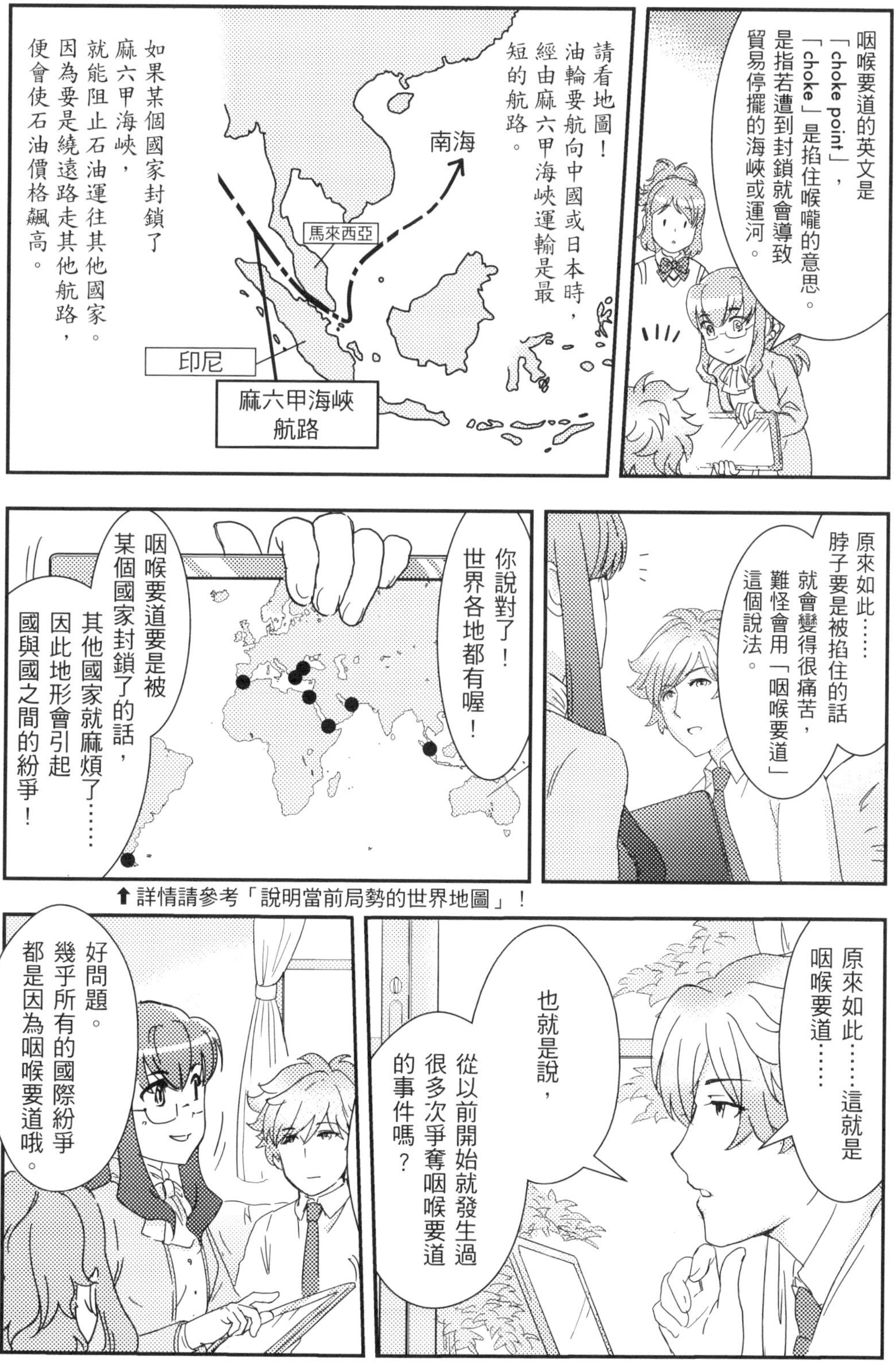
咽喉要道的英文是「choke point」，
「choke」是掐住喉嚨的意思。
是指若遭到封鎖就會導致貿易停擺的海峽或運河。
請看地圖！油輪要航向中國或日本時，經由麻六甲海峽運輸是最短的航路。
南海
馬來西亞
印尼
麻六甲海峽航路
如果某個國家封鎖了麻六甲海峽，就能阻止石油運往其他國家。因為要是繞遠路走其他航路，便會使石油價格飆高。
原來如此……脖子要是被掐住的話就會變得很痛苦，難怪會用「咽喉要道」這個說法。
你說對了！世界各地都有喔！
咽喉要道要是被某個國家封鎖了的話，其他國家就麻煩了……因此地形會引起國與國之間的紛爭！
原來如此……咽喉要道……這就是
也就是說，從以前開始就發生過很多次爭奪咽喉要道的事件嗎？
好問題。幾乎所有的國際紛爭都是因為咽喉要道哦。

⬆詳情請參考「說明當前局勢的世界地圖」！

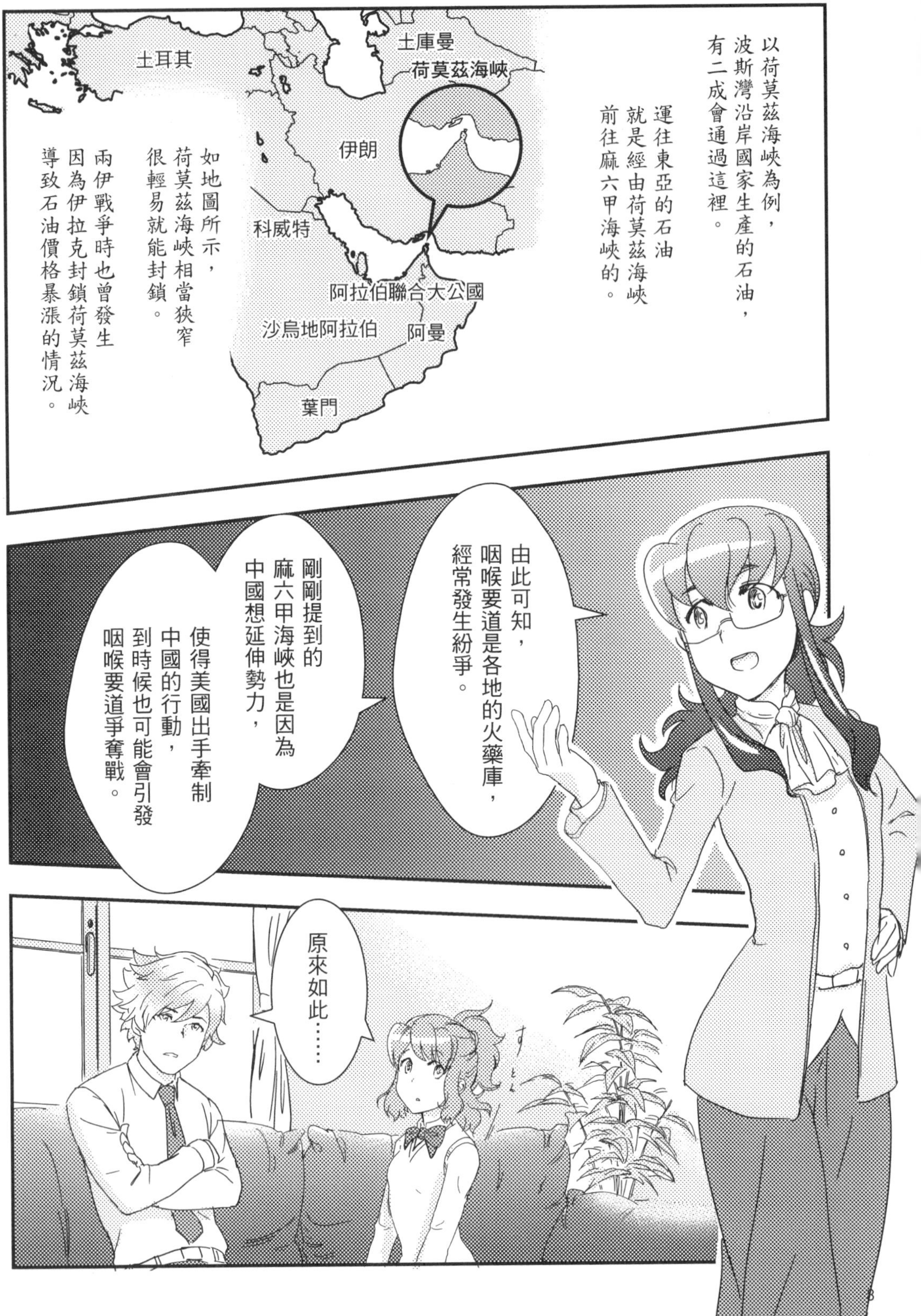
以荷莫茲海峽為例，波斯灣沿岸國家生產的石油，有二成會通過這裡。
運往東亞的石油就是經由荷莫茲海峽前往麻六甲海峽的。
如地圖所示，荷莫茲海峽相當狹窄很輕易就能封鎖。
兩伊戰爭時也曾發生因為伊拉克封鎖荷莫茲海峽導致石油價格暴漲的情況。
土耳其
土庫曼
荷莫茲海峽
伊朗
科威特
阿拉伯聯合大公國
沙烏地阿拉伯
阿曼
葉門
由此可知，咽喉要道是各地的火藥庫，經常發生紛爭。
剛剛提到的麻六甲海峽也是因為中國想延伸勢力，
使得美國出手牽制中國的行動，到時候也可能會引發咽喉要道爭奪戰。
原來如此……

所以要是有國家想要控制咽喉要道時，就會有別的國家出手制止。
這種感覺嗎？
用力掐住
無論哪一個國家都不希望別人掐住自己的弱點嘛。
對了！
所以要是有誰控制了咽喉要道，不僅是周邊國家，
其實世界各國也都會受到影響，所以國際新聞跟我們也有關係。
不虧是未來！馬上就能舉一反三！
摸頭摸頭
學會地緣政治學，就能明白各個國家的行動原則以及國家之間為什麼會發生紛爭。
這是地緣政治學的其中一個目的。
難得提到了，今天就再多學一點「地緣政治學」吧！
學得愈多，就愈能了解世界局勢，很有趣喔！

第1章 了解地緣政治學的威力
三個國家眼中的世界

第2章 日本鄰近四國眼中的世界
了解強勢外交的理由

CONTENTS

第3章 世界各國眼中的世界
了解國家歷史與思想

第4章 思考歷史與未來
日本眼中的世界

登場人物介紹

＼ 不太擅長歷史的貿易公司職員 ／

松岡健一郎

任職於貿易公司。由於不太擅長歷史等社會科，在本書中和未來一起學習地緣政治學。因為出差所以有造訪世界各國的經驗。

＼ 喜歡世界史的高中女生 ／

松岡未來

健一郎的妹妹。喜歡歷史到覺得學校教得不夠，還請家庭教師來上課的程度。由於受到坂本老師的影響，也對地緣政治學開始產生興趣。

＼ 未來的家庭教師 ／

坂本響子

未來的家庭教師，負責指導世界史。由於以前曾學過地緣政治學，因而教導松岡兄妹了解地緣政治學的有趣之處。無論是歷史、地理或是世界各國的政治情勢都能信手拈來。

附錄

只要看了本書最後的「世界當前局勢地圖」，就能明白世界各國之間的關係。請把地圖剪下來，攤開俯瞰世界局勢。

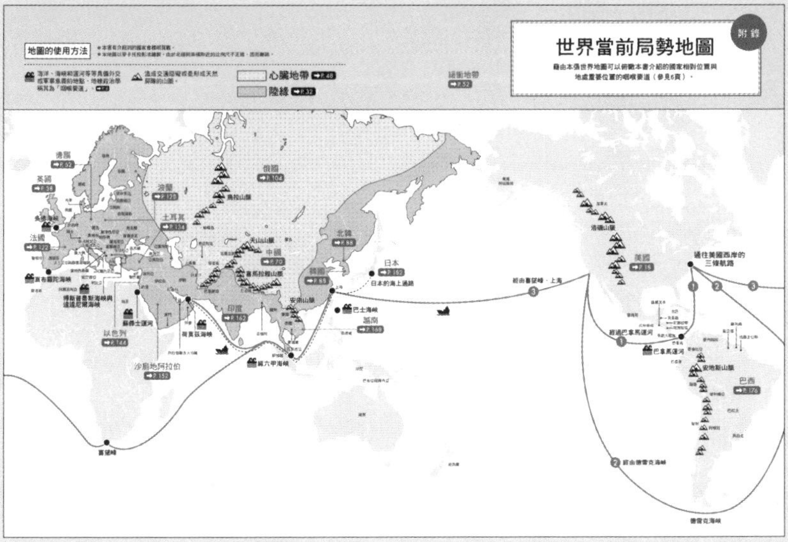

了解世界各國之間的關係

地圖顯示世界各國之間的關係與其坐落的自然環境。不妨從有興趣的國家和項目開始讀起。

從正面和反面了解各個國家的當前局勢！

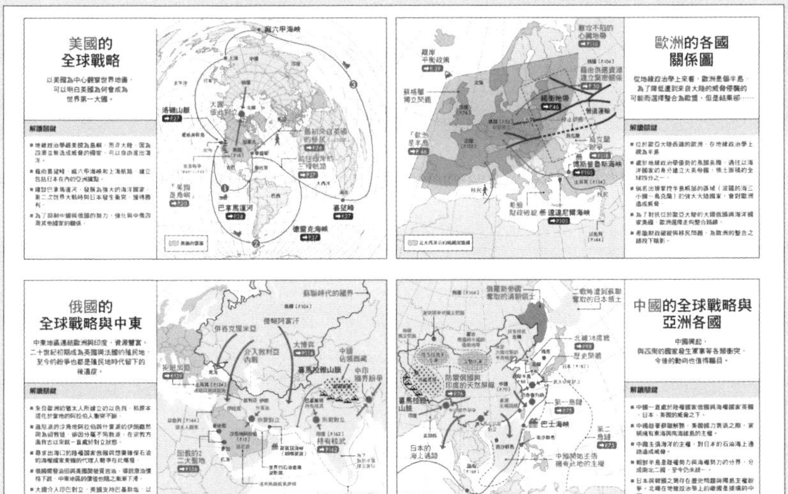

了解各地區之間的關係

美國附近、歐洲、中東與亞洲四個地區的各國關係一目了然。不妨連同地圖的解讀關鍵一起參考。

第 1 章

了解地緣政治學的威力
三個國家眼中的世界

美國一路走來都是海洋大國；
英國活用島國所有優勢，建立大英帝國；
德國選擇錯誤，在戰敗後國家一分為二。
每個國家訂立其外交策略時，依據的都是地緣政治學。
學習地緣政治學的基礎知識，分析各國基於地緣政治學做出的判斷，
一窺這三個國家眼中的世界吧！

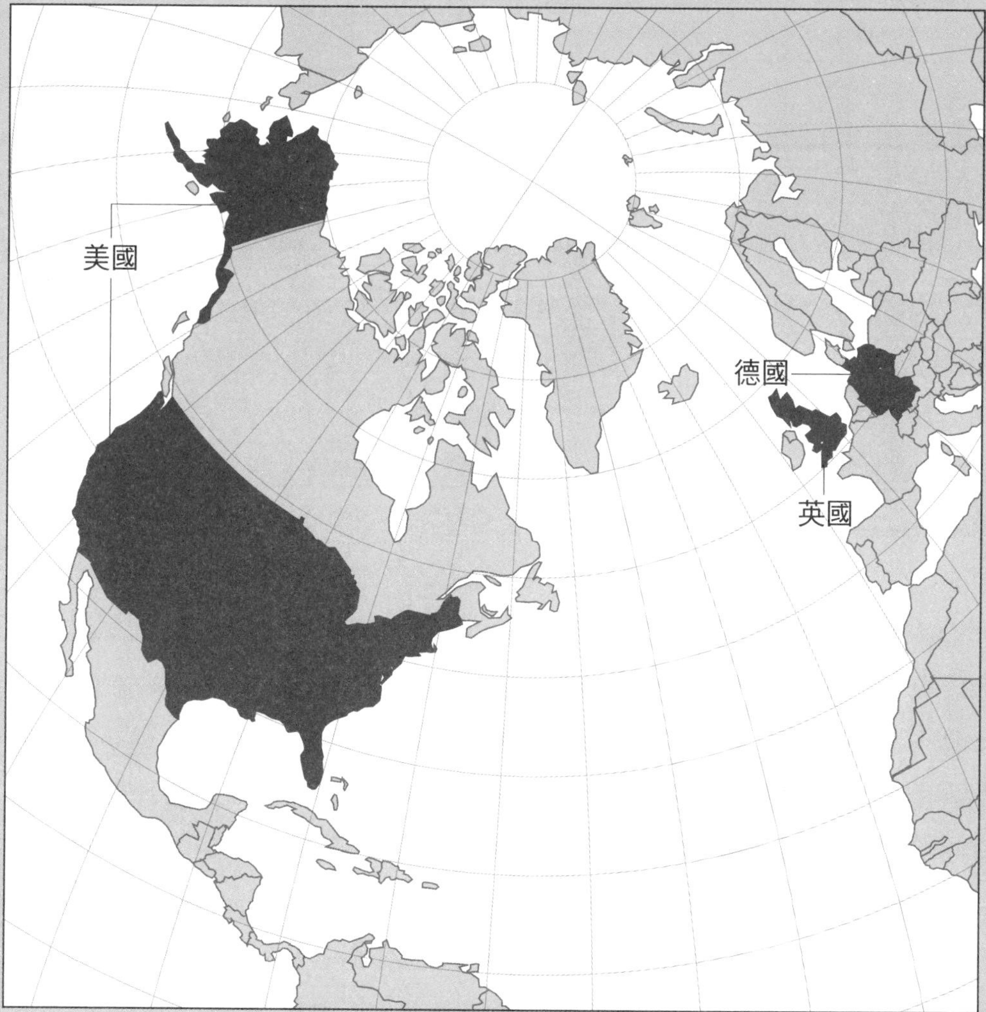

英國
眼中的世界
P. 38

美國
眼中的世界
P. 18

德國
眼中的世界
P. 52

海權國家美國其實是孤島？

你們對美國有什麼印象呢？
世界強國！大家都是因為這樣來協助美國的吧？
但是總覺得一直在跟其他國家打仗……
總之很引人注意吧！我們來看看這樣的美國在世界各地有多少軍事基地！
美國在塗上顏色的地方，也就是在大概七十幾個國家和地區中，一共擁有將近八百個軍事基地喔！
哇……
世界各地到處都有耶……
與其說是大家幫美國，不如說是美國的單極體系。
不過歷史上經常發生這種情況，或許可以說是「Pax Americana」，也就是美國治世哦。
Pax 是什麼意思？

這是源自「Pax Romana」，原本是指古羅馬帝國以武力威嚇他國來維持的和平治世。
「Pax」是「和平」的意思，「武力維持的和平」。
也就是「世界警察」嗎……
是啊，雖然規模不同，但羅馬帝國也是依靠軍事力量統帥周遭國家，和美國一樣。
單極體系是依靠強大的軍事力量威震其他國家而得以實現。這股力量可以抑制紛爭發生，進而確保全球和平。
若是一直維持和平的話，也有能讓經濟與文化蓬勃發展的好處哦！
所以是有優點也有缺點的支配狀態呢！
但是為什麼成為「世界警察」的不是聯合國，而是美國呢？
嗯—

坂本老師，聽了說明
我大略明白美國和世界目前的局勢了。
但是我有個疑問：究竟為什麼美國可以變得如此強大呢？
好問題！
但在回答問題之前我要先向你介紹一位學者。
阿爾弗雷德·馬漢，他是一名美國海軍，同時也是軍事史專家，曾在美國海軍學院當過教授哦！
他提出所謂的「海權」思想，是知名的地緣政治學者。
馬漢認為美國是個巨大的「島嶼」。
美國是個「島嶼」？
這種島嗎？
當然不是
是指對歐洲而言，美國遠在千里，所以沒有國家會攻打美國的意思。
他把可以自由主宰海上通路的英國等海洋國家稱為「海權國家」。
像俄國或中國等濱海領土較少的內陸國稱為「陸權國家」。

美國一邊是大西洋，另一邊是太平洋，從地理角度看雖然是大陸，從地緣政治來看卻是屬於海權國家。
大西洋
太平洋
原來如此。
馬漢為了鞏固美國的海上航路，建議美國政府建立殖民地。
對於海權國家而言，生產力、殖民地和軍事能力，這三項要素是關鍵。
他提倡要有強大的軍事能力和軍事基地，才能變得跟大英帝國一樣強大。
不過大英帝國最後還是沒落了。
既然如此，美國的勢力總有一天也會衰退吧？
歷史總是會一再重演
無論是古羅馬帝國還是大英帝國，歷史已經證明超級大國也有沒落的一天。
現在美國的國力也開始出現衰退的徵兆，若是「美國治世」結束的話，全球局勢又會再次陷入混亂之中……

美國眼中的世界地圖

美國在軍事和經濟方面占有優勢，而這些優勢的基礎與地緣政治學上屬於「島嶼」的特性有關。讓我們來看看美國的特徵吧！

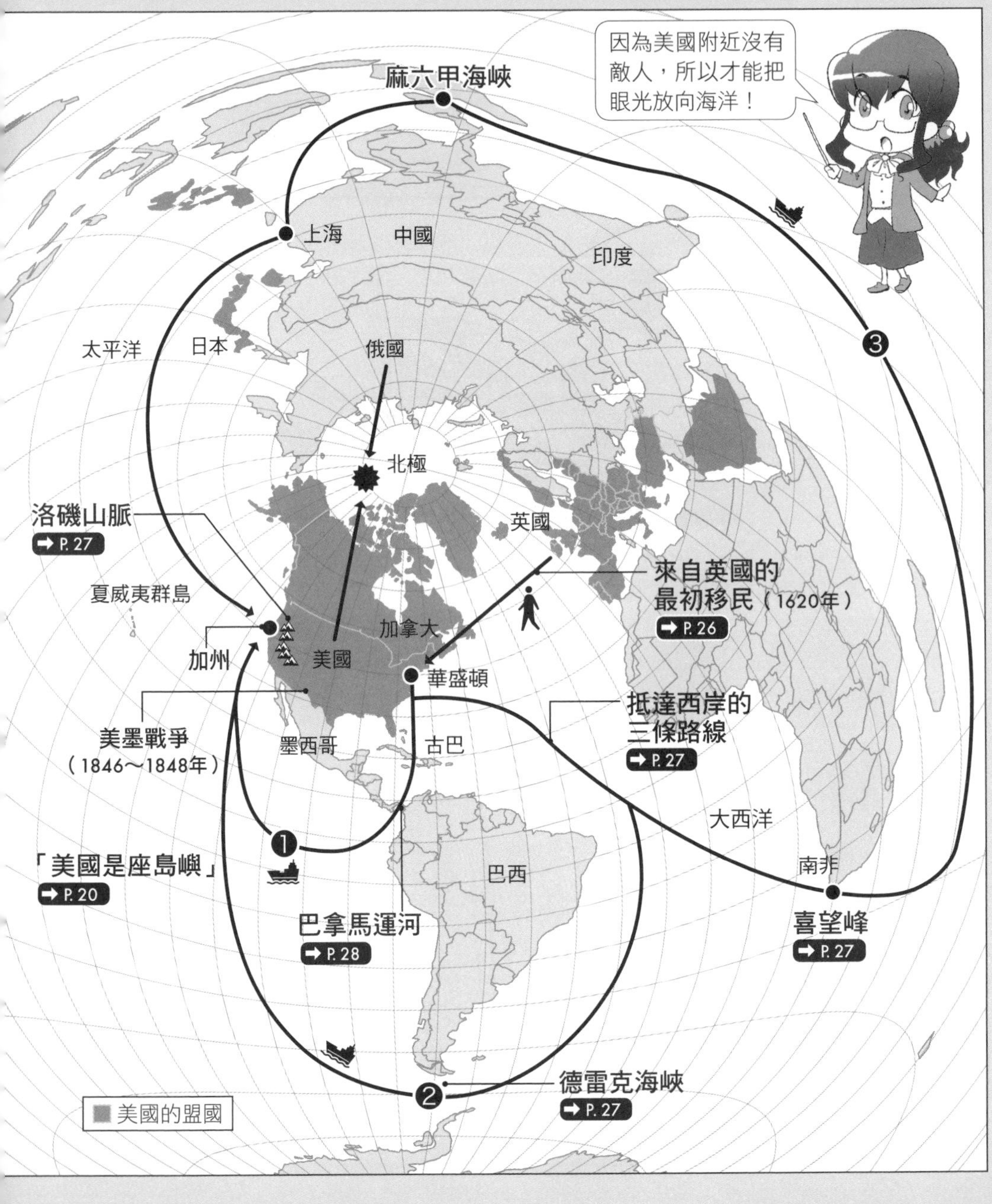

因為美國附近沒有敵人，所以才能把眼光放向海洋！
麻六甲海峽
上海
中國
印度
太平洋
日本
俄國
北極
洛磯山脈
➡ P. 27
英國
來自英國的最初移民（1620年）
➡ P. 26
夏威夷群島
加拿大
加州
美國
華盛頓
美墨戰爭（1846～1848年）
抵達西岸的三條路線
➡ P. 27
墨西哥
古巴
大西洋
「美國是座島嶼」
➡ P. 20
巴西
南非
喜望峰
➡ P. 27
巴拿馬運河
➡ P. 28
德雷克海峽
➡ P. 27
美國的盟國

美利堅合眾國

「*」為 SIPRI 的推算結果

全球的軍事費用
（2019 年）

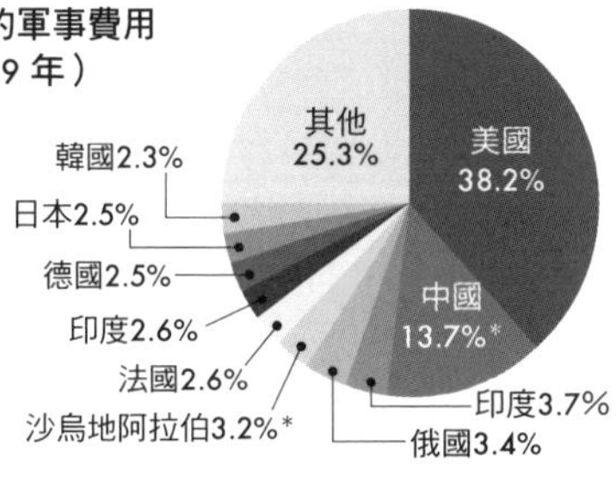
美國
38.2%
中國
13.7%*
印度3.7%
俄國3.4%
沙烏地阿拉伯3.2%*
法國2.6%
印度2.6%
德國2.5%
日本2.5%
韓國2.3%
其他
25.3%

各國名目 GDP 的全球比例
（IMF 2020 年預測）

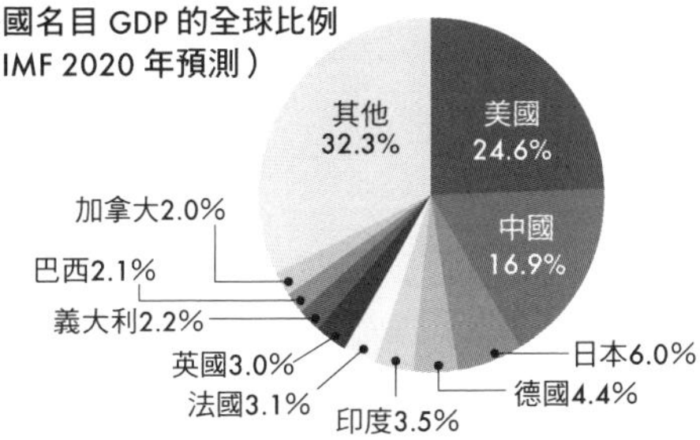
美國
24.6%
中國
16.9%
日本6.0%
德國4.4%
印度3.5%
法國3.1%
英國3.0%
義大利2.2%
巴西2.1%
加拿大2.0%
其他
32.3%

上方的圖表顯示 2019 年的全球軍事費用合計為 1,9170 億美金，其中美國的占比超過三分之一。下方的圖表顯示的是名目 GDP（國內生產毛額），可看出全球將近四分之一的財富是來自美國。上下二張圖清楚表示美國的二大支柱是經濟實力與軍事能力。

註（2021 年）：
全球軍事費用
美國 38%
中國 14%*
印度 3.6%
英國 3.2%
俄國 3.1%
法國 2.7%
德國 2.7%
沙烏地阿拉伯 2.6%
日本 2.6%
韓國 2.4%
其他 25.1%

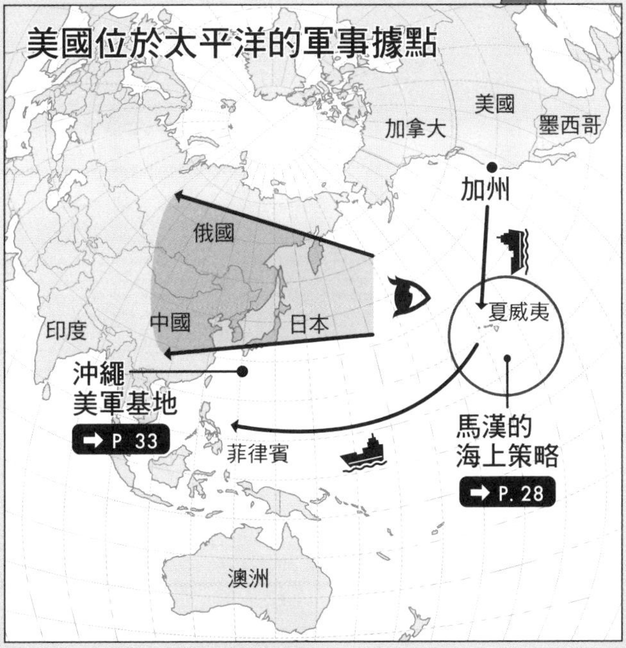
美國位於太平洋的軍事據點
美國
加拿大
墨西哥
加州
俄國
中國
印度
日本
夏威夷
沖繩
美軍基地
➡ P. 33
菲律賓
馬漢的
海上策略
➡ P. 28
澳洲

夏威夷從十九世紀末期開始成為太平洋防衛的中心。美國以夏威夷為起點，將領地擴張至菲律賓與沖繩，用以牽制俄國與中國進軍太平洋。

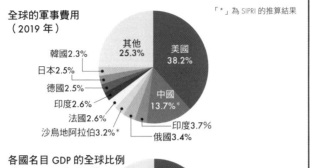

假設美國是座「島嶼」

海洋國家美國其實是座孤島？

從地緣政治學的角度來看，美國是一座「島嶼」。相信很多人聽了這句話，會覺得非常不可思議。左頁地圖中的美國東西兩岸分別是太平洋與大西洋，北邊與加拿大接壤，南邊鄰接墨西哥。這樣的地理位置怎麼會是座「島嶼」呢？

地緣政治學是從地理條件考量外交政策的學問，其基本思想模式十分簡單，分別是「接壤的國家互相敵對」和「敵人的敵人就是朋友」。

墨西哥與加拿大一年的軍事費用僅有一百五十億美元，向軍事費用高達六千億美元的美國挑釁無疑是自殺行為。美國本土實際上只有在拿破崙戰爭時的**第二次獨立戰爭**（一八一二～一八一四年）中遭受到攻擊，雖然日本曾在**第二次世界大戰**時襲擊珍珠港，但美國本土卻毫髮無傷。換句話說，美國距離歐洲五千公里以上，四周並沒有能威脅其安危的強敵，所以地緣政治學才會把美國視為「巨大島嶼」。

孤島——這就是從地緣政治學角度解讀美國的關鍵字。

年代　一七七六年～現代

相關國家　加拿大、墨西哥 等

第二次獨立戰爭（一八一二～一八一四年）
美國與英國之間爆發的戰爭。

第二次世界大戰（一九三九～一九四五年）
由德國、義大利與日本組成的軸心國和以英國、法國與中國為中心的同盟國之間爆發的戰爭。

缺乏威脅的巨大島嶼

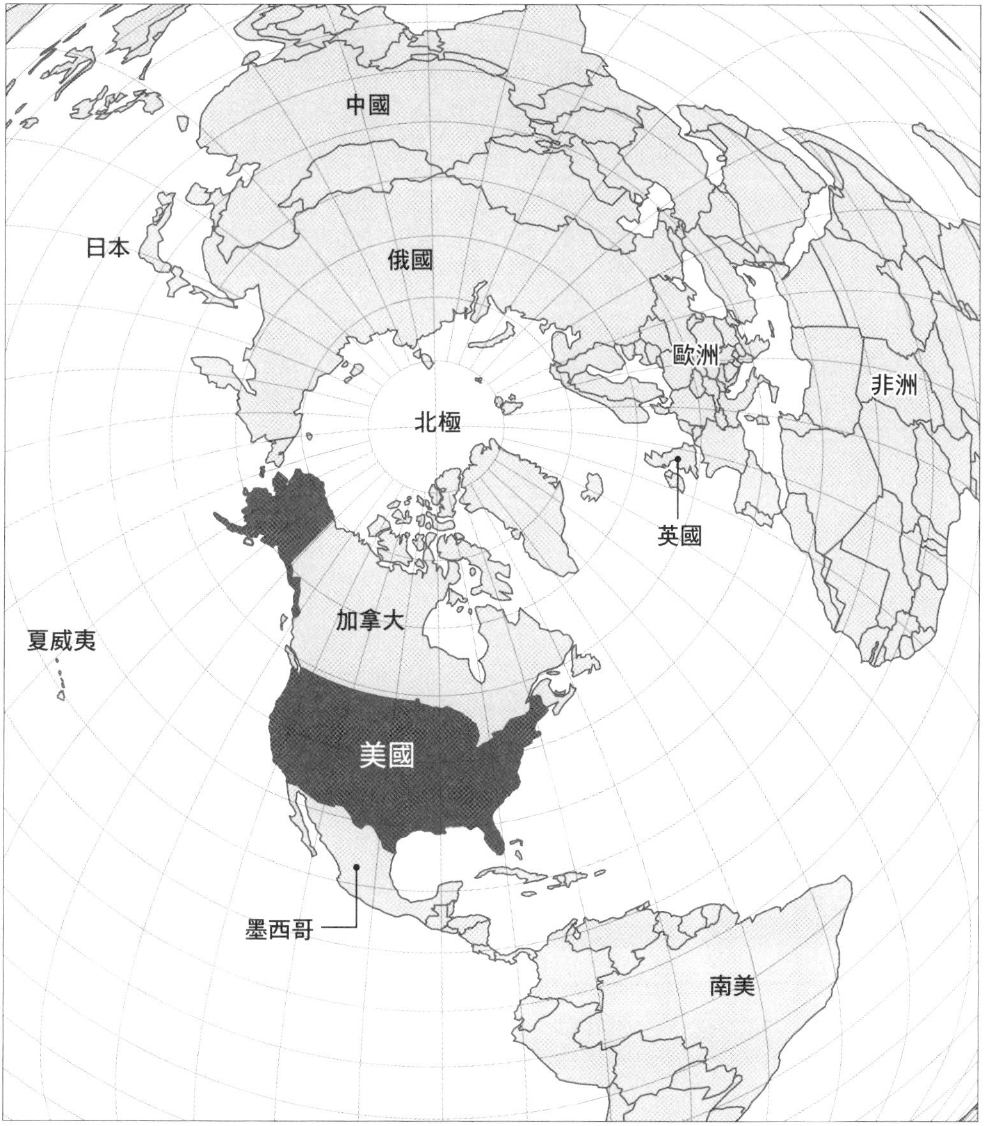
中國
日本
俄國
歐洲
非洲
北極
英國
加拿大
夏威夷
美國
墨西哥
南美

美國擁有壓倒性的軍事實力，和加拿大與墨西哥之間的差距有如天壤之別。由於是個四周沒有任何敵手的「巨大島嶼」，才能逃過第一次世界大戰的蹂躪，一國獨贏。

把美國視為島嶼的驚人創意，不僅是地緣政治學容易理解的地方，也是其魅力所在！

勇敢的拓荒者——美國人

美國人的行動原則

想理解美國人的行動原則，首先要先了解他們的的民族性，尤其是要了解十七世紀初期從英國來到美國的「第一批移民」。這群人建立了美國，他們的思想至今也仍深深影響現代的美國人。究竟，當初是什麼樣的一群人選擇來到美國呢？

第一種移民是將恪守《新約聖經》教義視為美德的「**清教徒**」。他們在英國受到壓迫，因而在一六二〇年前往美國東岸，企圖建立「理想的基督教國家」。美國總統在就職典禮上必須把手放在聖經上宣誓，也是基於「美國是實現基督教理想的國家」的思想。

另一種「移民」是下定決心「我要當地主」的貧窮農民。他們不依靠政府庇護，憑藉自己的力量對抗大自然與原住民，自己保護家人、開拓荒地。這種拓荒者精神可說是美國人的特質。不要求任何社會福利，視小政府為佳的人被稱為「草根保守主義」，這也是因為背後有「一切都要自行負責」的拓荒者精神支撐的緣故。

年代
一六二〇～一八五三年

相關國家
英國、日本等

清教徒
始於十六世紀中期之後的喀爾文派信徒，主張徹底的宗教改革，反對英國國教的主教制度等。

課題是保衛加州

白人拓荒者一邊開拓西部，一邊驅逐原住民與墨西哥人。將美國擴張為西臨太平洋、東面大西洋的巨大國家。然而進入**淘金熱**時代，美國被迫必須與英屬加拿大、俄屬阿拉斯加對抗以守衛加州。

美國陸軍在防衛加州時遇上地理條件的問題：世界數一數二的大山脈「**洛磯山脈**」貫穿美國南北，形成阻礙。因此首當要務是開拓從東岸到加州的海路，以取代陸路。

東岸到西岸的海路共有三條：第一條是「加勒比海與巴拿馬」（22頁之❶）。這條航路雖然最短，搭乘火車穿過巴拿馬地峽後卻必須再改搭船，費用反而比較貴。第二條路是「繞過南美最南端的**德雷克海峽**」（❷）。這條航路雖然不需要轉乘，靠近南極的德雷克海峽卻是航海難關，風險過高。因此最後選擇了最便宜也最安全的方法：「喜望峰、麻六甲海峽與上海航路」（❸）。率領蒸汽船艦隊的佩里便是行駛這條航路，迫使日本開國。當時的大清帝國正因鴉片戰爭輸給英國而剛剛開放，於是美國也派遣領事常駐上海與廣東，將此二地視為經濟據點。

當時雖然沒有「地緣政治學」這個名詞，但美國人卻已經運用地緣政治學觀點來訂定策略。策略之所以能完整執行，也許是基於美國人特有的「拓荒者精神」。

淘金熱
一八四八年，位於美國加州沙加緬度河流域的內華達山脈發現沙金，因此眾多美國人開始朝西部移動。

洛磯山脈
縱貫北美大陸西側的山脈，最高峰是科羅拉多州的阿爾伯特峰（標高四四〇一公尺）。

德雷克海峽
南美大陸南端的合恩角和南極洲南設得蘭群島之間的海峽。

拓荒者精神是將美國推上世界大國的原動力！

美國

稱霸海洋者便能稱霸世界

馬漢的海權論

美國東岸到加州的航路原本以「喜望峰、麻六甲海峽與上海」（22頁之③）為主，然而在橫跨美國的橫貫大陸鐵路開通（一八六九年）之後，情勢就大幅改變。美國國內因為西部拓荒與鐵路泡沫經濟而景氣大好，致使海軍預算遭到縮減。對此，建立海權國家體系地緣政治學說的**阿爾弗雷德・馬漢**（Alfred Mahan）產生了危機意識。他從美國海軍退役後改執教鞭，在海洋學院教導戰爭史，將自己至今的研究成果彙整成《海權對歷史的影響：一六六〇—一七八三（The Influence of Sea Power Upon History: 1660-1783）》。

馬漢的主張十分簡單：「過往稱霸世界的國家都掌握了海權，因此美國也應該增強海軍，控制海路」。他這種「海權＝掌握海權者稱霸世界」的思想，被稱為「海權論」。他所提倡的具體政策分別是：建設**巴拿馬運河**、將夏威夷與菲律賓併入美國、建設美軍基地。這些政策日後由美國總統老羅斯福（Theodore Roosevelt）落實執行，促使美國成為強大的海權國家，最終在第二次世界大戰時與日本海軍發生激烈衝突。

年代
一八六九年代～一九四〇年代

相關國家
古巴、菲律賓、夏威夷、巴拿馬、日本等

阿爾弗雷德・馬漢
（一八四〇年～一九一四年）
原本是美國海軍，之後成為歷史學家與戰略學者，建立海權國家體系的地緣政治學。

巴拿馬運河
橫跨於位在巴拿馬的巴拿馬地峽，連結太平洋、加勒比海和大西洋。

馬漢的海上政策

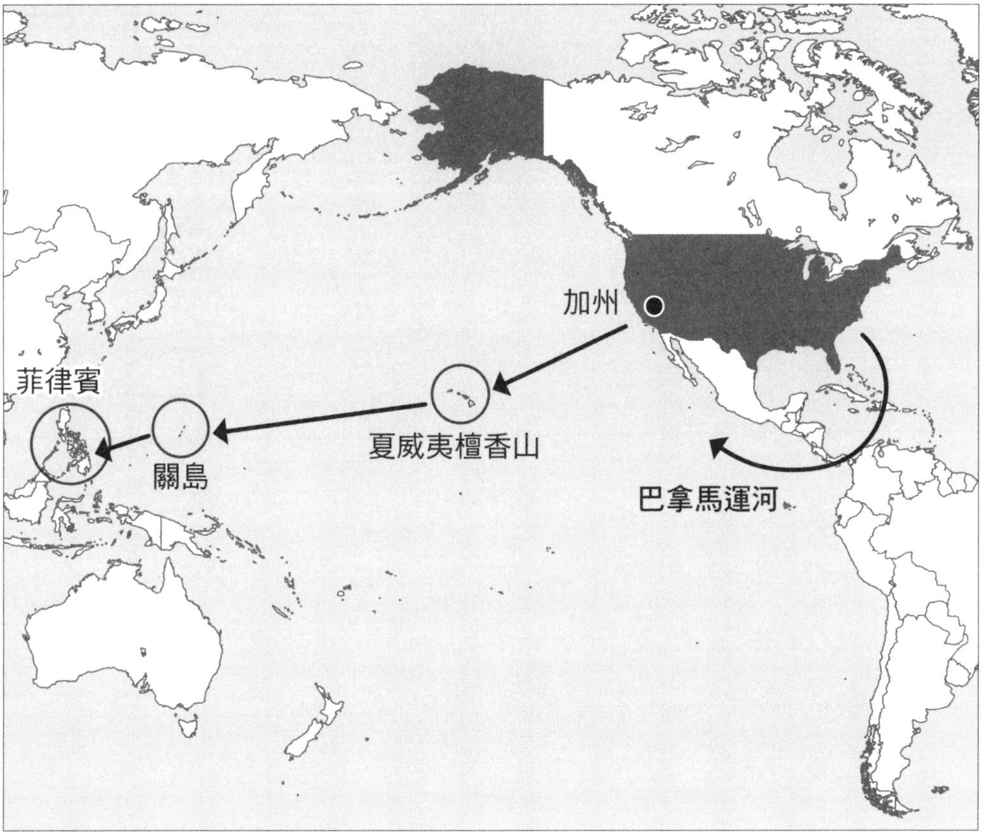
加州
菲律賓
夏威夷檀香山
關島
巴拿馬運河

馬漢提倡必須立即建設巴拿馬運河，將太平洋沿岸的海岸化為要塞。他同時建議在巴拿馬運河、夏威夷、關島與菲律賓設立強大的軍事基地。

美國透過建立軍事據點，強化支配太平洋的力量
為了保衛加州，掌握海上霸權是必要的

由地緣政治學分析美日戰爭

實踐馬漢地緣政治學理論的老羅斯福

馬漢建立了美國系統的地緣政治學，以「如何對抗列強以保護美國利益」的角度思考國家戰略。老羅斯福則在二十三歲時發表過《一八一二年戰爭中的海戰（The Naval War of 1812）》，提倡增強海軍的必要性。由於二人想法一致，老羅斯福會聽取他的建言並攜手合作是自然而然的事。

美國在十九世紀末期的課題是如何對抗俄國與英國以保衛加州。於是吞併夏威夷，在珍珠港建立太平洋艦隊基地，並在**美西戰爭**中打敗西班牙，獲得原先屬於西班牙的菲律賓、關島與古巴。此外，當老羅斯福當上總統後，藉由調停日俄戰爭，簽訂樸茨茅斯條約，開始著手建設巴拿馬運河，而巴拿馬運河的開通一口氣縮短了美國東岸到西岸的移動時間。

藉由開通巴拿馬運河強化加州周圍海防，也使得在太平洋設立軍事據點的美國成為太平洋上的海權帝國，晉升列強。

年代
一八八二～一九四一年

相關國家
俄國、日本等

美西戰爭
由於西班牙殖民地古巴爭取獨立，一八九八年引爆美國與西班牙間的戰爭。

美國對日本海軍戒慎恐懼

美國非常警戒俄國海軍勢力進入太平洋，但日俄戰爭卻破壞了俄國的計畫。日本打敗俄國一事，震驚美國與歐洲列強，同時也感受到日本崛起所帶來的危機。馬漢曾經在幕府末期造訪日本，早在半世紀前便預言日本這個東洋島國將來可能威脅美國。

當時美國針對所有列強制定了「**美國顏色戰爭計畫**（United States color-coded war plans）」，針對日本訂定的是「橘色計畫」，計畫內容為「日本海軍十分強大，美國暫時放棄菲律賓、關島與夏威夷，在北太平洋與日本進行艦隊戰」。美國基於「日美程度相當時，日本獲勝；日本海軍減少至美軍的六成時，美國獲勝」的模擬計畫，要求日本簽署華盛頓海軍條約，其目的正是逼迫日本海軍裁軍至美軍的六成；同時以「維持太平洋現狀」的名目，與日本、英國、法國簽訂四國條約，禁止在太平洋上擴張領土，藉以抑制日本進軍太平洋。然而美國海軍的弱點在於巴拿馬運河。巴拿馬運河寬度僅有三十二公尺，美國無法建造超過運河寬度的軍艦，日本因而著手製造大和號與武藏號等巨大戰艦。美國在中日戰爭時軍援中國，對日本進行經濟制裁，最終美國與日本在太平洋戰爭爆發全面衝突。美國藉由空軍戰力毀滅日本海軍，成為太平洋霸主，並在沖繩與橫須賀駐紮美國海軍。

美國顏色戰爭計畫

第一次世界大戰之後，美國針對假想敵國所制定的戰爭計畫，例如針對德國的計畫是「黑色計畫」，針對俄國的計畫是「紫色計畫」。

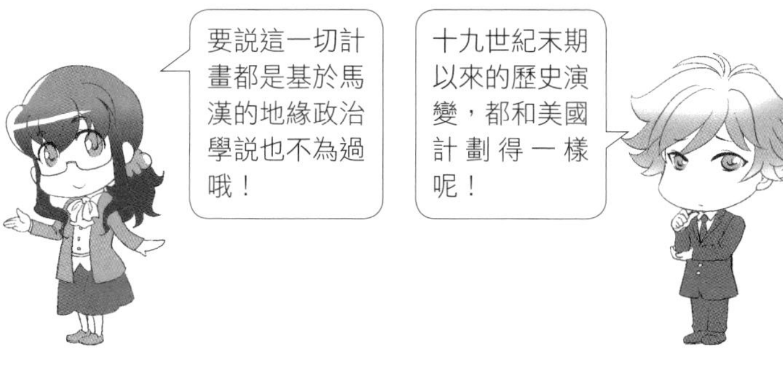
十九世紀末期以來的歷史演變，都和美國計劃得一樣呢！
要說這一切計畫都是基於馬漢的地緣政治學說也不為過哦！

預言第二次世界大戰後世界情勢的男人

何謂斯皮克曼的「陸緣論」？

日本攻擊美國珍珠港之後，美國的軍事戰略由重視船堅炮利改為增強空軍戰力（**空權**，Air Power）。第二次世界大戰正是主要戰力由「海軍」轉為「空軍」的過渡期。在這動亂時代中，出現了精準預言戰後世界情勢的人物。

他名為尼古拉斯・斯皮克曼（Nicholas Spykman），生於荷蘭，原本從事記者工作，在取得美國籍之後，於耶魯大學教導國際關係論。他的著作《和平地理學（The Geography of the Peace）》彙整了他在美日開戰隔年（1942年）的演講，以地緣政治學的角度分析美國安保問題的重要性，成為第二次世界大戰之後美國的全球戰略理論基調。

斯皮克曼的思想核心為「統治**陸緣**（歐亞大陸沿岸，Rimland）者即能稱霸歐亞大陸，稱霸歐亞大陸者即能掌握世界命運」。他分析世界大戰的主因就是位於陸緣的國家彼此爭奪，同時也預言二戰中日本與德國將戰敗以及蘇聯會進軍陸緣。更令人驚訝的是，他以地緣政治學的角度分析中國與蘇聯終將對立。

年代
一九四一～一九六八年

相關國家
日本、蘇聯等

空權（Air Power）
國家持有的飛機及研究開發等航空方面的綜合能力。

陸緣
歐洲西北部到中東、東南亞等歐亞大陸的沿岸地區。

斯皮克曼的政策激怒國民

在此情勢下，斯皮克曼主張應與日本、德國盡快簽訂和平協議，以及防堵蘇聯與中國的政策。具體而言是加強與英國的合作關係，建立容易抵達陸緣的「環境」。這裡的環境指的是建設空軍基地，例如美日安保條約中提及的沖繩美軍基地。

美日開戰不久，國民依舊處於「莫忘珍珠港」的亢奮情緒中。斯皮克曼的主張自然受到感情用事的批判。然而第二次世界大戰末期開始的東西冷戰與一九六〇年代的中蘇對立等事件，都符合斯皮克曼的預言。他被譽為「防堵政策」之祖，「先見之明」一詞可說是為了他而存在。

斯皮克曼的陸緣論

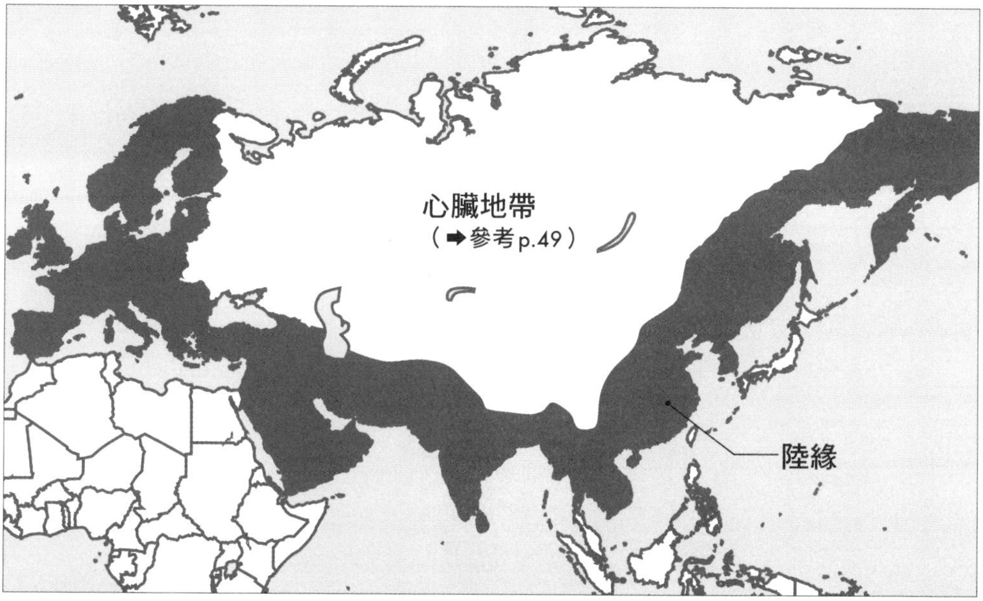

位於海權與陸權之間的廣大緩衝地帶就是「陸緣」。斯皮克曼主張「歐亞大陸沿岸與其周邊面向海洋的地區（深灰色部分）正是之於美國最重要的區域」。

從地緣政治學看當代美國

美國牽制中國進軍中南美

前面幾篇文章說明地緣政治學的代表學說「海權論」和「陸緣論」，以及實際對政策的影響。本篇則是由地緣政治學的角度分析當前美國的動向。

時隔五十四年，歐巴馬（Barack Obama）政府踏出與古巴恢復外交關係的第一步。古巴的國土面積雖然僅有日本的三分之一（譯註：約十一萬平方公里，為台灣的三倍大），其地緣政治上的重要性卻令美國無法忽視這個島國。古巴原先是美國的殖民地，獨立之後的獨裁政府也依舊採取親美路線。然而卡斯楚（Fidel Castro）卻在東西冷戰期間一九五〇年代發動革命，接收美國資產，宣布改為社會主義，並設置飛行距離可達美國本土的核子武器。最後核子武器在美國恫嚇蘇聯後，遭到撤除（一九六二年的古巴危機）。

除此之外，委內瑞拉總統查維茲（Hugo Chavez）和玻利維亞總統莫拉萊斯（Evo Morales）也都受到卡斯楚影響，高舉「反美社會主義」大旗。這股反美風潮在中南美各國掀起漣漪之際，中國趁虛而入。中國國家主席習近平與南美的玻利維亞締結購買石油的契約，尼加拉瓜政府也允許中國企業在巴拿馬運河附近建造「**尼加拉瓜運河**」。歐巴馬政府之

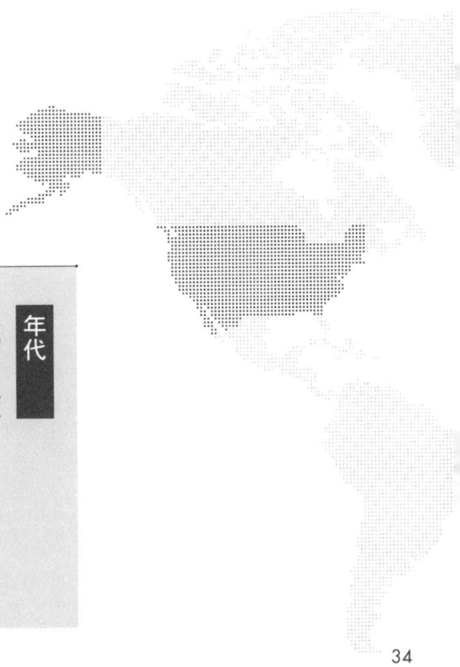

年代 二〇一五年～

相關國家 古巴、中國、墨西哥 等

尼加拉瓜運河
連結加勒比海、太平洋與大西洋的運河，全長二五九．四公里，是巴拿馬運河的三．五倍。

所以急於改善與古巴之間的關係，其中一個目的就是為了牽制中國。

移民問題改變全球的勢力平衡？

對**移民**問題感到苦惱的不僅是歐洲各國，美國也必須處理來自墨西哥的**西班牙裔移民**所造成的問題。美國與加拿大、墨西哥簽訂**北美自由貿易協定**（NAFTA），因而使便宜的美國農作物大量進入墨西哥市場，導致墨西哥的農民陷入困境。部分農民失去經濟來源後，轉為種植毒品，導致墨西哥的治安惡化，經濟難民與毒販紛紛流入美國。

墨西哥與美國的國境長達三千公里，相當於日本列島南北的總長（譯註：約七・六個台灣長），實際上不可能徹底監視，鄰近墨西哥的美國數州，有些地區的非法移民人數甚至多過美國國民。此外，由於美國的國籍認定採取「屬地主義」，只要在美國出生就能自動取得美國籍，所以為了獲得依親資格，不少父母甚至付錢給仲介業者，企圖將小孩送進美國。

根據預測，二〇五〇年時美國的白人人口會減少到百分之五十以下，西班牙裔則會達到百分之三十。帶領美國成為世界大國的清教徒勤勞個性與拓荒者精神，可能會轉變為重視消費勝於生產的拉丁享樂主義，屆時，世界的權力平衡也將可能隨之改變。

移民
意指為尋求更好的生活條件而移居的人。移民與受到戰爭、迫害的政治難民實際上難以區分。

西班牙裔移民
意指說西班牙語，來自墨西哥等中南美的移民。大批西班牙裔移民流入過去為墨西哥領土的加州、亞利桑那州、新墨西哥州與德州。

北美自由貿易協定（NAFTA）
目的在於廢除關稅壁壘，打造自由貿易圈。一九九四年由美國、加拿大與墨西哥三國締結，用以對抗歐盟。現在變更為USMCA「美國－墨西哥－加拿大協定」（United States-Mexico-Canada Agreement）。

「川普現象」是美國地緣政治學的「返祖現象」

又逢美國四年一度的總統大選。二〇一六年的總統大選，主流媒體視為「泡沫現象」的共和黨候選人川普打敗了民主黨候選人希拉蕊，當選第四十五任總統，帶給全世界莫大的衝擊。川普當選不僅象徵政權由民主黨交到共和黨手上，更是以智慧型手機為武器的「草根民眾」戰勝了大型媒體公司創造的輿論。

川普政權成立之後，面對CNN與紐約時報等大型媒體公司接二連三的抨擊，他徹底活用推特，連續反擊對方是「假新聞」。

他在第一任就職演說時表示：「我們要把權力從華盛頓特區歸還給人民。國家中的少數集團收割政府的成果，卻由人民來負擔成本，這種情況已經太久。」

執掌華盛頓特區聯邦政府的「少數集團」包括國際金融資本（華爾街）與跨國企業。這些人認為投資開發中國家與來自國外的廉價勞力——也就是人力、資源與金錢能自由跨越國界往來的「全球化運動」對自己才有利。

這些人因為是大型媒體公司的贊助商，得以控制輿論，長期影響政府決策。

柯林頓執政以來的歷任財政部長多半來自國際金融資本公司高盛（Goldman Sachs）。他們推動北美自由貿易協議（NAFTA）與跨太平洋戰略經濟夥伴關係協議（TPP），歡迎來自中南美的非法移民；煽動眾人投資中國，提倡「二十一世紀是中國的時代！」、「美中融合，Chinamerica」。造成今日中國成為巨獸的也是同一群人。

全球化運動損害了美國國民的利益。派遣美軍到地球另一頭浪費美國人民繳納的血汗錢，廉價的工業製品流入美國促使當地製造業衰退，移民不斷湧入導致當地民眾失去工作機會——這正是「少數集團」獲利，卻由「人民來負擔成本」。

川普政府因而在墨西哥邊境建設「美墨長城」，取締非法移民；與加拿大、墨西哥重啟談判，以《美墨加協定》（USMCA）取代北美自由貿易協定；退出跨太平洋戰略經濟夥伴關係協議；對中國發動經濟制裁，迫使跨國企業回到美國。美國的失業率因而降至史上最低，恩惠普及原本支持民主黨的低收入階層。在眾人眼中，川普連任已是勢在必行。

就在川普參加二〇二〇年美國大選爭取連任之際，大型媒體公司紛紛倒向拜登（Joe Biden），大肆抨擊川普。四年前的光景重現眼前。

然而源自中國武漢的新冠肺炎疫情擴散至美國，導致美國大城市紛紛封城，造成的經濟打擊僅次於金融海嘯。無法遠距辦公的藍領勞工失去工作，對政府的不滿日益加深。白人警察施暴導致黑人男性死亡的事件更是促使種族對立問題重新浮上檯面。支持群眾多為有色人種的民主黨因而占了上風。（編按：二〇二〇年第四十六屆美國總統選舉結果由民主黨拜登勝出當選。）

美國在地緣政治學上屬於「巨大的島國」，今後究竟會以國家利益為優先，還是再次回歸全球化，重新與中國建立關係呢？美國總統選舉的結果緊密牽動國際關係的框架帶來劇烈變化。

離岸平衡手英國眼中的國際情勢

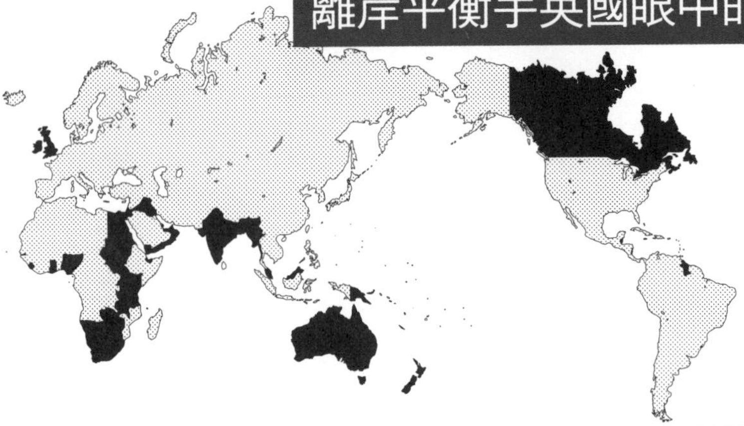
你們知道
這是什麼嗎？

有些國家被塗上一樣的顏色耶！
嗯……
我完全看不出來代表什麼意思。
有塗色的地方是十九世紀時的大英帝國領土哦！
英國現在那麼小，那時候領土這麼大！
好大喔！

大英帝國會建立廣大的殖民地，
原因在於英國的氣候與地理位置。
Small
英國的國土狹長，氣候寒冷。
所以英國當地沒辦法種植農作物，
只能仰賴出口工業產品和進口農產品……
所以必須走向海洋的另一端，尋求活路。

還有另一點，這在地緣政治學上非常重要。
就是英國是個島國。
來打啊！
海
所謂的島國，就是有大海圍繞，並不需要大量兵力來保衛本土，所以可以把省下來的力氣用在國外。
此外！島國還能採取離岸平衡政策。
那是什麼意思？
就是從對岸觀察大陸各國，使出手段讓這些國家持續鬥爭的策略。
因為就如拿破崙所統治的法國或希特勒統治下的德國在統一歐洲大陸後，下一步就是將槍口轉向英國。
英國和法國的殖民地之爭也是因此獲勝的。
因為其他國家都忙著打仗，英國就趁著這個空檔，
一步步擴張自己的領土！
英國也過得很安穩呢！
儘管如此，英國的眼前
還是出現了俄國這個宿敵！

大英帝國的殖民地擴張到歐亞大陸的外緣，
和展開南侵政策的俄國發生衝突。
航路
埃及、新加坡到上海的這條漫長航路究竟該如何防守？
想出辦法的是英國地緣政治學的代表學者麥金德。
麥金德認為像大英帝國這類
在沿海設立據點、重視海軍威力的海權國家，
英國
俄國
如果港口遭到像俄國這種重視陸軍威力，
把據點都設在大陸內部的陸權國家所控制，便會造成致命的打擊。
於是，他的結論是
海權國家的英國無法攻下陸權國家的俄國。
白海
西伯利亞
黑海
所以他建立了名為「防堵」的地緣政治學理論，趁著俄國革命，
派遣海軍前往白海與黑海。
同屬海權國家的日本與美國也都一同向西伯利亞出兵。

就在英俄兩國互相較勁時，納粹德國以新陸權國家之姿崛起
納粹德國
原本採取離岸平衡政策的英國，這次選擇和俄國（蘇聯）結盟，一起打倒德國。
這就是第二次世界大戰。

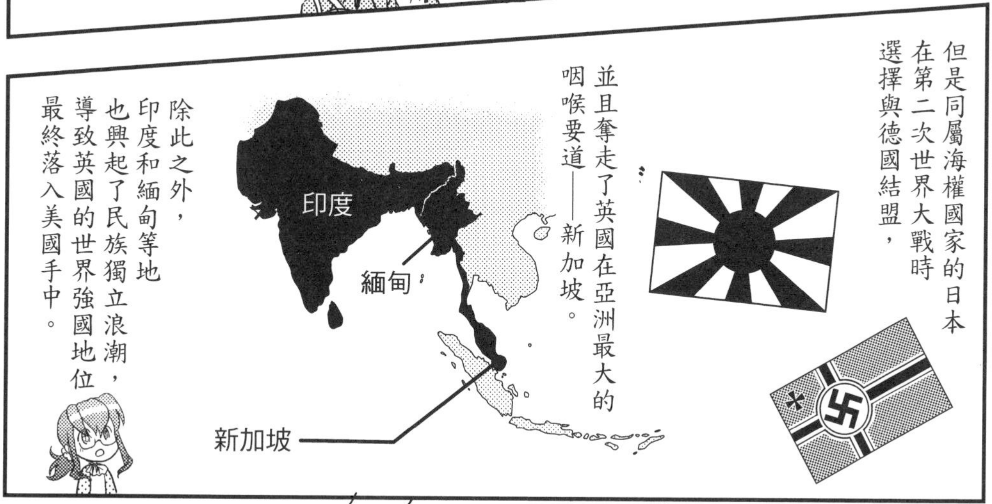
但是同屬海權國家的日本在第二次世界大戰時選擇與德國結盟，
並且奪走了英國在亞洲最大的咽喉要道——新加坡。
印度
緬甸
新加坡
除此之外，印度和緬甸等地也興起了民族獨立浪潮，導致英國的世界強國地位最終落入美國手中。

英國在冷戰時期加入歐盟以確保市場規模。然而冷戰結束後，德國以壓倒性的經濟優勢取得歐盟主導權並與陸權國家俄國結盟。
EU
英國不喜看到歐洲受到單一國家的主導，因此選擇和歐盟保持距離，不斷拒絕採用歐盟的統一貨幣「歐元」，並且持續拒絕德國希望英國接納難民的要求。
EU
UK
VOTE
最後終於藉由公民投票，選擇脫離歐盟。

英國眼中的世界地圖

英國身為小小島國，之所以能在十九世紀掌握世界霸權，必須歸功於「離岸平衡策略」。以「離岸平衡策略」來觀察英國，可以發現……

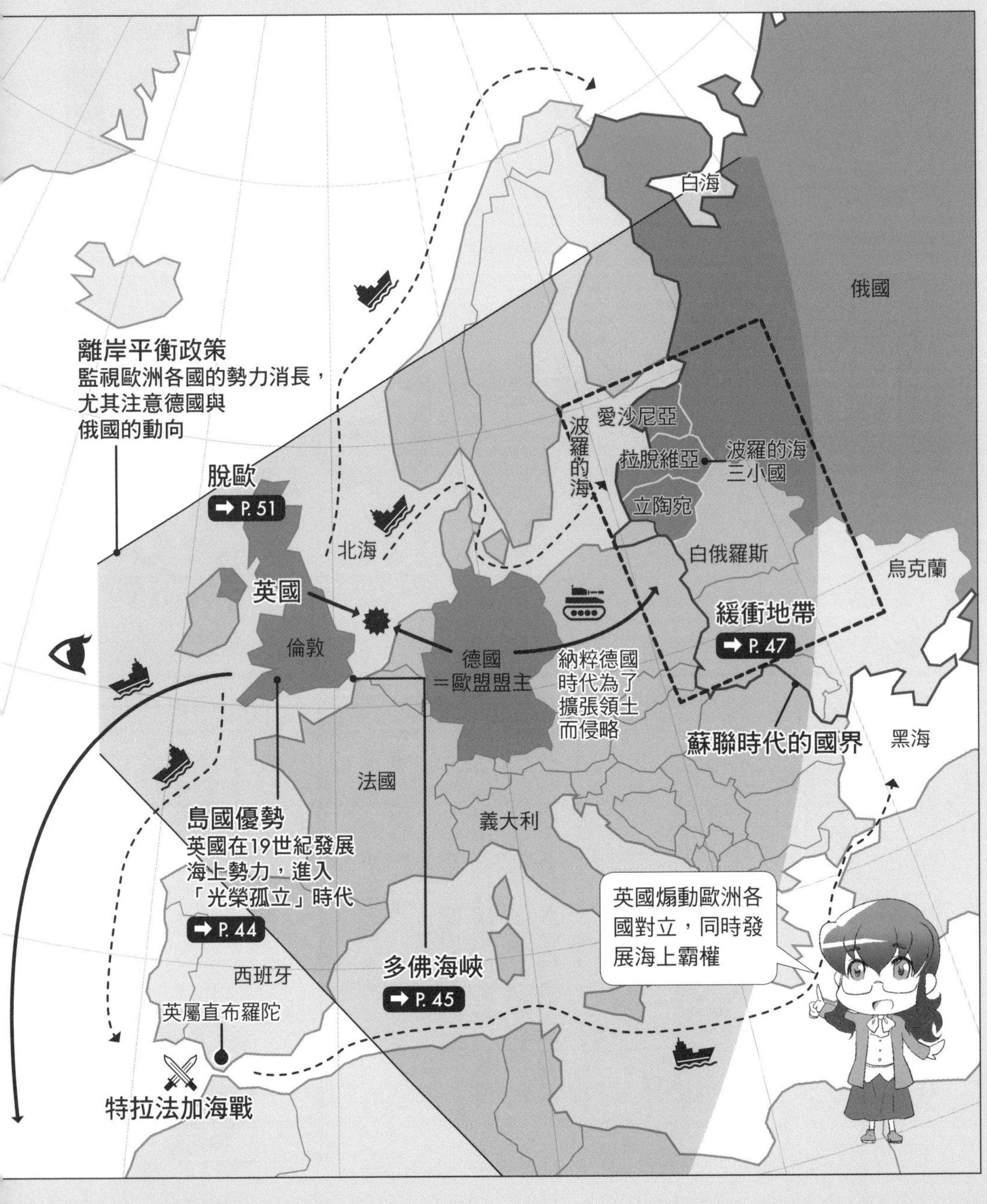

白海
俄國
離岸平衡政策
監視歐洲各國的勢力消長，尤其注意德國與俄國的動向
脫歐
➡ P. 51
波羅的海
愛沙尼亞
拉脫維亞
波羅的海三小國
立陶宛
北海
白俄羅斯
烏克蘭
英國
緩衝地帶
➡ P. 47
倫敦
德國
＝歐盟盟主
納粹德國時代為了擴張領土而侵略
蘇聯時代的國界
黑海
法國
義大利
島國優勢
英國在19世紀發展海上勢力，進入「光榮孤立」時代
➡ P. 44
英國煽動歐洲各國對立，同時發展海上霸權
多佛海峽
➡ P. 45
西班牙
英屬直布羅陀
特拉法加海戰

英國

脫歐公投的各地投票結果

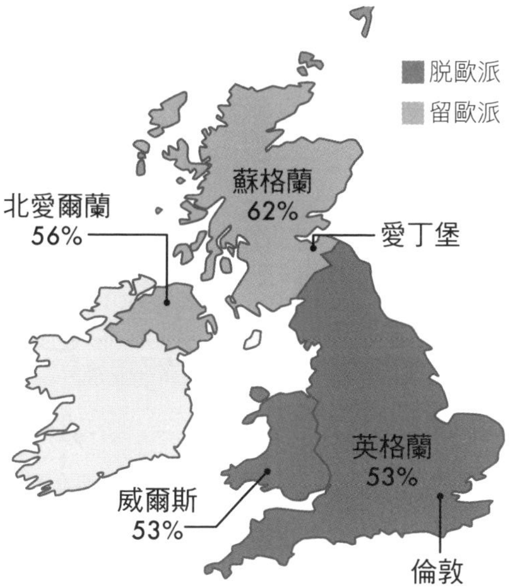
脫歐派
留歐派
蘇格蘭
62%
北愛爾蘭
56%
愛丁堡
英格蘭
53%
威爾斯
53%
倫敦

2016 年 6 月英國進行公投，決定脫歐或留歐。多數的英國國民選擇「脫歐」，導致留歐派占多數的蘇格蘭再度出現獨立的聲音。而蘇格蘭的行動可能促使北愛爾蘭獨立運動勢力再起。

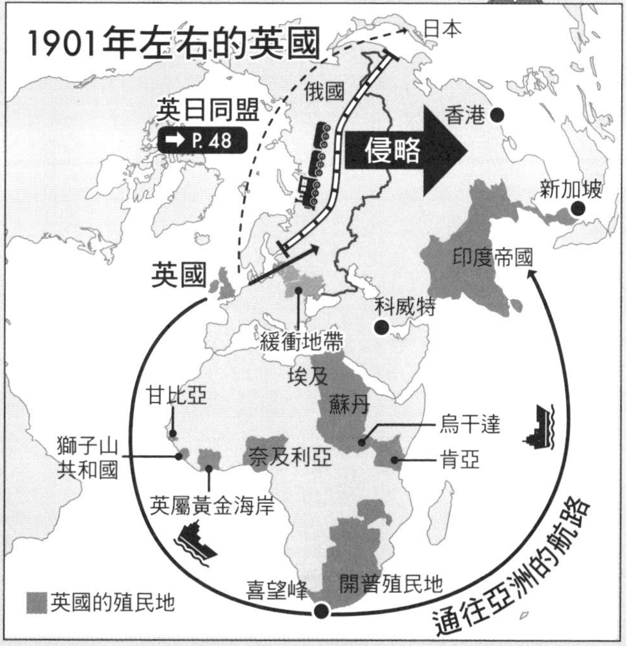
1901年左右的英國
日本
俄國
英日同盟
➡ P. 48
侵略
香港
新加坡
印度帝國
英國
科威特
緩衝地帶
埃及
蘇丹
甘比亞
烏干達
獅子山
共和國
奈及利亞
肯亞
英屬黃金海岸
喜望峰
開普殖民地
通往亞洲的航路
英國的殖民地

英國堅持在亞洲設立殖民地，是為了抑制俄國進軍滿洲與朝鮮。然而從英國派兵耗時耗力，因此與日本締結同盟以防止俄國勢力擴張。

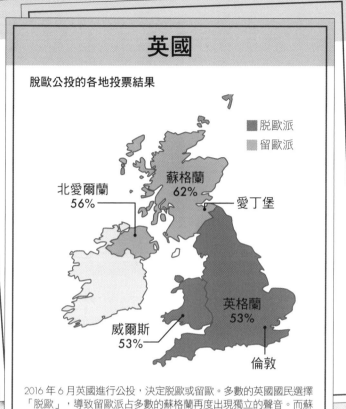

島國英國在地緣政治上的優勢

為什麼島國能統治世界？

英國在十八世紀發起**工業革命**，建立資本主義體制，獨步全球。最為強盛的時期，統治了四分之一個世界。國土面積不過是日本的三分之二大小，相當於日本本州加上四國（譯註：約二十四萬平方公里）。為何英國領土面積遠不如美國和俄國，卻能獲得如此強大的力量呢？

只要看地圖就能知道，英國是一個被海洋環繞的島國。不同於歐洲其他國家，英國不需要為保衛本土準備太多軍隊，可以將這些軍力用於擴大殖民地。從歷史的角度分析，除了十一世紀時維京人攻擊英國本土外，其他歐洲國家都未能登陸英國，就連西班牙的無敵艦隊與拿破崙的法國艦隊也都是英國海軍的手下敗將。島國這項地理條件就地緣政治學的角度來看，帶給英國遠遠超過其他國家的優勢。

英國將多餘的兵力派往非洲、印度與亞洲的殖民地，強化統治的力量，實現所謂的「Pax Britannica（不列顛治世）」。「保衛蘇伊士運河」與「訂定格林威治標準時間」都是不列顛治世的代表事件。目前英語為全球共通語言，也是因為英國曾經建立起全球最大的殖民地

年代 一八三〇～一九〇〇年

相關國家 南非、印度等

工業革命
英國在十八世紀後期展開的一連串工業改革與社會結構變化，特別是以紡織機與蒸汽機的發明為代表所帶來的生產技術革新與能源革命。

帝國的緣故。

新興勢力崛起導致大英帝國沒落

然而十九世紀末期，俄國、德國與日本等新興勢力開始壯大，讓英國本應安穩的未來蒙上陰影。尤其是一八九九年開始在南非的第二次波耳戰爭雖然成功擴大殖民地，卻也耗費了四十五萬兵力與龐大的軍事費用，這場戰爭與維多利亞女王的駕崩（一九〇一年），一同成為大英帝國殞落的象徵。

另一方面，英國原本一直採取「光榮孤立」的外交原則，戰爭時卻因為俄國南侵滿洲，被迫轉換為與他國結盟以維持權力平衡的政策。英日同盟（一九〇二年）便是政策轉換後的第一項成果。

海流湍急的難關「多佛海峽」

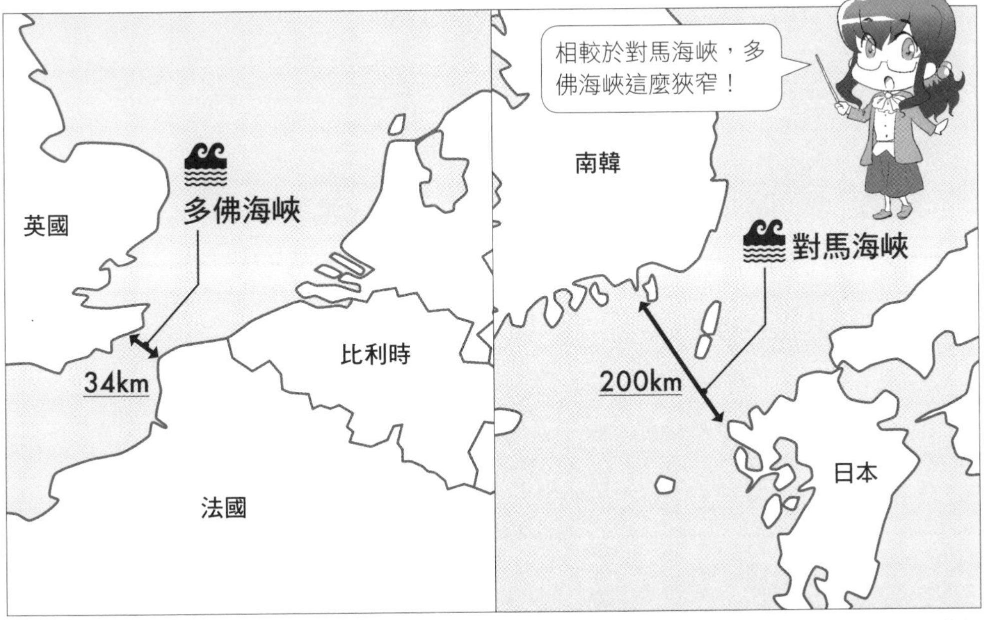
英國
多佛海峽
34km
比利時
法國
相較於對馬海峽，多佛海峽這麼狹窄！
南韓
對馬海峽
200km
日本

多佛海峽遠較同為島國的日本和朝鮮半島之間的「對馬海峽」狹窄。但是歐洲各國在十一世紀後卻從未登陸英國本土，原因在於多佛海峽雖然狹窄，海流卻非常湍急，阻礙歐洲國家上陸，因而獲得「相當於百萬大軍」的美稱，進而造就了大英帝國。
（譯註：臺灣海峽的平均寬度和對馬海峽差不多，也是200公里左右。）

歐洲是半島

英國外交採取「離岸平衡政策」

地緣政治學的最大魅力，就在於可以從上俯瞰整個世界的情勢。

英國體系的地緣政治學之祖——**哈爾福德・麥金德**（Halford Mackinder）認為「歐洲是半島」。他把歐亞大陸與非洲大陸命名為「世界島」（World Island），視為一座巨大的島嶼。但是有趣的是，這座島嶼中並不包括英國。換句話說，麥金德認為「島國」這項地緣政治條件，區分了英國與歐洲大陸。

現在暫時放下英國，先想想半島的優缺點吧！如此便能看出英國在歐洲的立場。

首先是半島的優點，半島三面環海，所以容易進軍海上，但缺點也是由於三面環海，因此無處可逃，要是某個大國掌握了半島的根部，便很有可能會一統歐洲。請各位試著想像一下「要是統一歐洲的大帝國轉為攻擊英國的話……」，因此這種事態是英國無論如何都得避免的威脅。「歐亞大陸的勢力變遷會左右歐洲命運」這項觀點也貫穿了麥金德的學說。

年代
一九〇〇年～

相關國家
德國、俄國、波羅的海三小國、白俄羅斯、烏克蘭 等

哈爾福德・麥金德
（一八六一～一九四七年）英國地理學家與政治家，被譽為古典地緣政治學之祖。

波羅的海三小國
位於波羅的海東岸的三個國家總稱，由北至南分別是愛沙尼亞、拉脫維亞和立陶宛。

緩衝地帶正是歐洲的重心

但是夾在歐洲與歐亞大陸之間，相當於半島根部的國家究竟在哪裡呢？

沒錯！答案就是**波羅的海三小國、白俄羅斯和烏克蘭，這些國家掌握了歐洲權力平衡的關鍵**。倘若出現一個能控制這個地區的統一國家，便會危及英國的存亡，所以英國的外交政策就是在極力避免發生如此情況。這也是麥金德提倡在德國與蘇聯之間設下緩衝地帶的原因。這項理想在俄羅斯帝國與德意志帝國因第一次世界大戰覆亡而得以實現。

這種隔岸觀察歐洲各國的動向，策劃歐洲大陸權力平衡的外交政策稱為「離岸平衡政策（Offshore Balancing）」。

隔岸觀察歐洲動向的「離岸平衡政策」

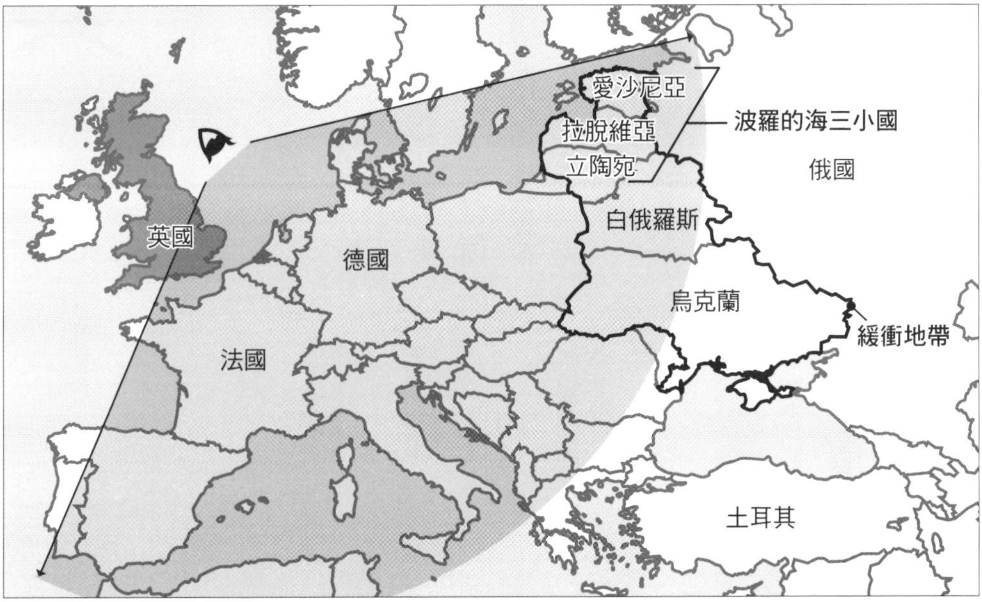

身為島國的英國隔岸觀察歐洲各國的動向。倘若歐洲遭到統一，攻擊目標就將會轉向英國，帶給英國致命的威脅。

心臟地帶理論與防堵俄國政策

如何防堵位於世界中心的俄國擴張

英國隔岸監視歐洲權力平衡，換言之便是「離岸平衡手」。然而歐洲局勢瞬息萬變，權力平衡稍有不測便會輕易崩塌。**西伯利亞鐵路**開通正是導致權力失衡的原因之一。橫跨俄國南側的西伯利亞鐵路降低運送人員與物資的難度，成為渴望「**不凍港**」的俄國推動南侵政策的原動力。

為什麼英國會如此害怕俄國向南侵略呢？

理由在於擔心俄國奪走英國散布於歐亞大陸沿岸的殖民地。當時的英國以印度為中心，在從埃及蘇伊士運河、香港到上海的航路沿岸建立了許多殖民地。倘若俄國獲得了在東亞的不凍港，取得制海權，將可能動搖英國海上帝國的地位。相較於海上交通，以馬車移動的陸上交通較為不便，但西伯利亞鐵路開通卻反轉兩者的便利程度，而在此情況下，英國選擇與日本締結**英日同盟**，將防堵俄國進軍遠東的任務交給因甲午戰爭大勝而趁勢崛起的日本。

英國戒備俄國南侵政策的另一個理由，就如麥金德所言的稱霸東歐者即能稱霸歐洲，俄國進軍南方會導致歐洲權力失衡。

年代
一九〇四～一九一九年

相關國家
日本、俄國等

西伯利亞鐵路
橫貫俄國，是全世界最長的鐵路，於一九〇四年開通。

不凍港
到了冬天，海面也不會結冰的港口。學者認為俄國之所以採取南侵政策，在於為了取得不凍港。

企圖防堵俄國的麥金德思想

麥金德一直在思考如何阻止俄國進軍東歐，因而以地緣政治學概念提出了「心臟地帶理論」。

他把英國陣營視為「**海權**」，俄國陣營視為「**陸權**」，歐亞大陸簡化為一個「島＝世界島」，世界島的中心命名為「心臟地帶（Heart Land）」。同時分析「歐洲的危機來自陸權國家統治東歐」。關鍵在於號稱世界最強的英國海軍無法攻擊統治心臟地帶的俄國，因為俄國的大河流向覆滿冰塊的北冰洋與內陸湖裏海，無法讓船隻進出。

那英國該怎麼辦呢？俄國統帥世界最強的「哥薩克騎兵」，英國無法憑藉陸軍和俄國一較高下，只能以外交手段抑制俄國擴張領土。因此麥金德強調必須在東歐一帶設立幾個緩衝國家，監視俄國，以免俄軍進軍歐洲。第一次世界大戰後，成立了**凡爾賽體系**，承認捷克與波蘭等東歐各國獨立，並設立國際聯盟。這正是麥金德的思想開花結果的象徵。

英日同盟

英日二國攜手合作，共同防範俄國在亞洲繼續擴張勢力。這是日本首次締結軍事同盟。

海權與陸權

麥金德將國家分為兩種，一種是重視海上交通的海洋國家，稱為「海權國家」；另一種是位於大陸的「陸權國家」。他提倡英國與美國等海權國家必須對抗俄國與德國等陸權國家。

凡爾賽體系

為根據第一次世界大戰後簽署的凡爾賽條約所建立的國際體系，用以防堵德國再次崛起。

把世界視為一個島時，位於中心的就是心臟地帶。

從地緣政治學看英國與歐盟

英國失去對歐洲的影響力後該何去何從？

同盟國在第二次世界大戰時獲勝，成功抵擋了納粹德國的侵略。然而站在英國的立場，勝利並不代表目的達成。

理由可分為兩點：第一點是統治心臟地帶的巨大陸權國家俄國（蘇聯）以戰勝國之姿占領東歐各國，成為威脅英國的存在。另一點是印度與緬甸等國家在日軍占領下興起民族主義風潮，獨立成功，使得過去以「**世界工廠**」之姿獨霸天下的英國，戰後被迫轉換方針，不得不統合歐洲各國市場，取代失去的殖民地市場。因此英國決定加入以歐洲共同體為基礎成立的歐盟。

但是英國加入後並未引進歐盟的單一貨幣歐元，而是繼續使用已遭美金取代國際貨幣地位的英鎊，也並未加入跨越國境時無須提出護照的**申根協定**。

除此之外，英國亦不受限於以法律明文規定基本人權的歐洲聯盟基本權利憲章。歐盟之於英國不過是維護國家利益的工具。

年代
一九四〇年代～

相關國家
德國等

世界工廠
意指十九世紀由於工業革命而掌握世界經濟霸權的英國，二十世紀時指的是美國和日本，到了二十一世紀初期轉為中國的代名詞。

申根協定
規定歐盟國之間商品進出口與居民移動不受任何限制。一九八五年於盧森堡的申根鎮簽訂，一九九五年生效。

移民問題激發國民的不滿

英國雖然獲得歐盟諸多的特殊待遇，二〇一六年六月舉辦**脫歐**公投時，卻是脫歐派以小幅差距險勝。

造成此一情勢的關鍵在於移民問題。移民為了謀求富足、工作與社會福利，紛紛湧入經濟力強的國家，然而英國早已不再是製造業的龍頭。現在的英國發展中心為金融與法律等高端服務業，能獲得此類工作的僅限於部分菁英。製造業界在**柴契爾**（Margaret Thatcher）掌權時雖然稍微恢復元氣，但終究不敵德國，貧富差距也益發擴大。

卡麥隆（David Cameron）政府提出的政策是限制移民人數在每年十萬人左右，然而實際情況卻是一年之間接受了三十萬人以上的移民，讓國民的不安與不滿情緒更為高漲。除了擔心工作機會被工資低廉的移民奪走之外，提供移民社會保障也可能增加稅賦的負擔。就連受惠於歐盟市場，被視為留歐派的工業都市市民也都投票選擇脫歐，藉以表達對卡麥隆政府的不滿。

現任首相德蕾莎．梅伊（Theresa May）今後就算依照預定計畫進行脫歐手續，英國也無法回到「光榮孤立」的時代。英國的經濟活動重心已轉為投資，脫歐後必須尋找新的投資市場，而這個市場應是過去為英屬殖民地的大英國協王國與中國吧！英國與中國的關係拉近，勢必會使世界的權力平衡再起變數。

脫歐
二〇一六年六月二十三日，英國舉辦公投決定去留歐盟，最終結果脫離歐盟。

柴契爾
（一九二五～二〇一三年）政治家，同時也是英國首位女性首相。提倡「小政府」的新自由主義經濟政策（柴契爾主義），推動國營企業民營化，放寬規範，活化國內經濟。由於態度保守強硬，外號「鐵娘子」。

過往的大英帝國在脫歐之後要走向何方呢？今後英國的動向也是矚目的焦點！

跨越分裂與割據而崛起的德國
Guten Tag！（你好）
冒出來!!
老師怎麼突然說外語？
Guten……是德文嗎？
咦!?
俄國
德國
法國
對！今天要講德國哦！從地緣政治的角度來看，西邊與法國接壤，東邊則是俄國，地理位置相當惡劣。
不同於英國，德國四周沒有海洋保護。
中歐自古以來便受到蒙古以及土耳其等各地異族的侵略，
所以德國人自身也在往東方移動。
萊茵河
北德平原
阿爾卑斯山脈
高山和河川……缺乏天然國界就會變成這樣吧！
雖然西邊有萊茵河，南邊有阿爾卑斯山脈，
東邊卻什麼也沒有！
中世紀的德國是名為「神聖羅馬帝國」的巨大國家，
即「第一帝國」。
但三十年戰爭時遭到法國擊敗，因而四分五裂。
14 世紀末的神聖羅馬帝國
怎麼可以讓這群說德文的人統一呢！
救命啊～～～!!
德
分裂他們！
喔—
法
英
俄

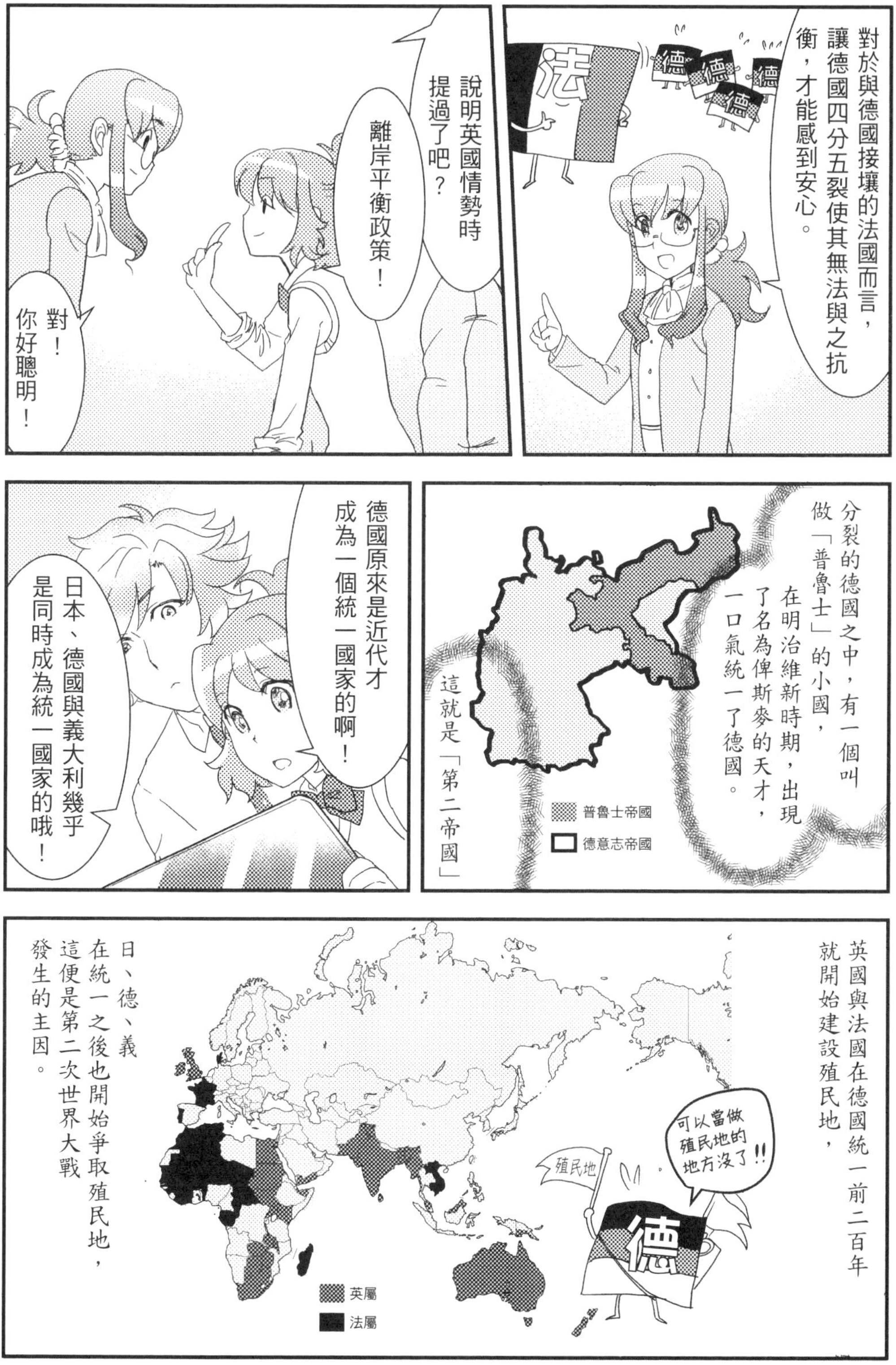
對於與德國接壤的法國而言，讓德國四分五裂使其無法與之抗衡，才能感到安心。
法
德
德
德
德
說明英國情勢時提過了吧？
離岸平衡政策！
對！你好聰明！
分裂的德國之中，有一個叫做「普魯士」的小國，
在明治維新時期，出現了名為俾斯麥的天才，一口氣統一了德國。
這就是「第二帝國」
普魯士帝國
德意志帝國
德國原來是近代才成為一個統一國家的啊！
日本、德國與義大利幾乎是同時成為統一國家的哦！
英國與法國在德國統一前二百年就開始建設殖民地，
可以當做殖民地的地方沒了!!
殖民地
德
英屬
法屬
日、德、義在統一之後也開始爭取殖民地，這便是第二次世界大戰發生的主因。

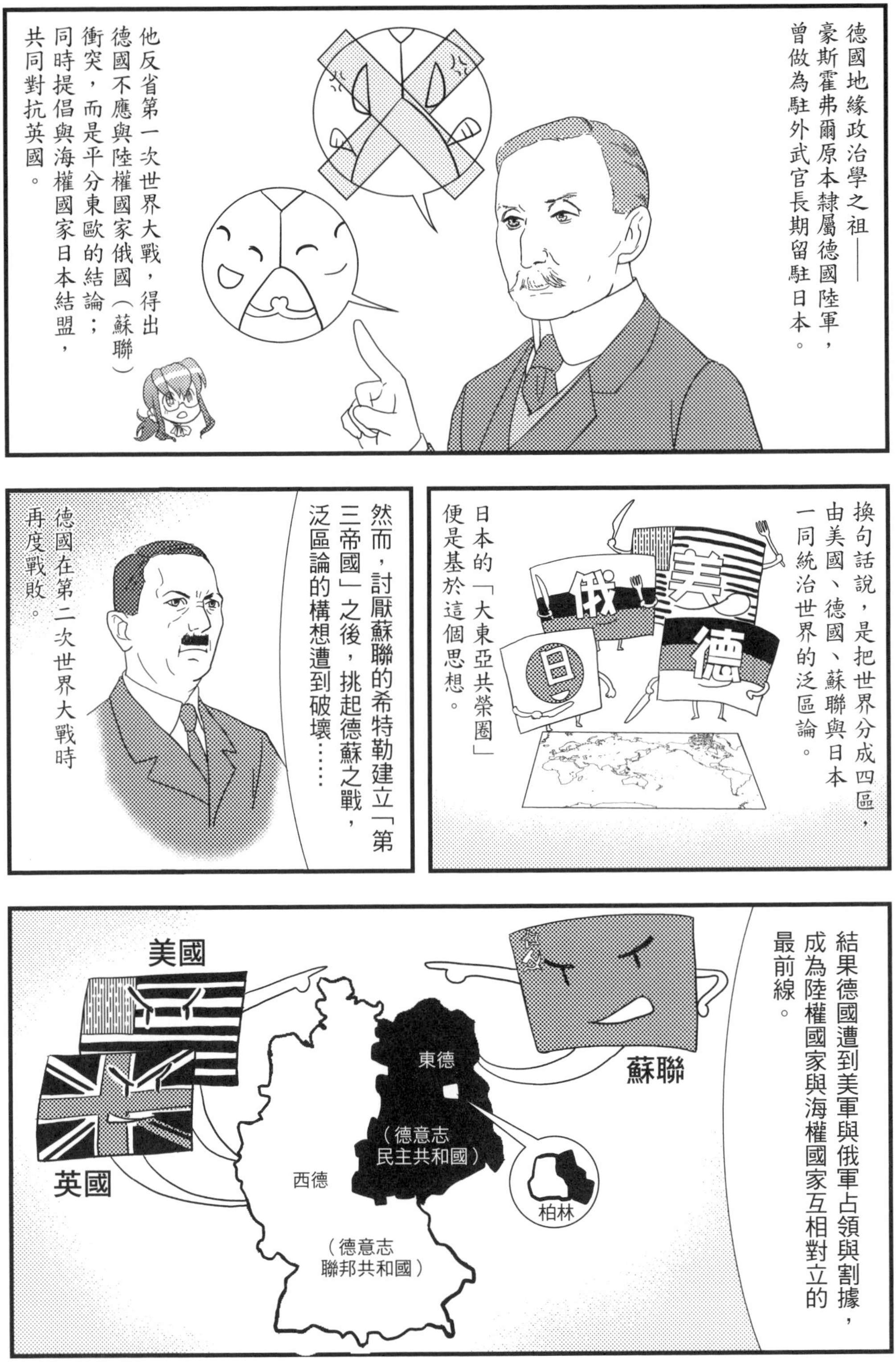
德國地緣政治學之祖——豪斯霍弗爾原本隸屬德國陸軍，曾做為駐外武官長期留駐日本。
他反省第一次世界大戰，得出德國不應與陸權國家俄國（蘇聯）衝突，而是平分東歐的結論；同時提倡與海權國家日本結盟，共同對抗英國。
換句話說，是把世界分成四區，由美國、德國、蘇聯與日本一同統治世界的泛區論。
美
俄
德
日
日本的「大東亞共榮圈」便是基於這個思想。
然而，討厭蘇聯的希特勒建立「第三帝國」之後，挑起德蘇之戰，泛區論的構想遭到破壞……
德國在第二次世界大戰時再度戰敗。
結果德國遭到美軍與俄軍占領與割據，成為陸權國家與海權國家互相對立的最前線。
美國
蘇聯
英國
東德
（德意志民主共和國）
柏林
西德
（德意志聯邦共和國）

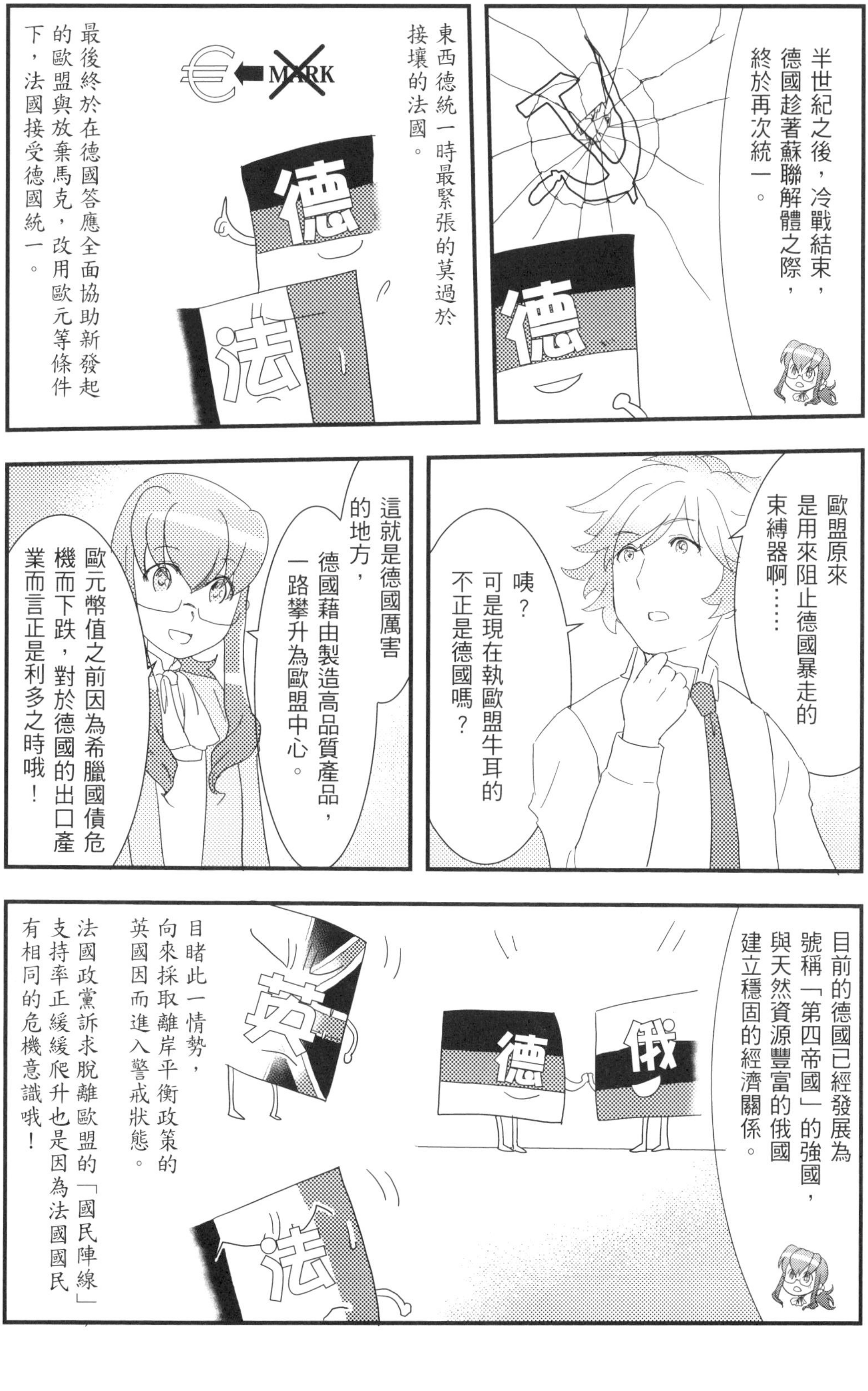
半世紀之後，冷戰結束，德國趁著蘇聯解體之際，終於再次統一。
德
東西德統一時最緊張的莫過於接壤的法國。
MARK
德
法
最後終於在德國答應全面協助新發起的歐盟與放棄馬克，改用歐元等條件下，法國接受德國統一。
歐盟原來是用來阻止德國暴走的束縛器啊……
咦？可是現在執歐盟牛耳的不正是德國嗎？
這就是德國厲害的地方，德國藉由製造高品質產品，一路攀升為歐盟中心。
歐元幣值之前因為希臘國債危機而下跌，對於德國的出口產業而言正是利多之時哦！
目前的德國已經發展為號稱「第四帝國」的強國，與天然資源豐富的俄國建立穩固的經濟關係。
德
俄
英
目睹此一情勢，向來採取離岸平衡政策的英國因而進入警戒狀態。
法
法國政黨訴求脫離歐盟的「國民陣線」支持率正緩緩爬升也是因為法國國民有相同的危機意識哦！

德國眼中的世界地圖

歐盟盟主德國帶給歐洲強烈的影響，其勢力強大到被人揶揄為「第四帝國」。目前德國的力量已經開始影響全球。

日本
太平洋
政治結盟
美國
俄國
中國
進口能源
北大西洋
公約組織
北冰洋
德國車的
大市場
大西洋
英國
德國
法國
印度洋
德國藉由出口高品質產品，與世界各國建立關係

德國

歐盟各國名目 GDP 排行（2019 年）

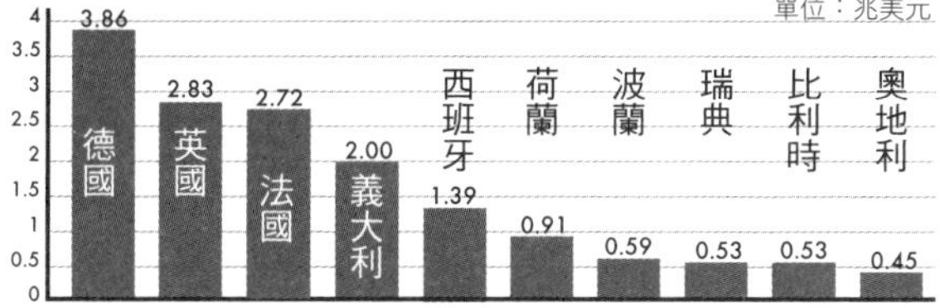

單位：兆美元
4
3.5
3
2.5
2
1.5
1
0.5
0
3.86
德國
2.83
英國
2.72
法國
2.00
義大利
1.39
西班牙
0.91
荷蘭
0.59
波蘭
0.53
瑞典
0.53
比利時
0.45
奧地利

根據 IMF-World Economic Outlook Databases 製表

全球各地名目國內 GDP 比例（2019 年）

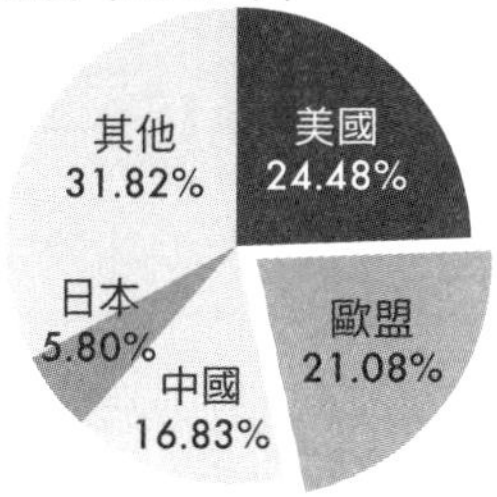

美國
24.48%
歐盟
21.08%
中國
16.83%
日本
5.80%
其他
31.82%

歐盟的各國內 GDP 比例（2019 年）

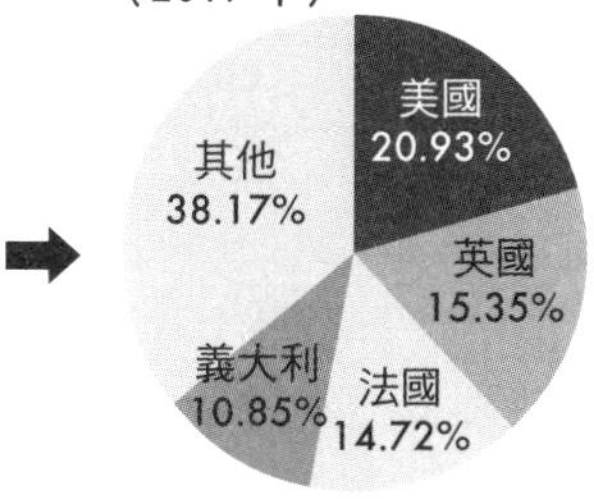

美國
20.93%
英國
15.35%
法國
14.72%
義大利
10.85%
其他
38.17%

根據 IMF-World Economic Outlook Databases 製表

歐盟的名目 GDP 僅次於美國的 21.43 兆美元，高達 18.45 兆美元，其中二成是德國的貢獻。另一方面，德國國內的天然氣高達四成來自俄國。當天然資源豐富但經濟力較弱的俄國強化與德國的關係，將可能會破壞全球勢力的平衡。

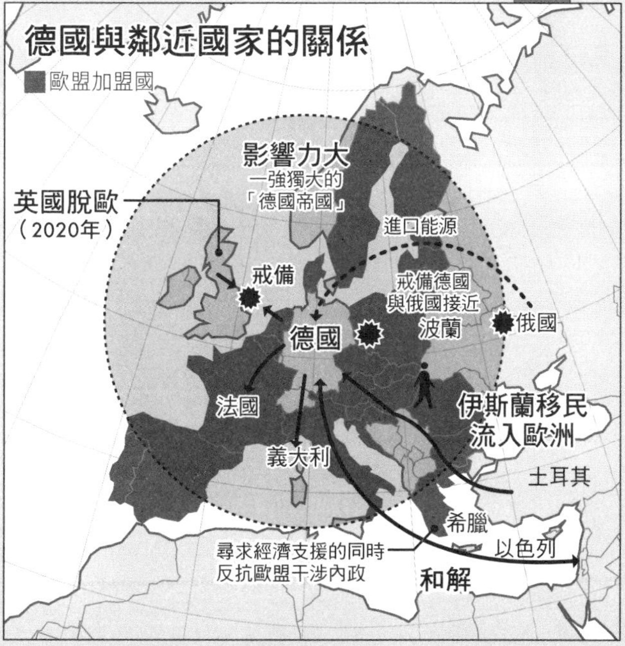

德國與鄰近國家的關係
歐盟加盟國
影響力大
一強獨大的
「德國帝國」
英國脫歐
（2020年）
進口能源
戒備
戒備德國
與俄國接近
德國
波蘭
俄國
法國
伊斯蘭移民
流入歐洲
義大利
土耳其
希臘
尋求經濟支援的同時
反抗歐盟干涉內政
以色列
和解

歐盟盟主德國擁有強大的影響力。藉由共通貨幣歐元，也許德國一統歐洲的日子不遠了？

支持德國地緣政治學的二大思想

基於德國的地理條件而誕生的「生存空間」

德國位於歐洲中央，北方靠海，南方有阿爾卑斯山脈保護，東西兩側卻受到來自強國法國與俄國的威脅。其實在一八七〇年代**俾斯麥**（Otto von Bismarck）統一德國之前，德國不過是由三百多個小國組成的聯邦，領土形狀每逢戰爭便會改變。在此背景下，德國的地緣政治學發展出一項特色：地理條件和民族生存有密切的關係，其代表便是名為「**生存空間**（Lebensraum）」的理論。

德國學者弗里德里希．拉采爾（Friedrich Ratzel）受到**社會達爾文主義**的影響，提出生存空間理論，主張「國家是會成長的生物，為了生存而持續競爭。國家的活存，需要符合人口的一定領土」。日後由於希特勒（Adolf Hitler）在自己的著作《我的奮鬥（Mein Kampf）》中引用生存空間理論，因而廣為人知。

拉采爾原本是動物學家，於**普法戰爭**之際從軍，後轉為研究地理。一八七四年，他走訪北美、墨西哥與古巴等地，研究各國地理。尤其是親眼目睹美國藉由拓荒急速擴張領土的現況後，他開始著眼於國界的變化，認為擴張國土是一種自然界規律。地圖上美國的形狀宛如

年代
一八六〇～一八七〇年代

相關國家
美國、墨西哥、古巴、瑞典等

奧托．馮．俾斯麥
（一八一五～一八九八年）普魯士王國貴族、政治家，外號「鐵血宰相」。達成統一德國的大業。

生存空間
國家為了自給自足所需要的領土，前提在於該領土須受到政府管理。

生物般逐漸擴大，在拉采爾眼裡就像達爾文進化論中的「適者生存」。

將民族排他行為正當化的封閉經濟論

想要了解德國的地緣政治學，絕不能忽略拉采爾的弟子——魯道夫・契倫（Rudolf Kjellén）。他雖然是「地緣政治學（Geopolitik）」一詞之父，卻並非德國人，而是瑞典的政治學者和國會議員。乍看之下與德國毫無淵源的契倫，究竟帶給德國的地緣政治學何種影響呢？

契倫身為民族主義者，主張封閉經濟（Autarky）論：「真正的獨立國家擁有支配自己所需資源的權利，依賴進口的國家稱不上真正的獨立國家」。此外，他提倡「瑞典也應當採取擴張主義」，藉以對抗俄國擴張領土至波羅的海的政策。然而瑞典國民並不支持他的主張，因此他將期望寄託給同為日耳曼民族的德國。他建議德國將中歐、東歐與俄國的波羅的海地區納入領土，建立「德意志帝國」，對德國的國家政策造成影響。

拉采爾與契倫的思想成為日後納粹德國正當化迫害猶太人與流放斯拉夫人等排外主義的意識形態，導致德國體系的地緣政治學被視為危險的學說。

社會達爾文主義
依照達文爾進化論的「適者生存」與「自然淘汰」概念，說明國際關係與社會現象的學說。十九到二十世紀初時用於支持帝國主義的正當性。

普法戰爭
（一八七〇～七一年）想一統德國的俾斯麥率領普魯士打敗企圖妨礙統一的法國，建立德意志帝國。

德國的思想受到地理條件的影響呢……

影響希特勒的地緣政治學家

建立德國地緣政治學的豪斯霍弗爾

普魯士宰相俾斯麥在十九世紀末期統一德國，建立「**第二帝國**」。他選擇不與俄國、英國為敵，僅和法國對立。然而皇帝威廉二世卻逼迫俾斯麥下台，大力推動擴張海外領土政策，並且進軍俄國的「後院」——巴爾幹半島。加上增強海軍政策刺激了英國，導致德國同時與法國、英國、俄國為敵。結果**第一次世界大戰**結束後，德國不僅得忍受向協約國投降的恥辱，還遭到領土分裂與須支付龐大賠償金（相當於當時德國二十年份的國民生產總值）等不平等制裁，使得國民身陷苦境。之後又發生**經濟大蕭條**造成德國國內經濟崩壞，使得國民的不滿與憤慨膨脹到頂點。

在此一情勢下，煽動德國國民，帶領德國再度走向戰爭的正是阿道夫・希特勒。至於影響他的軍事思想與全球戰略的人則是建立德國地緣政治學的地緣政治學者卡爾・豪斯霍弗爾（Karl Haushofer）。這位「卡爾・豪斯霍弗爾」究竟是何許人物呢？

豪斯霍弗爾出生於南德的慕尼黑，也就是日後納粹總部的所在地。他進入陸軍，走向職業軍人之路。日俄戰爭剛結束的一九〇九年，他接受明治政府的委託前往日本擔任軍事顧

年代

一八七〇～一九四一年

相關國家

日本、英國、法國、俄國等

第二帝國

德國史上曾建立過兩個帝國，第二帝國指的是一八七一至一九一八年時由俾斯麥統一的德意志帝國。有時也會稱希特勒建立的納粹德國為第三帝國。

第一次世界大戰

人類史上的第一場世界大戰，帝國主義分為二個陣營，以歐洲為主戰場對戰。時間為一九一四年至一九一八年，共計四年三個月。

問。然而當他前往日本的航海途中，驚訝地發現處處都是英國的殖民地。了解大英帝國的情況後，他的心中萌生一個軍人本色的簡單疑問：究竟要如何才能打敗英國？

豪斯霍弗爾給予島國日本高度評價

豪斯霍弗爾於日本擔任軍事顧問的期間，不僅指導日本軍人如何使用槍砲，也同時視察了滿洲與朝鮮等日俄戰爭時的戰場。儘管他只在日本停留一年，卻親眼目睹日本軍事力量的崛起，甚至建議德國應與日本結盟。他或許將遠東島國日本急速發展的模樣與德國的未來重疊。

回到德國之後，豪斯霍弗爾做為旅長參與第一次世界大戰，當時擔任他副手的是日後成為納粹副元首的魯道夫・赫斯（Rudolf Hess）。一九一九年德國戰敗後，豪斯霍弗爾以少將身分退役，獲聘為慕尼黑大學的地理學與軍事科學教授。赫斯則追隨他進入慕尼黑大學，擔任他的個人助手。

此時希特勒因為在慕尼黑發動政變失敗而遭到監禁，透過赫斯的介紹認識豪斯霍弗爾，向他學習地緣政治學、哲學與史學等各種學問。因此希特勒的著作《我的奮鬥》充滿了豪斯霍弗爾的影響。日後成為第三帝國副元首的赫斯與外交部長里賓特洛甫（Joachim von Ribbentrop）所推動的日德義三國同盟和德蘇互不侵犯條約，也都是基於豪斯霍弗爾的地緣政治思想。

經濟大蕭條
一九二九年十月二十四日，以美國華爾街的股價暴跌為開端引發的世界性經濟不景氣。景氣蕭條的情況一直延續到一九三〇年代，企業倒閉、銀行關門與經濟衰退的情況益發嚴重。

我的奮鬥
國家社會主義德國工人黨（納粹黨）領袖阿道夫・希特勒在獄中口述的著作。開頭介紹在奧地利的成長過程，其後描述日耳曼民族的優越性與打破凡爾賽體系等激烈的政治主張。

豪斯霍弗爾從崛起的日本身上，看到德國的可能性與未來了吧

將世界一分為四的泛區論

德國、美國、日本與俄國統治全球

德國地緣政治學之祖豪斯霍弗爾深深影響納粹德國的戰略構想。被視為親日派的他抱持著什麼樣的世界觀呢？首先豪斯霍弗爾的思想與其說獨創，不如說是彙整了眾人的思想。他結合拉采爾的「生存空間」、契倫的「封閉經濟論」和麥金德的「心臟地帶概念」，提倡「泛區論」。這個理論將世界分為四個經濟區，維護全球的軍事戰略與勢力平衡。具體而言，世界分為德國管理的「泛歐非區（歐洲與非洲大陸）」，美國管理的「泛美區」、日本管理的「泛亞區」和蘇聯管理的「泛俄區」，提倡由這四國來統治全世界，不過排除英國這點引人深思。

此外，如同麥金德認為中歐是「權力平衡」的關鍵，豪斯霍弗爾也主張德國確保生存空間的關鍵在東歐。他認為結合德國的工業技術、蘇聯的人力與天然能源，組成強大的陸權勢力圈，便能戰勝美國與英國為中心的海權聯軍。

年代
一九四〇～一九九二年

相關國家
德國、蘇聯、美國、日本等

日德義三國同盟
日本、德國與義大利所締結的軍事同盟。

德蘇互不侵犯條約
德國與蘇聯在一九三九年簽訂互不侵犯領土條約。條約當中包括雙方瓜分波蘭的祕密協定。

希特勒的暴行打破了豪斯霍弗爾的理想

納粹黨幹部支持豪斯霍弗爾的理念，大都認為泛區論的世界構想會透過副元首赫斯與外交部長里賓特洛甫推動**日德義三國同盟與德蘇互不侵犯條約**實現。而日本受到泛區論的啟發，發展出大東亞共榮圈的概念，日本外相松岡洋右為了締結三國同盟而造訪德國，之後又會見史達林，與蘇聯簽訂日蘇互不侵犯條約。然而《我的奮鬥》出版以來，希勒特執著於把東歐與蘇聯納入德國的「生存空間」，因此單方面違反德蘇互不侵犯條約，展開德蘇戰爭。結果德國大敗，失去柏林。戰敗後的德國分裂為東西德，直到柏林圍牆倒塌，方才統一。憂心「第三帝國再現」的歐洲各國組成歐盟，同時呼籲德國也加入歐盟。歐洲各國至今依舊相當恐懼陸權國家德國再次崛起，深怕當年的惡夢會再重演。

泛區論將世界一分為四

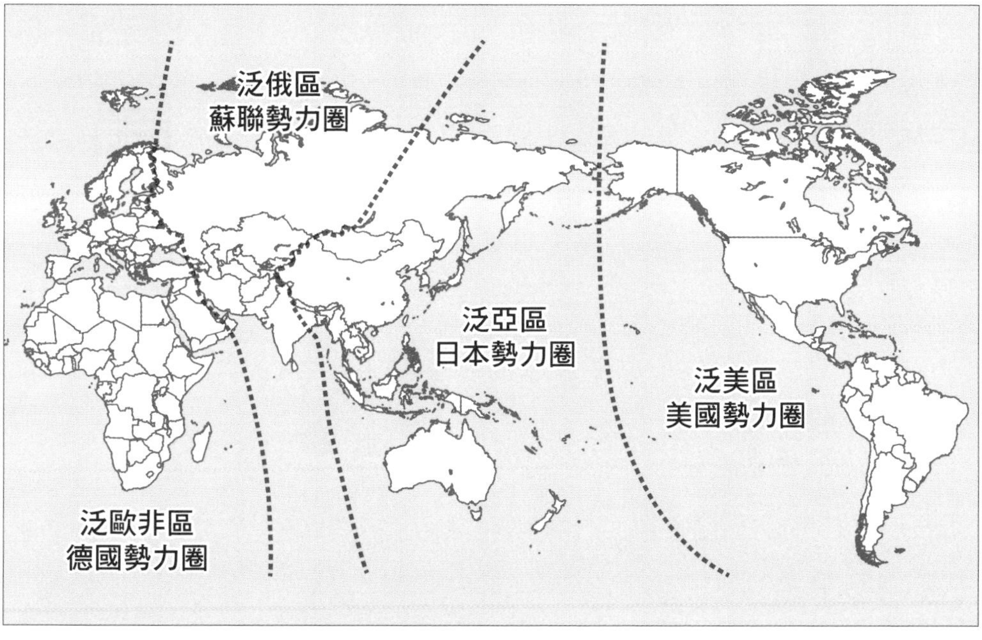
泛俄區
蘇聯勢力圈
泛亞區
日本勢力圈
泛美區
美國勢力圈
泛歐非區
德國勢力圈

泛區論設定德國、蘇聯、日本與美國四國統治全世界。

支配歐盟的德國實力

德國以強大的經濟力量強化政治力量

德國加入**歐盟**之後，影響力遍及全歐洲，甚至被揶揄為「第四帝國」。為什麼分裂為東西二國長達四十年的國家，竟然能在短時間內大幅提高影響力呢？先從其背景開始分析：

德國在第二次世界大戰戰敗後，西側由美國、英國與法國所占領，東側則由蘇聯接管，一分為二。當時的德國情勢正是冷戰對峙的結構，也是全球的縮影。然而，冷戰結束的第二年，也就是一九九〇年，東西德合併造成西歐各國恐慌。

這些國家擔心地理位置良好，位於歐洲中心的德國會再度成為世界大國，為了抑制德國的力量，其他國家組成歐盟，決定使用共通貨幣「歐元」，並計劃日後的政治統合。

東西德統一之後，舊東德經濟發展遲緩，乍看之下會成為德國的沉重負擔，然而德國擁有競爭力強的產業，並以低薪雇用原先屬於共產社會的優秀勞力，再透過歐盟的免關稅政策出口商品，逐步累積成為經濟大國的實力。此外，金融危機與歐洲債務危機導致歐元暴跌，對德國出口產業而言也是助力。眾人期待德國成為歐盟經濟的領頭羊，漸漸增強德國的政治發言權。

年代

一九九〇年～

相關國家

俄國

歐盟

由歐洲的民主國家所組成，目標在於政治整合。歐洲議會、理事會與執委會等主要機構設立於比利時的布魯塞爾。

克里米亞危機

位於烏克蘭南端的克里米亞半島自古以來居住了許多俄裔居民。二〇一四年，烏克蘭的親歐美勢力要求俄軍撤出克里米亞半島，普丁政府卻反將克里米亞半島納入俄國領土，導致

德國無法制裁俄國的原因

德國最大的問題在於少子化導致勞動人口不足。目前德國人口超過八千一百萬人，預估到了二〇六〇年會減少二成，變成六千六百三十六萬人。來自東德的梅克爾總理選擇接納八十萬名敘利亞難民，想借用移民的力量解決日後人手不足的問題。儘管採用的手法「降低人事費用，提高獲利率」與東西德合併時相同，但卻衍生了治安惡化與恐攻事件等新的社會問題。

接下來談談俄國與德國的關係。歐洲各國長期以來都是向政局不穩定的中東購買石油，不過自從普丁（Vladimir Putin）決定透過輸出能源賺取外匯後，歐洲對於石油與天然氣的天然能源需求轉為依賴俄國。

其中尤其是德國，在天然氣供給上非常依賴俄國，近乎四成的天然氣都是從俄國進口。因此當俄國因為**克里米亞危機**受到美國批判時，德國僅採取調停美國與俄國的中立態度。站在地緣政治學的觀點來分析，發生戰爭時，第一個遭殃的便是德國，因此危機意識也不同於美國與英國。此外，俄國應該也想和同為陸權國家的德國建立良好關係，陸權國家德國和俄國的再次結盟，使得美國與英國等海權國家的敏感神經又再次被挑動。自從麥金德之後，不得由陸權國家稱霸歐洲是英美系統地緣政治學的一貫鐵則。

與歐美的關係惡化。

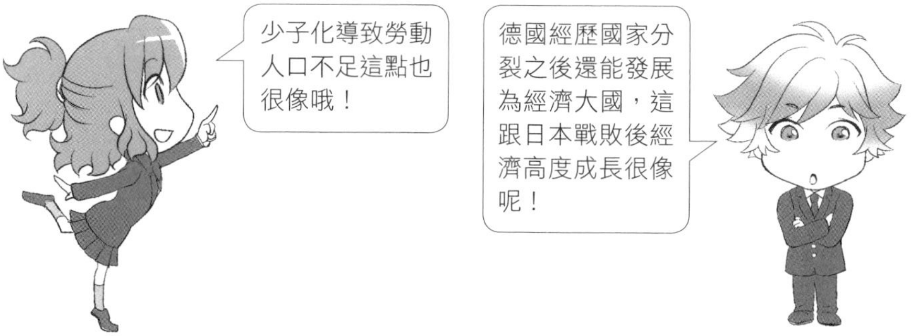
德國經歷國家分裂之後還能發展為經濟大國，這跟日本戰敗後經濟高度成長很像呢！
少子化導致勞動人口不足這點也很像哦！

英國脫離歐盟──脫歐在地緣政治上的意義

英國是典型的島國，屬於海權國家。多佛海峽洶湧的潮流保護英國不受來自對岸的法國攻擊；無論是鐵蹄踏破歐洲大陸的拿破崙或是希特勒，都放棄了征服英國的念頭。英國只需要最低限度的軍力就能保衛自己，因此把多餘的力量用來爭奪海外殖民地。到了十九世紀，英國的殖民地已經擴大到非洲、印度、澳洲與加拿大，英語成為世界共通語言。

但是到了第二次世界大戰，英國忙於對抗希特勒，在東南亞的殖民地一一落入日本人手中。德國與日本戰敗之後，東南亞的殖民地同時展開獨立運動。然而英國此時已經無力鎮壓獨立運動，大英帝國的版圖於是瓦解。英國失去了廣大的殖民地，於是把目光轉向結盟的歐洲，尋求新市場。由於加入法國與西德主導的歐洲共同體（EC），英國製的商品得以免稅出口歐洲市場。歐洲共同體之於當時的英國，是拯救嚴重的經濟危機「英國病」（British disease）的救世主。

美蘇冷戰最終以蘇聯瓦解告終，原本分為東西兩國的德國終於統一。法國為了與統一後強大的德國抗衡，於是聯合其他歐洲國家成立歐洲聯盟（EU），發行加盟國通用的貨幣「歐元」。然而諷刺的是最後掌握歐盟主導權的卻是工業大國──德國。

歐洲市場以德國產品為大宗；歐洲中央銀行位於德國的金融中心──法蘭克福，握有發行歐元的權利。英國面臨放棄英鎊，轉用歐元的壓力。

最後一根壓倒駱駝的稻草是難民問題。大量的敘利亞人民因為內戰而逃往德國，期盼能在此找到工作。梅克爾（Angela Merkel）首相要求歐盟各國對難民開放，英國也是其中之一。大量移民流入會嚴重壓迫英國民眾的工作機會，造成社會福利制度的沉重負擔。

二〇一六年，英國卡麥隆（David Cameron）首相為了增加與德國交涉的籌碼，舉辦公民投票決定歐盟去留問題，也就是英國脫歐（British Exit）公投。結果脫歐派以百分之五一．九的些許差距獲勝。

二〇二〇年一月，英國在強生（Boris Johnson）政府的領導下正式脫離歐盟。雖然因此避免了難民流入的危機，卻也導致出口歐盟市場的產品無法免稅。蘇格蘭的經濟依賴蘇格蘭威士忌出口，北愛爾蘭則是過去強烈反英，兩地居民以留歐派居多。脫歐可能導致這些地區發生獨立運動，選擇離開英國（大不列顛暨北愛爾蘭聯合王國）。

英國政府解決這些危機的對策是找到取代歐盟的新市場，卡麥隆政府當時是寄望於中國，邀請習近平國家主席訪英並大幅禮遇。但是強生政府在美中冷戰日趨激烈之後，選擇與中國保持距離，和美國展開雙邊自由貿易協定（FTA）談判；同時嘗試參加以日本為主的跨太平洋戰略經濟夥伴關係協議，日本也表示歡迎。一旦英國成為跨太平洋戰略經濟夥伴關係協議的一員，代表日英之間的協議成立，對抗中國的日英軍事同盟可能就此復活。（編按：日本首相岸田文雄於二〇二三年一月十一日與英國首相蘇納克〔Rishi Sunak〕正式簽署允許雙方相互部署武裝部隊的「相互准入協定」〔RAA，日英圓滑化協定〕。）

第 2 章

了解強勢外交的理由

日本鄰近四國眼中的世界

中國為何受到各國抨擊也要堅持主張是自己的領土？
北韓和南韓，哪邊才是日本的盟友？
俄國為何要和歐美各國對立？
藉由地緣政治學，便能了解四個國家的行動準則，
正因為這些鄰國會對我們造成影響，更需要知道其思考模式！

南北韓
眼中的世界
P. 88

中國
眼中的世界
P. 70

俄國
眼中的世界
P. 104

中國在地緣政治上的宿命——海陸兩面腹背受敵

針對地緣政治學的基本思想——陸權與海權，我們再複習一次！
陸權勢力
國
國
國
國
國
陸權國家位於大陸，與其他國家相鄰，因此必須強化陸軍，成為以陸軍為主的國家。
海權國家則為島國或臨海國家，依賴海上貿易，武力以海軍為主。

陸權國家廣大的領土雖然是防止四周國家侵略的防波堤，但行有餘力時也會為了謀求出海口而向外擴張。
滾回去！
咽喉要道
海權國家為了確保咽喉要道和海上航路，則會抑制陸權國家進軍海洋。
咽喉要道原文是「choke point」，「choke」是「掐住喉嚨」的意思，狹長的海峽與運河都屬於咽喉要道，控制住這些地方就能癱瘓海上交通。

來考考大家，美國、俄國、英國和德國，哪些是陸權國家？哪些是海權國家呢？

德國和俄國是陸權國家，英國和美國是海權國家！
答對了！

地緣政治學的分類套用在歐洲各國我還能夠理解，
但是同樣的分類也能套用到亞洲國家身上嗎？
這種分類方式適用於所有國家喔！
接下來我們就從中國開始，來看看亞洲的例子吧！
首先我們先來看明朝時的中國地圖！
15 世紀前期的明朝
瓦剌
韃靼（蒙古）
北京
明朝
日本
對於漢族來說，最大的威脅便是來自北方的陸權勢力遊牧民族。
對抗的手段分為「開戰」、「防禦」和「納貢」，其中又以「納貢」最為可行。
「納貢」的意思是「我給你經濟上的支援，所以不要攻打我」。
中國將附近國家視為藩屬國，賜予「王」或「將軍」等稱號，並賞賜絲綢、陶瓷器等厚禮。簡而言之，就是用金錢買和平。
財政困難↓無法贈送大量禮物↓北方遊牧民族進攻↓漢族政權更迭因此這樣的情況一再反覆發生。
蒙古勝利！
中國
北方民族在中國建立的王朝稱為「征服王朝」，以元朝和清朝最為有名。

明朝與日本的朝貢貿易由於入不敷出，使得明朝開始限制朝貢貿易。然而此舉卻導致具備武力的商人轉向走私，這群人就是所謂的「倭寇」。
屬於陸權的遊牧民族和掌握海權的倭寇由南北夾攻，導致明朝走向滅亡。
明
屬於北方民族的滿洲人建立了典型的陸權帝國「大清帝國」。
十九世紀之後，大清帝國受到英國、法國與日本等海權國家侵略，國勢日漸衰微。
1860年北京條約割讓給俄國
黑龍江
俄國
大清帝國
日本
新興的陸權帝國俄國趁機坐大，奪取黑龍江以南的濱海邊疆區。
同時與陸權國家和海權國家對立的話，一點勝算也沒有……
這就是中國在地緣政治上的宿命啊！
是啊。
現在的中國也是這樣的結構哦！

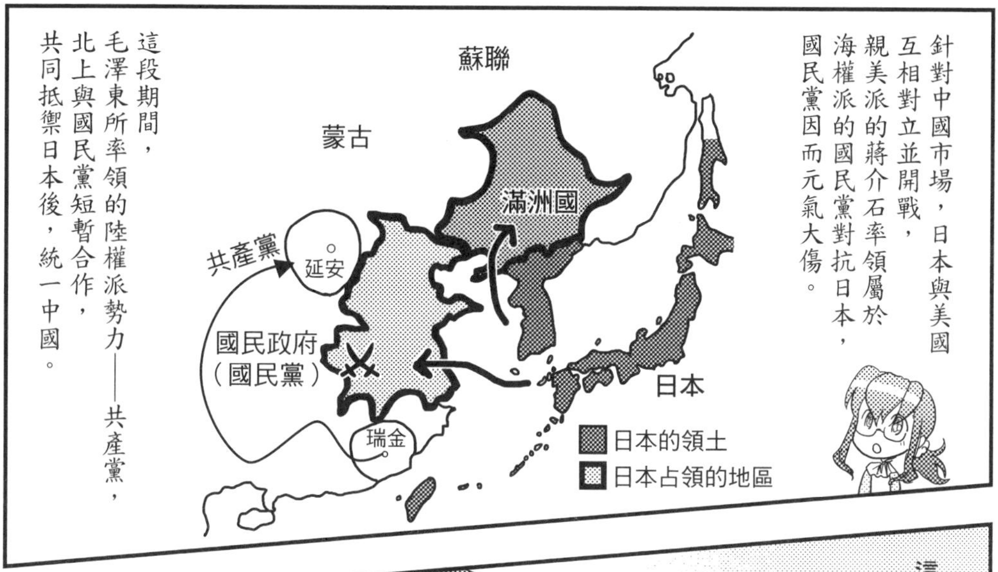
針對中國市場，日本與美國互相對立並開戰，親美派的蔣介石率領屬於海權派的國民黨對抗日本，國民黨因而元氣大傷。
蘇聯
蒙古
滿洲國
共產黨
延安
國民政府（國民黨）
瑞金
日本
日本的領土
日本占領的地區
這段期間，毛澤東所率領的陸權派勢力——共產黨，北上與國民黨短暫合作，共同抵禦日本後，統一中國。

這個新政府就是中華人民共和國。
毛澤東是徹頭徹尾的陸權派，忙著和蘇聯爭奪霸主位置，對於海權一點興趣也沒有。
海權派的鄧小平掌權之後，導入外幣促使經濟大幅成長，開始想要進軍海洋。
然而時值冷戰期間，中國為了抵禦蘇聯因而無法進軍海洋。

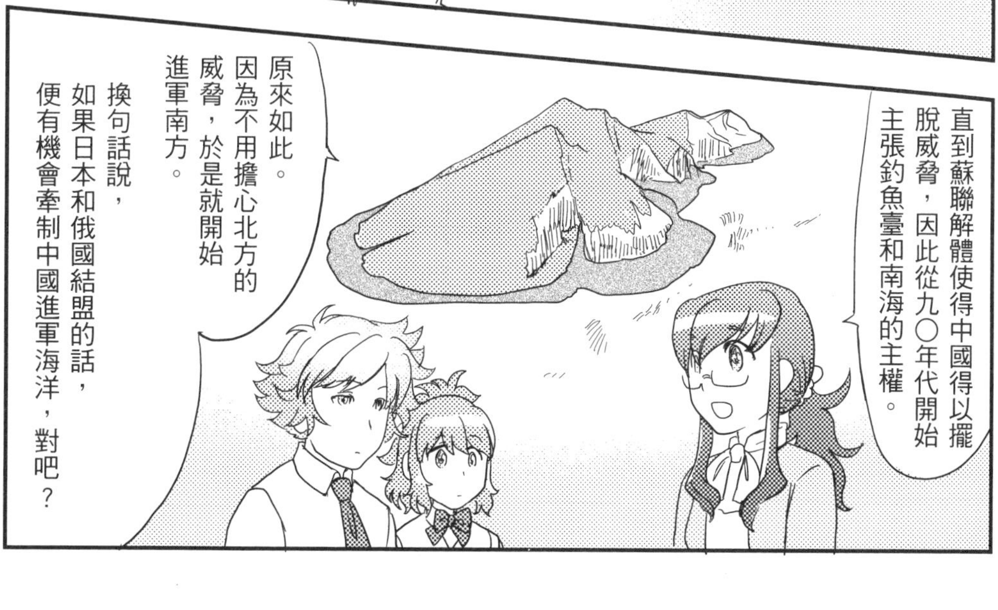
直到蘇聯解體使得中國得以擺脫威脅，因此從九〇年代開始主張釣魚臺和南海的主權。
原來如此。因為不用擔心北方的威脅，於是就開始進軍南方。
換句話說，如果日本和俄國結盟的話，便有機會牽制中國進軍海洋，對吧？

中國眼中的世界地圖

中國夾在陸權國家俄國與海權國家日本之間，
計劃趁著俄國國勢衰微之際進軍海洋，擴大勢力範圍。

中國

中國人口比例變化（各世代）

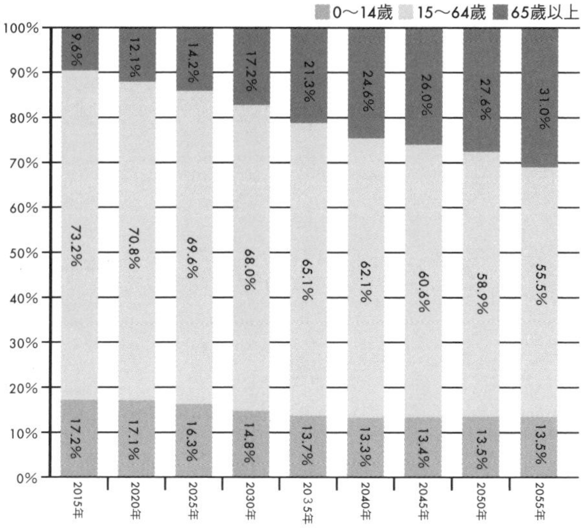

0～14歲
15～64歲
65歲以上
100%
90%
80%
70%
60%
50%
40%
30%
20%
10%
0%
9.6%
12.1%
14.2%
17.2%
21.3%
24.6%
26.0%
27.6%
31.0%
73.2%
70.8%
69.6%
68.0%
65.1%
62.1%
60.6%
58.9%
55.5%
17.2%
17.1%
16.3%
14.8%
13.7%
13.3%
13.4%
13.5%
13.5%
2015年
2020年
2025年
2030年
2035年
2040年
2045年
2050年
2055年

根據《世界人口展望報告——2015 年修訂版》製表

推測中國的 GDP 到了 2050 年，會高達全球整體的 21%，超越美國，成為世界第一。但是從人口比例的變化來看，中國會在 2025 年進入高齡化時代，十年後的 2035 年會和現在的日本一樣，成為超高齡社會。

中國在亞洲部署的防禦美國戰線

蒙古
俄國
北京
日本
太平洋
伊豆群島
中國
釣魚臺列嶼
沖繩本島
小笠原群島
第一島鏈
第二島鏈
台灣
南海
菲律賓海
美屬關島
柬埔寨
南沙
群島
菲律賓
越南
汶萊
馬來西亞
印尼
巴布亞紐幾內亞

中國海軍的目標是排除島鏈內的外國軍隊（美國），占領島鏈內的海域使其成為中國的內海。該目標的關鍵在於位於第一島鏈內的釣魚臺列嶼。中國堅持主張擁有釣魚臺列嶼的主權，除了其軍事戰略上的重要性，還包括四周的海底與漁業資源。

擁有多項地緣政治學優勢的大國——中國

運用人口、政治與經濟優勢，打造世界強國

從地緣政治的角度來看，中國是個大國。第一項優勢在於國民**人口**多達十三億，為全球人口的五分之一。此外，十三億人當中有九成是漢族，引發種族紛爭的風險較小；相較之下，印度人口同樣超過十億，當地的官方語言卻高達二十二種，其中雖以印地語的使用人口最多，然而使用印地語的人口並未超過整體人口的四成，由此可知中國的優勢所在。另一項好處是由於自古以來人口就過剩，致使移民海外者眾，所以世界各地都有中國人的社群，特別是東南亞地區，其經濟力更深刻影響當地的政治與社會。

國土面積居全球第三也是中國的優勢之一。位於溫帶地區的大平原和河川，是構成農業大國的基礎。而石油、鐵礦、稀土金屬等天然資源亦相當豐富。

除此之外，**天然國界**也是一大優勢。東側面海，西南部有西藏高原等高地，西北部的新疆維吾爾自治區內則有大片沙漠。對中國來說西藏自治區和新疆維吾爾自治區是防禦強大的鄰國印度與俄國的天然屏障。中國之所以以武力鎮壓當地的少數民族獨立運動，鉗制媒體言論，都是基於地緣政治。由此看來，一黨專政的政治體系或許也可說是中國的一項強處。

年代
現代

相關國家
印度、俄國等

人口
從地緣政治的角度來看，人口眾多代表可當兵的人數多，市場規模也龐大，是一項優點。

天然國界
地形阻礙交通所形成的國界，例如山脈、河川、海洋、湖泊與沙漠等。

中國在地緣政治學中的地理位置

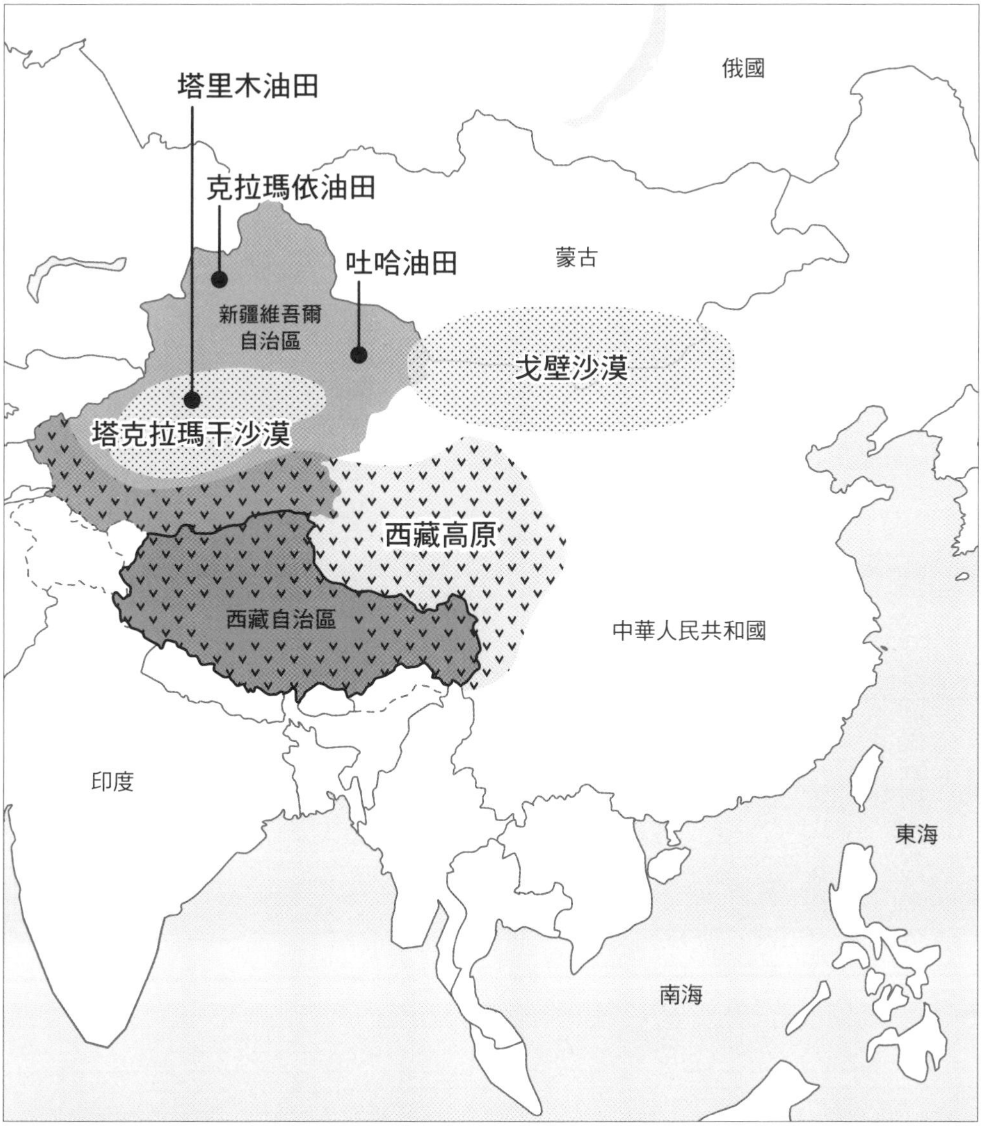
俄國
塔里木油田
克拉瑪依油田
吐哈油田
蒙古
新疆維吾爾
自治區
戈壁沙漠
塔克拉瑪干沙漠
西藏高原
西藏自治區
中華人民共和國
印度
東海
南海

西藏高原和塔克拉瑪干沙漠形成天然屏障，西藏自治區和新疆維吾爾自治區則是中國面對核武國家印度與俄國的緩衝區，因此即使這兩區爆發叛亂，中國也都不會放手。除此之外，新疆維吾爾自治區內發現石油，重要度更加提升。

位於溫帶，國土遼闊，適合耕作，擁有全球最多的人口與資源——這就是中國的國力。

萬里長城是防禦陸權勢力的屏障

從古代到中世，中國的外敵是北方遊牧民族

中國的地緣政治風險從明朝開始產生變化。過去，來自北方的陸權民族是唯一的敵人，**明朝**時則出現了來自南方的海權侵略。

分析明朝之前的中國史，可以發現中國文化發祥於黃河流域，充足的水資源使農業發達，青銅器與鐵器等尖端技術相繼開發，人口不斷增加。其後出現長江流域文化，併吞四周的民族與國家，形成龐大的漢族集團。

對於成立於黃河流域的中華帝國而言，最大的威脅是來自北方的遊牧民族，即所謂的陸權勢力。遊牧民族不僅掌控了當時最強的機動力——馬匹，並且由於居無定所，因此失敗了就逃往歐亞大陸深處，也就是心臟地帶即可。而每逢秋收時分，遊牧民族又會一再前來掠奪農作物，有時甚至成為新的統治者（**征服王朝**）。對於無法拋下土地逃亡的農耕漢族而言，遊牧民族的確是非常可怕的對手。

歷代王朝選擇用金錢購買和平，採用定期給予遊牧民族所需的銀兩和絲綢等懷柔政策，同時修築萬里長城，強化防禦陸權的力量。

年代
西元前二〇〇〇年左右～一六四四年

相關國家
日本、朝鮮、西歐列強等

明朝（一三六八～一六四四）
中國歷代王朝之一，推翻元朝後建國。原先成立於江南（長江流域），以南京為首都，之後遷都北京。遷都的理由之一是為了防禦反覆侵略的北方民族。

征服王朝
中國歷代王朝中由北方民族入侵中原所建立的王朝。少數派的北方民族占據皇族與貴族等

然而懷柔政策和建築工程都對國家財政造成負擔，王朝因此滅亡。而新的王朝剛開始時同樣勤於對抗陸權民族，之後也因為龐大的軍事費用與貢品而選擇增稅，最後導致農民反抗而滅亡。中國的歷史就是不斷重複這樣的循環。

明朝是陸權與海權同時夾攻的「北虜南倭」時代

明朝之前的中國雖然苦於北方的陸權民族侵略，卻無須擔心海權。當時的航海技術尚未發達，東方與南方的海洋難以橫越，形成天然屏障。

然而到了明朝，情勢卻發生變化。航海技術日新月異，歐洲的船隻開始來到此地進行交易。日本當時是群雄割據的戰國時代，豪族和各地諸侯的活動開始橫跨日本、中國與朝鮮半島。此時的貿易船隻皆備有武裝，發現對方比自己弱小時便化為海盜，占據土地做為自己的據點。明朝時將與日本進行貿易的武裝商人集團稱為「**倭寇**」，並感到畏懼。

豐臣秀吉統一日本之後，甚至向中國出兵，與朝鮮、明朝的聯合軍隊作戰。從地緣政治學的角度分析，日本攻打中國屬於海權勢力的攻擊。

明朝的北方有陸權民族蒙古攻擊，南方又出現新的海權勢力。苦於「**北虜南倭**」的明朝，最後在一六四四年時因為農民內亂而滅亡。

統治階級，統治多數派的漢族。例如蒙古所建立的元朝（一二七一～一三六八）和滿人所建立的清朝（一六一六～一九一二）。

倭寇
十三到十六世紀時，攻擊中國與朝鮮半島沿岸，從事走私貿易的海盜集團。「倭」意指日本，「寇」意為侵略，不過集團成員多半是備有武力的中國商人。取締倭寇成為當時日本、中國與朝鮮的重要外交課題。

北虜南倭
明朝的兩大外交問題，「北虜」指的是北方的蒙古民族，「南倭」指的是南方的倭寇。

華夷之辨與朱子學阻礙近代化

割據近代中國的陸權與海權國家

十九世紀後期，日本與中國同時受到歐美列強的侵略與威脅。為何日本的明治維新得以成功，中國卻淪為殖民地呢？

雖然各家說法不同，但從思想角度分析，決定性的關鍵在於**朱子學**對中日兩國的影響深淺。

清朝雖然是由北方的滿人征服漢族所建立的征服王朝，卻採用了漢族的傳統思想──朱子學。

朱子學創立於因蒙古侵略而滅亡的南宋時代，因而充滿對外族的厭惡。

朱子學將世界分為「中華（文明）」與「夷狄（野蠻）」，認為由中華民族統治夷狄方為正確的世界秩序，這就是以中華為中心的「華夷之辨」思想。清朝視歐美列強為「夷狄」，拒絕向歐美學習；而相反的，幕府末期的日本人看到佩里所率領的黑船艦隊，大吃一驚，立刻決定執行明治維新，這便是二國最大的不同之處。

武力居於弱勢的清朝在歐美與日本等列強割據下，逐漸邁向滅亡。

年代

一六一六～一九一二年

相關國家

英國、法國、俄國、德國、日本等。

朱子學

為儒學（孔子於西元前五世紀提倡的思想）的一門學派，由南宋的朱熹所創立，強調華夷之辨與身分制度。在明清時代的中國與封建時代的日本、朝鮮相當盛行。

十九世紀末期 帝國主義下的中國

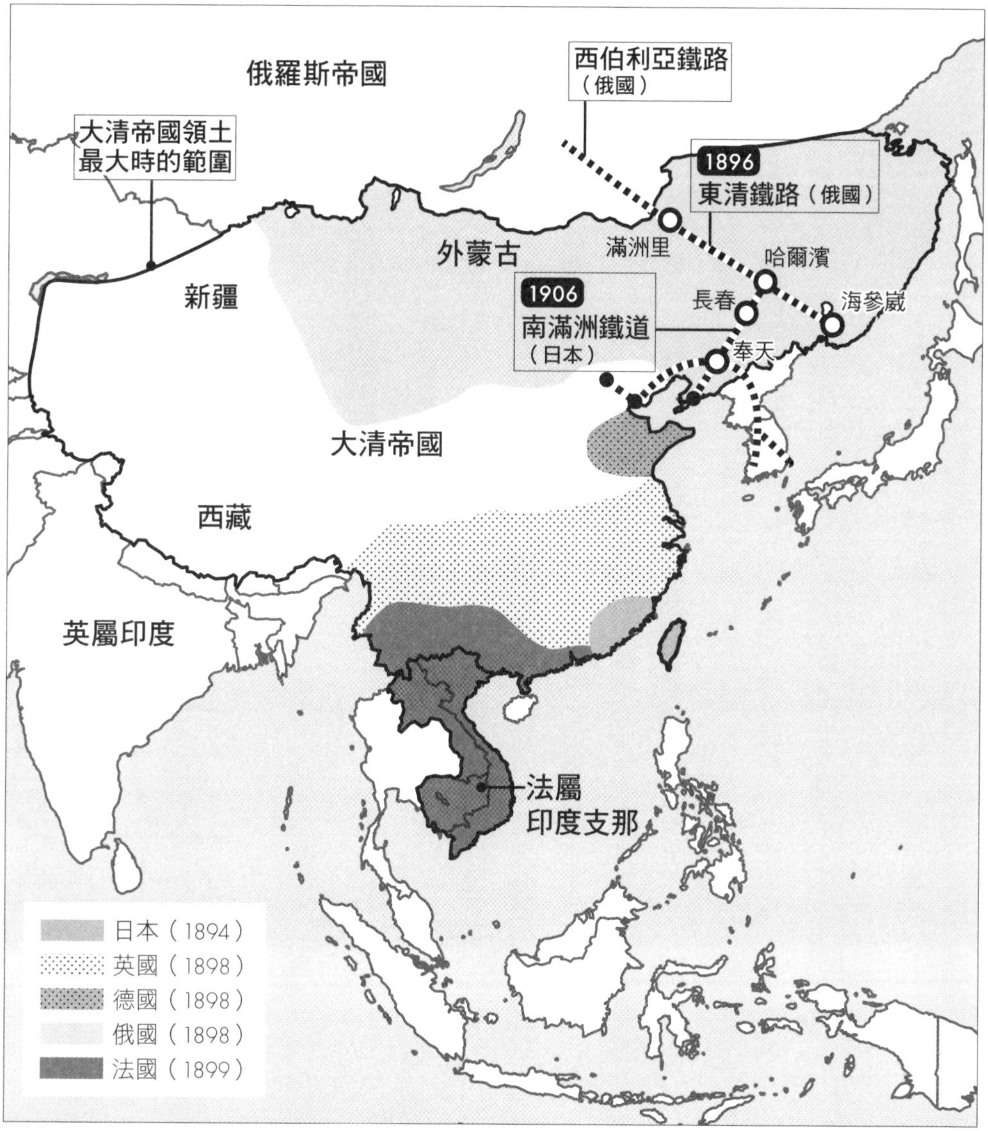
俄羅斯帝國
西伯利亞鐵路
（俄國）
大清帝國領土
最大時的範圍
1896
東清鐵路（俄國）
滿洲里
哈爾濱
外蒙古
1906
南滿洲鐵道
（日本）
長春
海參崴
奉天
新疆
大清帝國
西藏
英屬印度
法屬
印度支那
日本（1894）
英國（1898）
德國（1898）
俄國（1898）
法國（1899）

英國在一八四〇年時對大清帝國發起鴉片戰爭，占領位於九龍半島的香港，逼迫清朝割讓香港，給予英國領事裁判權。甲午戰爭之後，列強紛紛以武力割據中國，建立各自的租界。

帝國主義時代同時也是弱肉強食的時代，美國援助中國其實是出於確保中國市場，以便己方投資的想法

共產黨政權的成立造成當代的對立結構

中國共產黨由於列強競爭而得利

大清帝國受到陸權國家俄國（**蘇維埃社會主義共和國聯邦**）與海權國家英國、美國、日本等國家夾攻而滅亡後，雖然由孫文建立了中華民國，但國家卻依舊處於四分五裂的狀態。為了解決國家分裂的困境，出現了兩股勢力，分別是蔣介石所率領的和英美結盟的國民黨以及毛澤東所率領的與蘇聯結盟的中國共產黨。雙方雖不斷內戰，不過在中日戰爭日趨白熱化之際同意先合作抗日。而原本在中國與日本爭奪利益的**列強**也藉由英美援助國民黨，蘇聯援助中國共產黨的方式介入戰爭，最後列強終於爆發激烈衝突展開第二次世界大戰，形成日本對英國、美國、蘇聯的構圖。

中國原本受到列強攻擊而陷入瀕死狀態，各國列強卻在此時開始互相攻擊。在日本戰敗，其他列強勢力轉衰之時，國民黨與中國共產黨再度展開內戰。結果國民黨戰敗逃往臺灣，由中國共產黨統一中國。

此時，全球進入冷戰時期。中國共產黨仰賴蘇聯，以臺灣為據點的國民黨政權則獲得美國援助，雙方再次形成陸權勢力（共產主義陣營）與海權勢力（資本主義陣營）的對立型態。

年代

一九一二年～二十一世紀初期

相關國家

英國、美國、日本、俄國（蘇聯）等

蘇維埃社會主義共和國聯邦

俄羅斯帝國在一九一七年時由於一連串的共產主義革命而滅亡，取而代之的是蘇維埃社會主義共和國聯邦（蘇聯）。而蘇聯因軍事費用負擔沉重等財務問題，在一九九一年解體，於是俄羅斯、烏克蘭與白俄國斯等十五個加盟國各自獨立。

中國共產黨趁著與蘇聯的蜜月期，併吞了與蘇聯接壤的新疆維吾爾自治區。同時趁著英國因世界大戰而國勢衰弱，無暇管理西藏之際，占領西藏，獲得防禦蘇聯與印度的緩衝地帶。

陸權陣營對海權陣營的單純時代劃下句點

但是中國與蘇聯的蜜月期很快便結束了。地緣政治學的原則之一是「接壤處長的國家互相敵對」。接壤的二國容易發生利害衝突的情況，例如人民跨越國界混居引發的紛爭、發現資源時互相爭奪等。

毛澤東和蘇聯決裂之後，開發並持有核武，同時接近美日二國。站在美國的立場，接近中共是分裂陸權陣營的機會，又能進入規模龐大的中國市場。於是，陸權陣營與海權陣營在中國對峙的單純時代就此結束。

蘇聯解體之後，新成立的俄羅斯聯邦景氣低迷，東西冷戰因而告終。但是美國也因為軍事費用導致國家財政虧損增加、國內貧富差距擴大以及反恐戰爭失利等問題，轉為聚焦於國內。站在中國的角度分析全球局勢，目前正是現代版的「北虜南倭」勢力衰弱的絕佳時機。

列強

十九世紀末期到二十世紀中期，成功工業化並擁有殖民地的大國。例如英國、法國、德國、俄國、美國與日本。

列強在中國你爭
我奪，結果幫了
共產黨一把啊

由陸權國家轉變為海權國家

中國首次進軍海洋

漢族經常處於人口過剩的狀態，若未加以抑制便會不斷膨脹。庶民階層選擇積極移居海外，建立商業網絡與華僑社群；國家層級的膨脹則體現在以中國為中心，四方來歸的「大中華思想」上。現代中國膨脹的情況不同以往，目標不是大陸而是開始企圖進軍海洋。

北方的威脅在蘇聯解體後消失，普丁統治下的俄羅斯為了尋求前往地中海的出海口而向烏克蘭與敘利亞出手，使得美俄關係再次降至冰點。中國因而趁機建立上海合作組織，再現中俄陸權同盟。此外，習近平政府提出「重建絲路」的構想，倡議「一帶一路」，創立了亞洲基礎設施投資銀行（AIIB）。目的在於和美國主導的世界銀行（World Bank）與日本主導的亞洲開發銀行（Asian Development Bank）抗衡，嘗試以中國出資的方式開發亞洲與非洲各國的港口與道路等交通樞紐。但是中國要求的回報是提供軍事據點，例如斯里蘭卡陷入債務不履行的困境，於是和中國企業締結出租漢班托塔港口（Hambantota International Port）九九年的合約。美日因而心生警戒，拒絕參加亞洲基礎設施投資銀行，川普政府更是發動了「美中冷戰」。

年代
一九九一年～現代

相關國家
俄羅斯（蘇聯）、美國、日本、東南亞、中亞等

漢族膨脹
漢族移居東南亞，在當地的政商界成為積極的少數群體「華僑」。

亞洲基礎設施投資銀行（AIIB）
創立於二〇一五年，是第一個由中國主導的國際金融機構，用以對抗美國主導的世界銀行和日本主導的亞洲開發銀行。成員國包括歐洲各國，但美日二國並未參加。

中國計劃進軍內陸與海洋

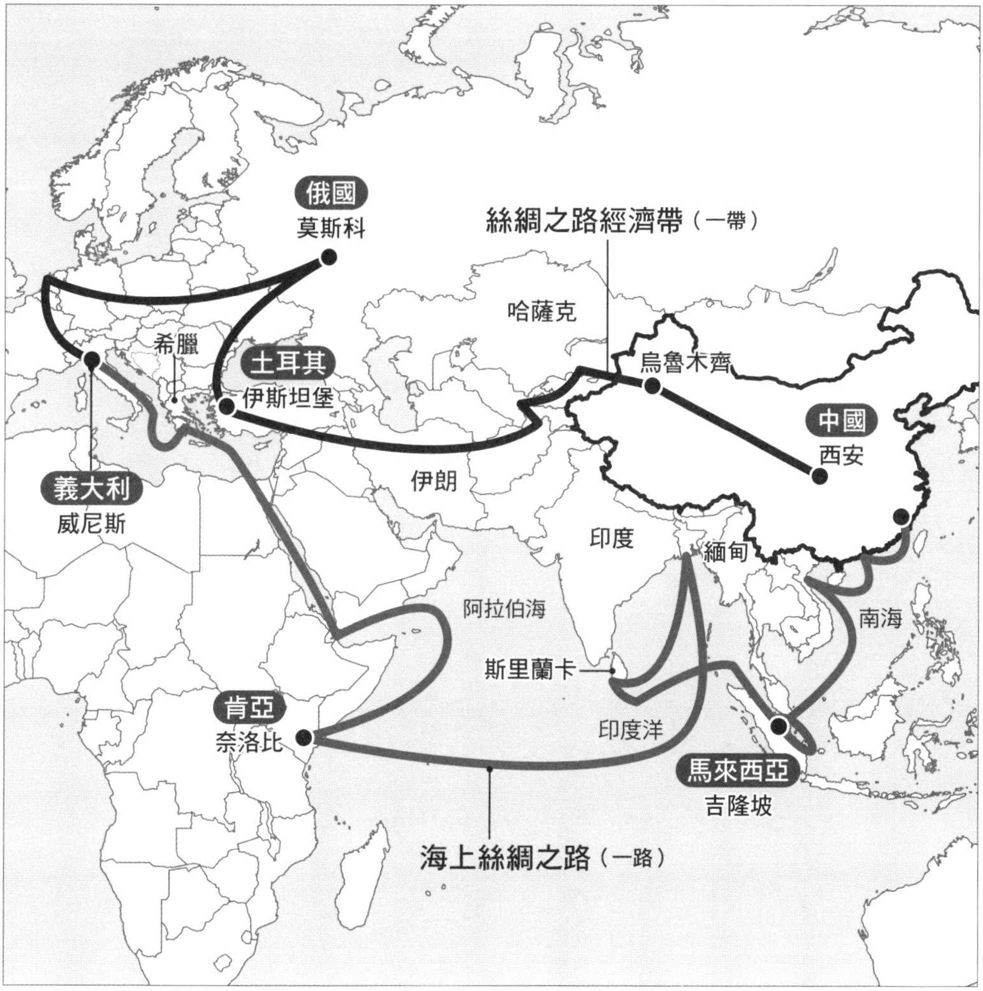
俄國
莫斯科
絲綢之路經濟帶（一帶）
哈薩克
希臘
土耳其
伊斯坦堡
烏魯木齊
中國
西安
義大利
威尼斯
伊朗
印度
緬甸
阿拉伯海
南海
斯里蘭卡
肯亞
奈洛比
印度洋
馬來西亞
吉隆坡
海上絲綢之路（一路）

中國打出「一帶一路」的構想，進軍中亞。同時主張擁有釣魚臺列嶼和南海的主權，並擅自在東海開發天然氣田。

「一帶一路」的「一帶」是指連接中亞與歐洲的「絲綢之路經濟帶」，「一路」則為連接南海與地中海的「海上絲路」。

中國擺脱北虜南倭的威脅後，同時擴張陸權與海權的勢力呢

中國主張釣魚臺列嶼主權的理由

近年來，日本與中國針對釣魚臺列嶼主權一事激烈對立。釣魚臺列嶼位於東海西南方，由五個島嶼和三座礁岩所組成，釣魚臺是其中最大的島嶼名稱。

釣魚臺於西元一八九五年納入日本領土，島上曾居住過二百多名日本人，在太平洋戰爭爆發後成為無人島。戰爭結束後，由美國接管，在一九七二年時根據沖繩政權移交協定，將釣魚臺列嶼一併移交予日本。目前釣魚臺列嶼在日本屬於沖繩縣石垣市。

釣魚臺列嶼附近的海域是良好的漁場，海底蘊含了石油與天然氣等豐富的自然資源。中國與臺灣是從一九六八年發現豐富資源後，開始強烈主張釣魚臺列嶼為其領土。

中國堅持主權的理由除了資源之外，還包括軍事上的考量。從九州、奄美大島、美軍駐紮的沖繩本島到八重山群島最西端的與那國島等琉球群島，阻礙了中國從東海進軍太平洋之路。對於企圖統一臺灣的中國而言，距離臺灣僅約一七〇公里，距離中國大陸僅約三三〇公里的釣魚臺列嶼可以成為打破這道屏障的基地。因此中國是出於資源與軍事的考量，強烈主張釣魚臺列嶼的主權。

譯註：中華民國外交部提出的聲明表示，古籍中多次提及釣魚臺，並於明清時期劃入海防系統及領土範圍，因此日本依據的先占原則無效。此外，亦主張該島在馬關條約中被視為臺灣的附屬島嶼割讓予日本，而美國雖在一九七二年將釣魚臺列嶼行政權移交日本，但也表明此舉並不構成主權移轉。在中華民國政府的立場認為，無論從歷史、地理、地質、使用及國際法而言，為中華民國國固有領土、臺灣屬島。

日本與中國的排他性經濟海域界線與釣魚臺列嶼一帶

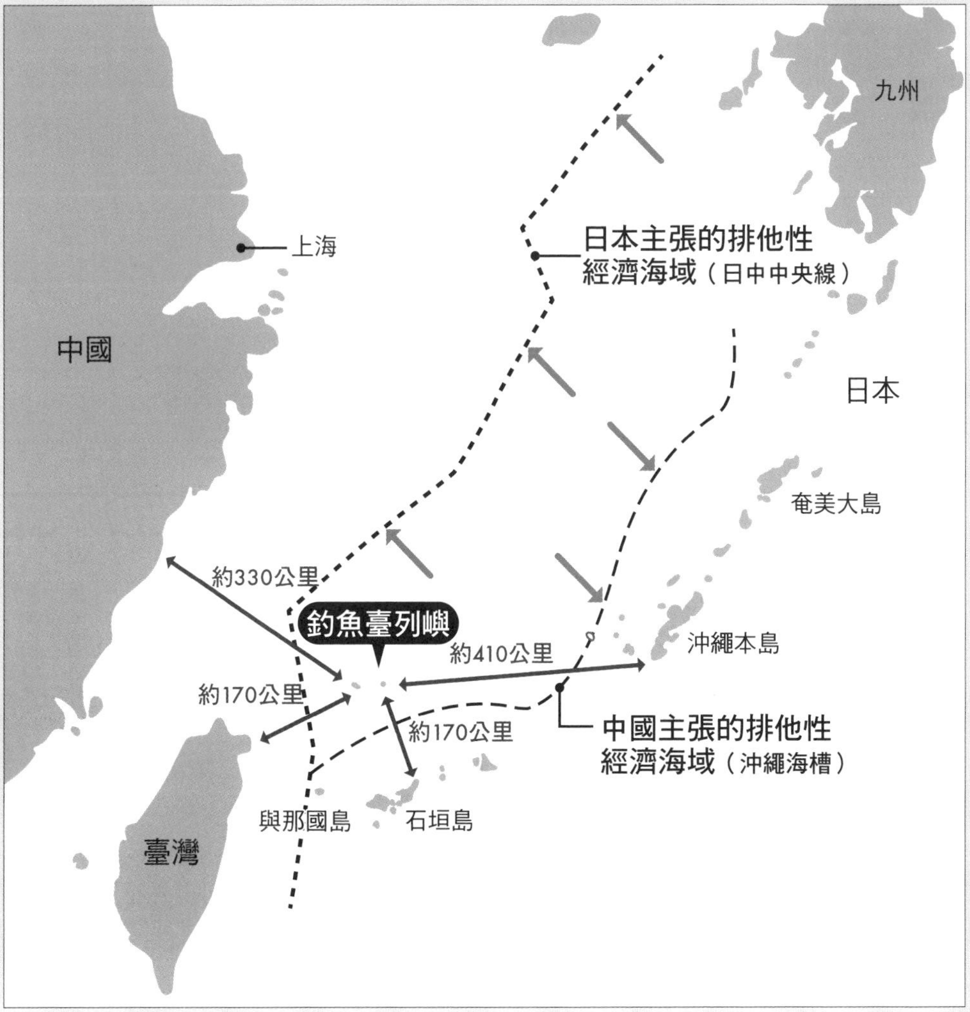

九州
上海
日本主張的排他性
經濟海域（日中中央線）
中國
日本
奄美大島
約330公里
釣魚臺列嶼
約410公里
沖繩本島
約170公里
約170公里
中國主張的排他性
經濟海域（沖繩海槽）
與那國島
石垣島
臺灣

在琉球群島西側的東海上，日本與中國主張的「排他性經濟海域」（EEZ（Exclusive Economic Zone）：根據聯合國海洋法公約，規定離岸二百海浬（約 370 公里）內的區域為該國的排他性經濟海域，海域內的水產資源與礦物資源為該國所有）範圍重疊，日本以日中中央線為界，中國以沖繩海槽為界，二國互不相讓。

日本政府認為就歷史和國際法而言，釣魚臺列嶼原本就是日本的領土，根本不存在主權問題

夾在大國之間的朝鮮情勢與策略

為了讓北韓及早釋放過去所綁架的日本人，希望政府提供協助……
北韓這個國家真的很過分……
不肯停止開發核武，行動都充滿敵意，真叫人討厭……
無法理解北韓！只這麼想的話就太單純了哦！
咦!?
朝鮮半島的情勢也可以用地緣政治學來分析理解！
半島國家的命運掌握在大陸國家手中，也就是陸權國家手中。
中國
北韓
南韓
朝鮮半島和大陸之間沒有「天然國界」嗎？
做為中國與北韓國界的鴨綠江江水平淺，無法成為屏障……

所以，朝鮮半島長久以來不斷遭受陸權國家的侵略。
不僅是中國，北方的遊牧民族也會攻擊他們。
B.C. 2 世紀～ A.D. 4 世紀
西元前二世紀時，漢朝占領朝鮮半島北部，命名為「樂浪郡」。
樂浪郡
13 世紀
十三世紀時，北方的遊牧民族蒙古攻下中國，同時進攻並且占領了整個朝鮮半島。
蒙古
而在其他時代，朝鮮的歷代王朝也一直從屬於中國。
蒙古侵略朝鮮半島時，帶走二十萬人當奴隸，連王子也變成人質……
和日本被蒙古入侵時的受害情況完全不同呢！
那朝鮮半島和海權勢力之間又是什麼關係呢？

中世
隨著造船技術的進步，使得朝鮮半島必須面對來自海洋的新敵人……
倭寇
豐臣秀吉
19 世紀～
法國
日本
英國
但是，最大的海權威脅出現在十九世紀！
英法的武裝艦隊來到亞洲，強迫開國，明治維新後興起的日本也成為新敵人！
中國
俄國
日本
若新興的陸權勢力俄國南下至朝鮮半島的話，日本就會有危險！
中國也是威脅啊……為了和兩大陸權勢力對抗，必須掌握朝鮮半島！
在甲午戰爭和日俄戰爭之後，朝鮮半島改由日本統治。
海權勢力
這是朝鮮半島有史以來第一次成為海權國家的從屬國啊！

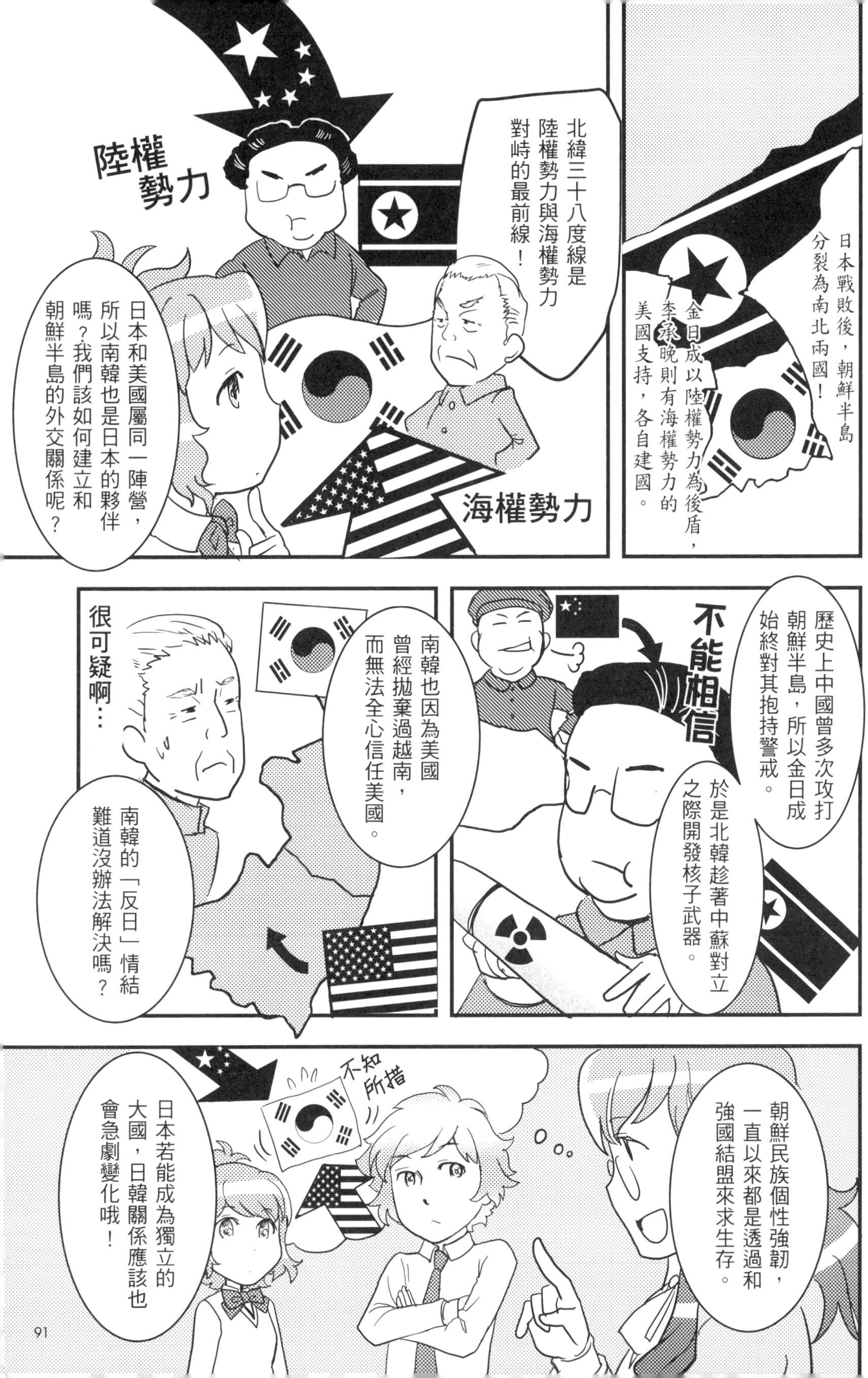
日本戰敗後，朝鮮半島分裂為南北兩國！
金日成以陸權勢力為後盾，李承晚則有海權勢力的美國支持，各自建國。
北緯三十八度線是陸權勢力與海權勢力對峙的最前線！
陸權勢力
海權勢力
日本和美國屬同一陣營，所以南韓也是日本的夥伴嗎？我們該如何建立和朝鮮半島的外交關係呢？
歷史上中國曾多次攻打朝鮮半島，所以金日成始終對其抱持警戒。
不能相信
於是北韓趁著中蘇對立之際開發核子武器。
南韓也因為美國曾經拋棄過越南，而無法全心信任美國。
很可疑啊⋯
南韓的「反日」情結難道沒辦法解決嗎？
朝鮮民族個性強韌，一直以來都是透過和強國結盟來求生存。
不知所措
日本若能成為獨立的大國，日韓關係應該也會急劇變化哦！

南北韓眼中的世界地圖

朝鮮半島的根部與大陸相連，是在地緣政治學被視為弱勢的地理位置，飽受陸權勢力威脅；然而面向海洋的另一端又有名為日本的阻礙。

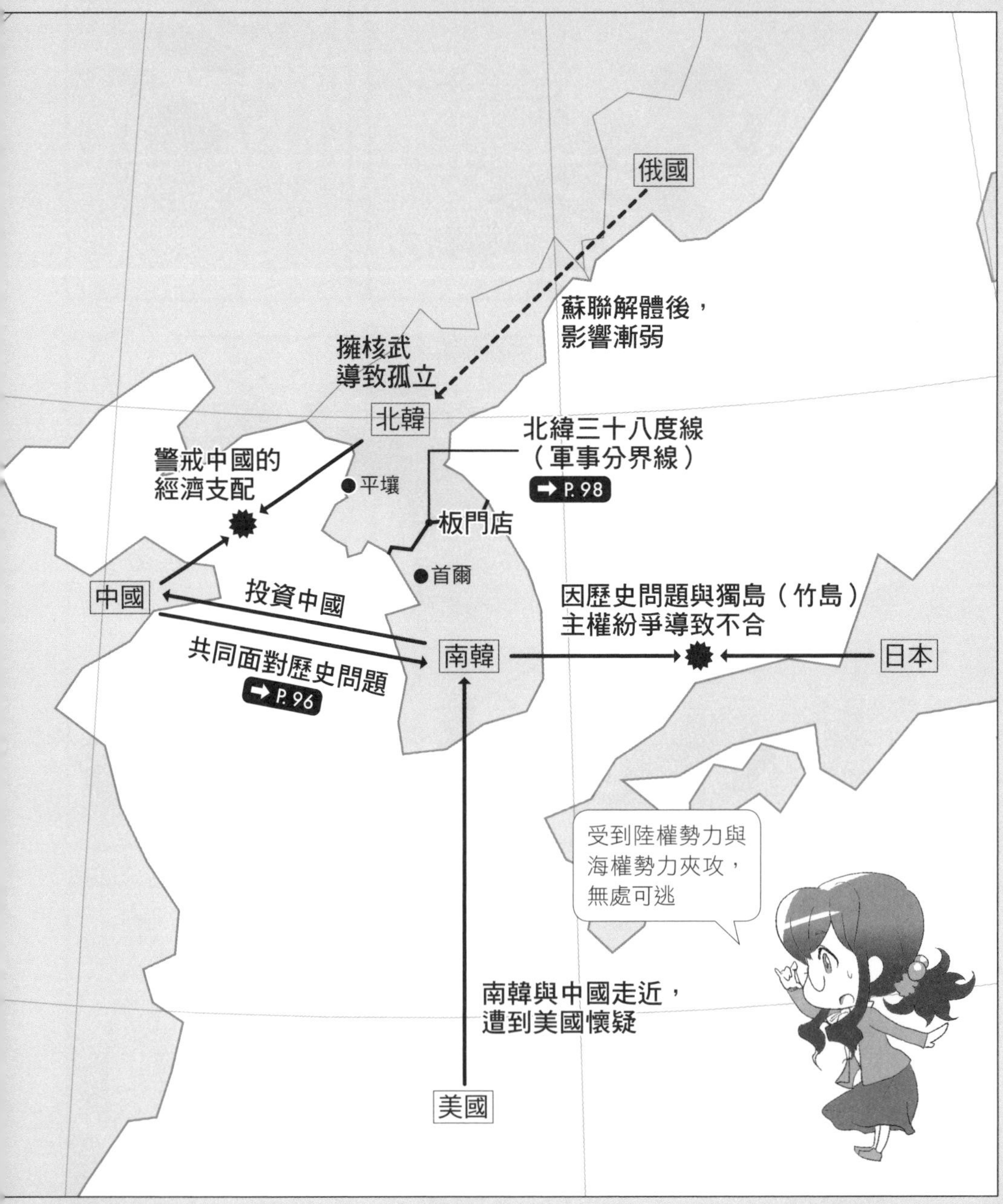

俄國
蘇聯解體後，
影響漸弱
擁核武
導致孤立
北韓
北緯三十八度線
（軍事分界線）
➡ P. 98
警戒中國的
經濟支配
平壤
板門店
首爾
中國
投資中國
共同面對歷史問題
➡ P. 96
南韓
因歷史問題與獨島（竹島）
主權紛爭導致不合
日本
受到陸權勢力與
海權勢力夾攻，
無處可逃
南韓與中國走近，
遭到美國懷疑
美國

南北韓

南北韓的平均每人國內生產毛額變化
（1990 年的平均購買力換算成美金）

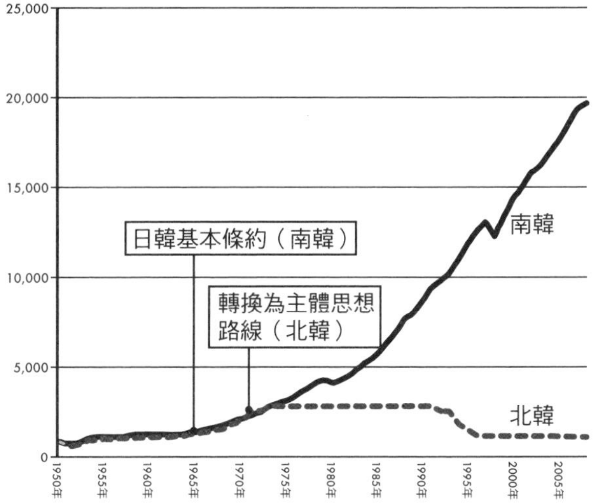

25,000
20,000
15,000
10,000
5,000
0
日韓基本條約（南韓）
轉換為主體思想路線（北韓）
南韓
北韓
1950年
1955年
1960年
1965年
1970年
1975年
1980年
1985年
1990年
1995年
2000年
2005年

根據日本經濟研究中心《南北統一與韓國經濟負擔能力》製表

1960 年代之前，南北韓的差距並不明顯。然而南韓在 1965 年簽訂日韓基本條約之後，經濟急速成長。另一方面，北韓在 1970 年代轉換為主體思想路線，經濟呈現低迷狀態。尤其是 1991 年蘇聯解體後無法獲得蘇聯的援助，財政狀態更加惡化。

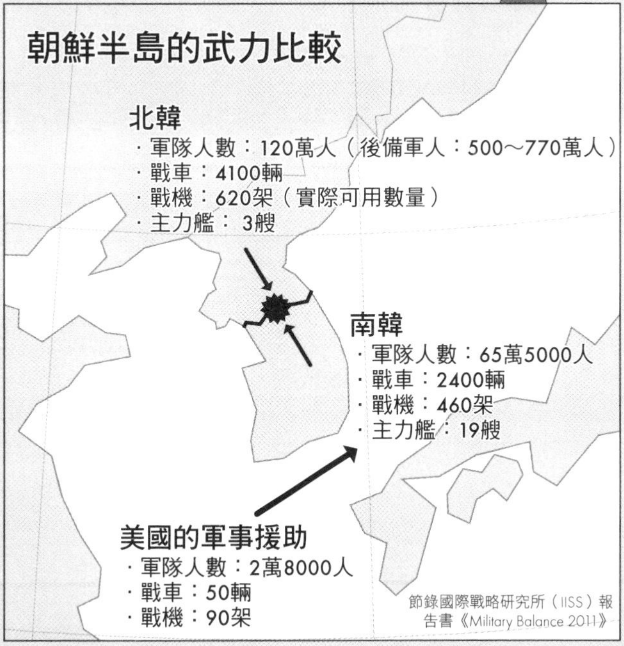

朝鮮半島的武力比較
北韓
・軍隊人數：120萬人（後備軍人：500～770萬人）
・戰車：4100輛
・戰機：620架（實際可用數量）
・主力艦：3艘
南韓
・軍隊人數：65萬5000人
・戰車：2400輛
・戰機：460架
・主力艦：19艘
美國的軍事援助
・軍隊人數：2萬8000人
・戰車：50輛
・戰機：90架
節錄國際戰略研究所（IISS）報告書《Military Balance 2011》

北韓的士兵數量是南韓的二倍，戰車和戰機的數量也毫不遜色。然而北韓的兵器老舊，恐怕無法使用；而南韓除了本身的軍力，還有美軍的奧援（包含可裝載核武的戰機）。北韓為了扭轉劣勢，選擇開發核武。

持續受到來自大陸的侵略與支配

陸權與海權勢力腹背夾攻的惡劣地點

朝鮮半島的地理位置在地緣政治上極為不利，不僅與大陸接壤，做為國界的鴨綠江水也淺緩，容易遭到陸權勢力侵略攻擊。漢族、遊牧民族的蒙古人和半農半獵的通古斯民族（滿洲人）相互爭奪位於半島根部的滿洲，同時也左右了朝鮮半島的命運。

西元前二世紀，朝鮮半島遭到中國（**漢朝**）入侵，半島的北部被占領之後，就一直受到中國的強烈影響。到了十三世紀，蒙古（**元朝**）曾征服整個朝鮮半島；進入近代，北方的威脅又多了俄羅斯帝國。南方則面臨海權勢力的倭寇與豐臣秀吉的出兵侵略，近代時又受到歐美列強壓迫。一九一〇年時被日本併吞，第二次世界大戰之後由於陸權勢力俄國與海權勢力美國的介入，分裂成南北兩個國家，直至今日。

為了在嚴酷的環境下求生存，朝鮮半島選擇「蝙蝠外交」模式：觀察鄰近大國的情況，積極依附最強大的鄰國，當宗主國式微時則毫不猶豫，立刻更換宗主國。例如文在寅政府繼承了前朝政府的外交路線，不在意和美國交惡，選擇親中路線。

年代

西元前二世紀～現代

相關國家

中國、蒙古、俄國、日本、美國等

漢朝

中國歷代王朝之一，統治時間為西元前二〇二年到西元二二〇年，約四百年。漢族在這個時候成形。

元朝

（一二七一～一三六八年）由隸屬北方遊牧民族蒙古族的忽必烈征服中國所建立的王朝。

在陸權勢力與海權勢力夾攻下的朝鮮半島

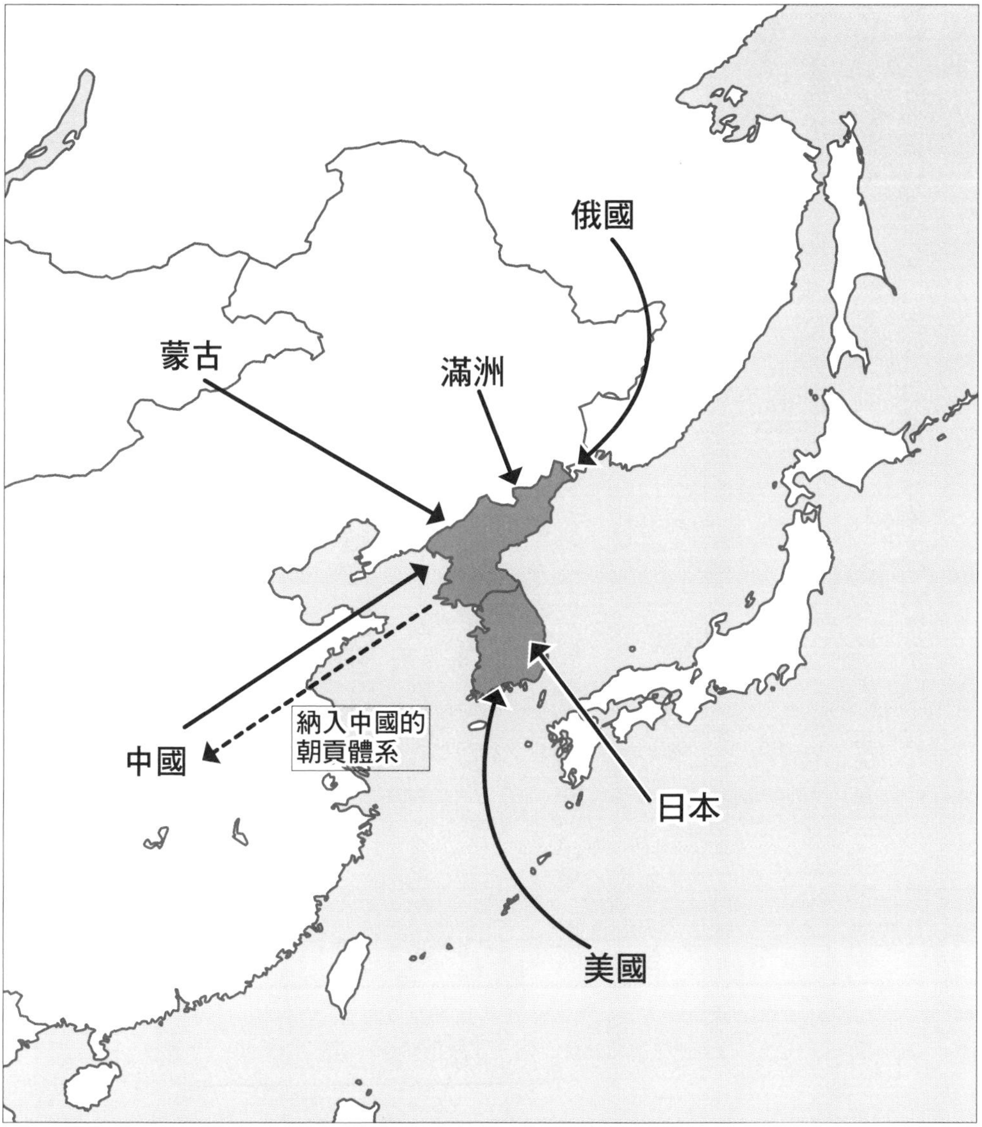
俄國
蒙古
滿洲
中國
納入中國的朝貢體系
日本
美國

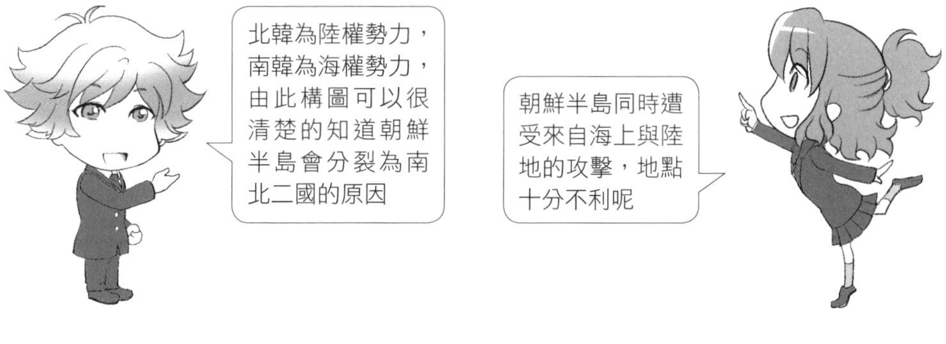
北韓為陸權勢力，南韓為海權勢力，由此構圖可以很清楚的知道朝鮮半島會分裂為南北二國的原因
朝鮮半島同時遭受來自海上與陸地的攻擊，地點十分不利呢

日本的支配與朝鮮半島

宗主國只是由中國歷代王朝改為日本而已？

朝鮮半島自古至今，不斷遭受陸權勢力，尤其是中國的侵略與統治，透過朝貢體系成為中國的藩屬國。朝鮮半島與中國的關係取決於地緣政治，也就是受到位於半島、面積大小以及與中華文明的距離影響。

和同屬「半島」的歐洲相比，屬於陸權勢力的蒙古和俄國侵略歐洲「半島」之際，首先面臨危機的是處於半島根部的波蘭和德國等中歐國家。由於歐洲面積廣大，陸權勢力無法完全占領整個「半島」。

相較之下，朝鮮半島的面積與羅馬尼亞相差無幾，約為歐洲的一個國家大。因此陸權勢力可以徹底占領整個半島。

和中國接壤的「半島」還包括越南，只是越南遠離中華文明的中心黃河流域，尚能保持獨立地位。但朝鮮半島不僅鄰近黃河流域，有時還會遭到另一個陸權勢力——遊牧民族侵略，因此只能選擇舉國服從，也就是成為陸權國家朝貢體系的一員。

年代
西元前二世紀～一八九五年

相關國家
中國、日本等

李朝（一三九二～一九一〇）
朝鮮的最後一個王朝，由討伐倭寇有功的李成桂所建立。當時普及的儒學（朱子學）至今仍舊深深影響朝鮮半島。

日本、朝鮮半島與中華文明——何謂朝貢體系？

朝貢體系是漢代到十九世紀之間，中國在東亞地區執行的外交政策。西歐在十七世紀出現所謂的主權國家體制（西伐利亞體制），當中提到的「主權國家地位平等」雖然只是場面話，但和東亞的朝貢體系又完全不同。**所謂的朝貢體系是以中國為君主、父兄，即宗主國，鄰近的各個國家為家臣、子弟，應當服從宗主國的體制**。

日本和朝鮮半島雖然長久以來都是朝貢體系的一員，但二國對朝貢體系的態度卻截然不同。日本受到海洋形成的天然國界所保護，唯一來自大陸的攻擊是蒙古入侵，朝貢體系不過是名義上的制度，只要向中國朝貢便能獲得更多的贈禮，屬於貿易的一環。

朝鮮半島則由於屢屢遭到中國侵略，因而會將皇子或宮女送往中國，也就是提供人質和進行政治聯姻，這也意味著雙方的外交關係緊密。了解這些歷史背景，便能了解現代的中國、北韓、南韓的關係為何遠較日中與日韓親密了。

到了十九世紀末期，朝鮮的李朝受到明治維新成功的日本壓迫。李朝的官員分為二派，分別是認為應該照舊服從大清帝國的事大黨（陸權派）和認為應該追隨新興日本的開化派（海權派）。甲午戰爭的結果使得開化派占上風，日本於是取代了中國長久以來在韓國的地位。

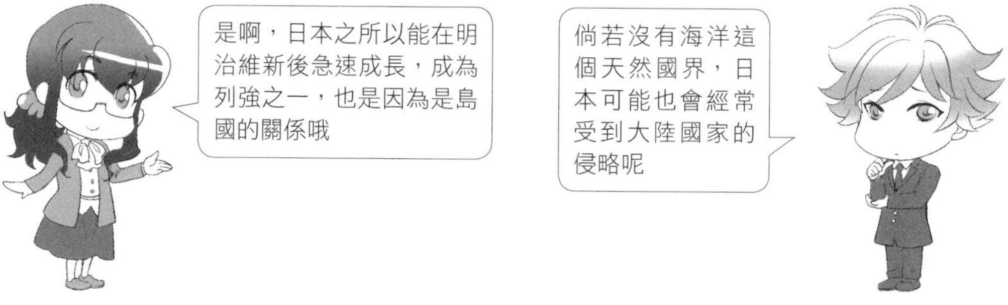
倘若沒有海洋這個天然國界，日本可能也會經常受到大陸國家的侵略呢
是啊，日本之所以能在明治維新後急速成長，成為列強之一，也是因為是島國的關係哦

北緯三十八度線的地緣政治學

為何南北韓無法統一？

日本與美國針對龐大的中國市場開始交戰，海權諸國此時也分為美英與日本兩個陣營。為了打倒日本，美國決定暫時與陸權勢力的敵人俄國結盟，但等到打敗日本後又擔心陸權勢力過度膨脹，於是進軍駐紮於方便進入大陸的朝鮮半島南端。對此蘇聯當然不可能繼續保持沉默，也趁機進軍太平洋，占領庫頁島南部與千島群島等日本領土，同時進入朝鮮半島北部。

換句話說，海權勢力為了獲得與大陸相連的據點而占領朝鮮半島南部，對海權勢力抱持警戒的陸權勢力則併吞了半島北部。**北緯三十八度線**是雙方協商「在此停手」的分界線，雙方各自建立傀儡政權，也就是現在的南北韓。

朝鮮半島與中國大陸接壤，距離中國的首都北京不遠。中國政府自然不會樂見海權勢力的美國在近在咫尺的朝鮮半島上擴張勢力，因此在**韓戰**之際選擇援助北韓。而美國透過武力援助南韓，是希望能避免與蘇聯發生核武戰爭。因此雙方在北緯三十八度線對峙，情況膠著並持續至今。

年代
一九四五年～現代

相關國家
日本、美國、蘇聯、中國等

北緯三十八度線
北韓與南韓的軍事分界線幾乎與北緯三十八度線重疊。韓戰之後，根據韓戰停戰協定，北緯三十八度線一帶成為非軍事區，持續維持緊張狀態。

韓戰（一九五〇～一九五三）
北韓與南韓之間所發生的戰爭，北韓背後有中國支持，南韓則獲得美國的援助。雖經此一戰，但至今仍未統一。韓戰使得日本成為美軍的補給地，

朝鮮半島分裂成南北二國在地緣政治上有何意義？

從地緣政治學的角度分析，某個國家的分裂或解體對鄰近國家而言意味著威脅變小，是個好消息。朝鮮半島也是一樣。

此外，北韓和南韓成為不同政治體系的緩衝地帶。南韓的存在使得日本和美國無須直接面對政治、經濟和意識形態完全相異的北韓、中國、俄羅斯等國家。

反過來說，中國與俄羅斯也因為北韓而無須與親美派的南韓接壤。北韓同時成為南韓重要的緩衝地帶，使得南韓無須直接面對歷史上不斷威脅朝鮮半島的中國。說來諷刺，由於北韓占據了朝鮮半島的「底端」，阻隔陸權勢力的威脅，使得南韓在地緣政治學上成為「島國」狀態。因此只要四周的國家有所「需要」，北韓是不會滅亡的。

除非國家或民族統一能帶給周遭國家更多好處，否則基本上難以實現。而東西德統一是建立在蘇聯民主化與東歐共產國家解體的基礎上才得以成功。然而實際上鄰近各國並不期盼南北韓統一。

促使日本經濟復甦，也促成美日談和。

北韓持續開發核武、試射飛彈，明明是個危險的國家，對四周的國家來説居然也有益處……

當代中國與朝鮮半島的關係

無法套用冷戰時代的東西對立模式

許多人相信冷戰時期的對立是資本主義國家對共產主義國家。然而現實中的外交，卻是重視國家利益勝於意識形態。首先是同屬共產陣營的中國與蘇聯如同**斯皮克曼的預言**，開始對立。而美國則為了擺脫陷入膠著的越戰，選擇拋棄同為資本主義國家的越南，接近中國。

冷戰結束之後，情勢變化更加劇烈。朝鮮半島的局勢已經不再是北韓、中國、俄國對南韓、美國、日本。日本、美國、南韓紛紛強化與中國的經濟關係；北韓與中國在韓戰時雖然「歃血為盟」，組成同一陣營，但在地緣政治上其實是敵對關係。南韓原本和美國、日本建立經濟與軍事合作的關係，近年來卻逐漸轉為親近中國，在歷史與主權問題和中國同步，與日本對立。

日本與北韓之間則有開發核武與綁架日本人問題（譯註：北韓在一九七〇～八〇年代綁架了許多日本人，利用這些日本人來教育北韓特務），與南韓之間則有歷史問題與獨島（竹島）主權紛爭，因此不能單純認定北韓是敵人，南韓是夥伴，而是必須針對問題，採取不同的對應方式。

年代
一九四五年～現代

相關國家
日本、美國、蘇聯、中國等

斯皮克曼的預言
美國的地緣政治學家尼古拉斯．斯皮克曼在一九四二年提出「蘇聯和中國接壤的國界長，終有一天會對立」。

北韓擁核武與南韓接近中國

北韓與中國保持距離的首要理由出於地緣政治：二國之間僅隔了多淺灘的鴨綠江，朝鮮半島遭到中國侵略的過去還記憶猶新。金正日雖然接受中國的援助，但在對其子金正恩留下的遺言中卻也表示：「中國是在歷史上帶給我國最多痛苦的國家」、「是將來最需要警戒的國家」。

目前中國正在強化與北韓的敵人──美國與南韓的關係，而俄羅斯自從蘇聯解體之後，經濟陷入低迷，無暇顧及北韓。遭到孤立的北韓為了維持金家的獨裁統治，選擇開發終極武器「核武」。

另一方面，南韓選擇接近中國有三個理由：第一個理由是中國市場規模龐大。第二個理由是南韓與中國並未接壤，威脅程度不如北韓嚴重。第三個理由是美國國力式微。南韓觀察中美這**兩個大國**的動向，打算趁機**轉向**。

因此，相當於美國藩屬國的日本，之於南韓的重要度自然下降。一方面，日本是南韓出口外銷的競爭對手之一。另一方面，南韓基本上是民主主義國家，政治家端出「**日帝三十六年之恨**」，煽動選民的愛國心與反日情結，便能獲得選票。今後除非南北韓的關係變得緊張，需要與日本、美國結盟，否則南韓會繼續反日。

二個大國和「轉向」

明朝（一三六八～一六四四）衰退，清朝（一六一六～一九一二）在滿洲興起時，朝鮮李朝「轉向」失敗，遭到清軍侵略，發生「丁丑下城」事件，被迫成為清朝的藩屬國。現在南韓記取當年的教訓，仔細觀察從美國「轉向」中國的時機。

日帝三十六年之恨

韓國從遭到日本併吞到第二次世界大戰結束，共被日本統治了三十六年。在此期間，韓國的主權、國家與國語都遭到剝奪，因此對日本懷抱強烈的反日情緒。

今後朝鮮半島的情勢

北韓藉由核武保持孤立姿態

分析第二次世界大戰後的外交情勢，絕不能忽略核子武器。一顆原子彈便能毀滅城市；當前的核武數量已多到倘若強國有心彼此攻擊，人類早已滅亡好幾次。核武的無差別性與殘酷，可想而知會帶給輿論極大的衝擊。因此在民主國家，持有核武問題有時甚至會動搖政權基礎。

核武禁擴條約（NPT）規範僅有聯合國的五個大國成員——美國、俄國、英國、法國與中國可以持有核子武器。沒有核武的國家選擇與擁核大國結盟，藉此保護自己。至於安全受到威脅的國家，例如長期對立的印度和巴基斯坦，以及四周都是阿拉伯國家的以色列，則藉機持有核武。核子武器在現代社會代表「擁有就不會遭到其他國家攻擊」，是具備終極武嚇能力的武器，目前處於「停戰」狀態的北韓與南韓想要核武也是理所當然。

北韓被南韓與宿敵中國包圍，中國又是擁核大國，自然也想擁有核武。伊拉克總統海珊放棄開發核武，結果遭到美國恣意攻擊（伊拉克戰爭）而垮台的教訓，想必北韓也銘記在心。因此北韓趁著美國總統柯林頓（William Clinton）採取綏靖政策之際，強行舉行核武實

年代
一九四五年～現代

相關國家
日本、美國、中國等

核武禁擴條約
防止核武擴散的國際條約，於一九七〇年三月生效。規定美國、英國、俄國、法國與中國為唯一可以擁核的五個大國，以及負責調查核能發電廠是否符合和平用途等等。

驗，持有核子武器。在四周樹敵，國內經濟情勢也告急的狀態下，繼續孤獨的冒險之路。

南韓冒險在美中之間擇一

目前南韓正由親美派轉為親中派，但與北韓之間的緊張關係卻並未改變。因此南韓必須選擇和美國結盟以獲得核武的保護，或是自行開發核武。南韓親美派的保守派媒體《朝鮮日報》也開始提倡核武論，今後美韓關係恐將會惡化。

川普上台之後，美國放棄南韓的可能性提高。倘若中國與南韓結盟，讓中國在釜山和濟洲島建設海軍基地，將會對日本的安全構成嚴重的威脅。

朝鮮半島的未來預測圖

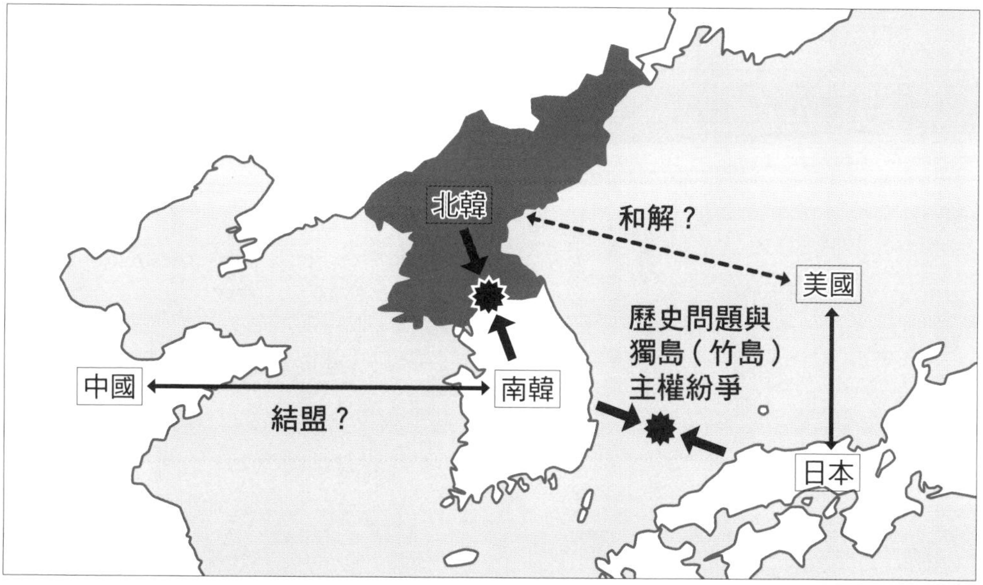

倘若原本走親美路線的南韓改為親中，會導致日本與美國失去和中國的緩衝地帶，中國對日本的威脅程度也有可能提升。

持續受到防堵的大國——俄國

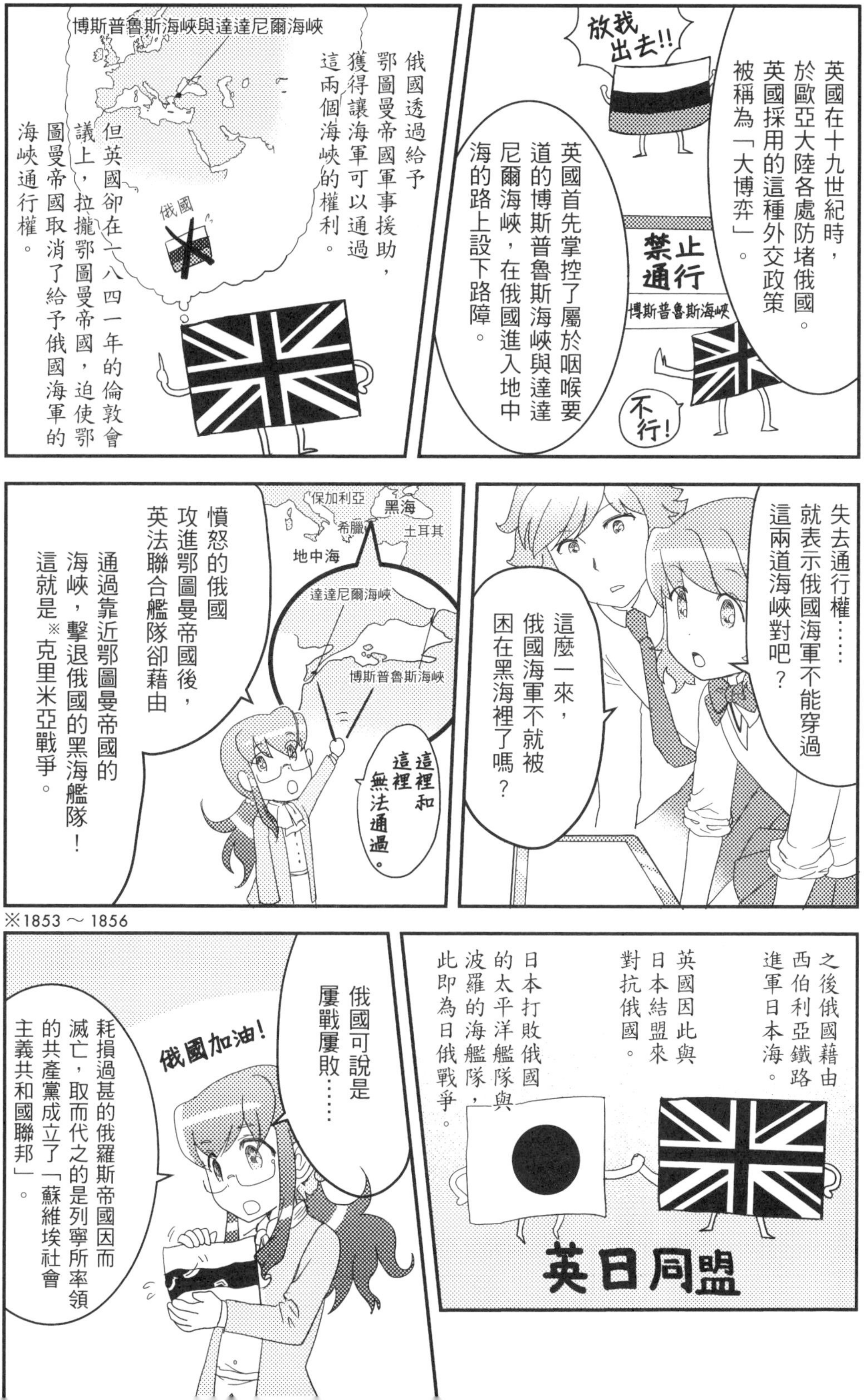

英國在十九世紀時，於歐亞大陸各處防堵俄國。英國採用的這種外交政策被稱為「大博弈」。
放我出去!!
英國首先掌控了屬於咽喉要道的博斯普魯斯海峽與達達尼爾海峽，在俄國進入地中海的路上設下路障。
禁止通行
博斯普魯斯海峽
不行!
博斯普魯斯海峽與達達尼爾海峽
俄國透過給予鄂圖曼帝國軍事援助，獲得讓海軍可以通過這兩個海峽的權利。
俄國
但英國卻在一八四一年的倫敦會議上，拉攏鄂圖曼帝國，迫使鄂圖曼帝國取消了給予俄國海軍的海峽通行權。
失去通行權……就表示俄國海軍不能穿過這兩道海峽對吧？
這麼一來，俄國海軍不就被困在黑海裡了嗎？
保加利亞
黑海
希臘
土耳其
地中海
達達尼爾海峽
博斯普魯斯海峽
憤怒的俄國攻進鄂圖曼帝國後，英法聯合艦隊卻藉由通過靠近鄂圖曼帝國的海峽，擊退俄國的黑海艦隊！這就是※克里米亞戰爭。
這裡和這裡無法通過。
之後俄國藉由西伯利亞鐵路進軍日本海。
英國因此與日本結盟來對抗俄國。
日本打敗俄國的太平洋艦隊與波羅的海艦隊，此即為日俄戰爭。
英日同盟
俄國可說是屢戰屢敗……
俄國加油!
耗損過甚的俄羅斯帝國因而滅亡，取而代之的是列寧所率領的共產黨成立了「蘇維埃社會主義共和國聯邦」。

※1853～1856

第二次世界大戰時，由於德軍進攻蘇聯，
蘇聯因而加入「同盟國」，獲得英美的軍事援助。
蘇聯軍隊一路追擊敗走的德軍，沿路占領波蘭與捷克等歐洲各國，讓這些國家成為蘇聯的衛星國，任由蘇聯擺布。
史達林為了專心對付德國，和日本簽訂了中立條約。
請多指教。
大戰末期時，蘇聯和美國簽訂密約，
以獲得日屬庫頁島南部和千島群島為條件，參與對日戰爭。
蘇聯也趁機占領了日屬朝鮮的北部，建立北韓。
這就是「冷戰」。
著急的英美二國再度展開防堵蘇聯的政策。
蘇聯
VS
美
英
昨天的朋友，今天的敵人……
最後蘇聯承受不了和美國競爭軍備所造成的財務負擔，
終於自行解體！
軍事費用請款單
波蘭
波羅的海三小國
俄國
烏克蘭
美國趁此機會，讓東歐各國與波羅的海三小國擺脫蘇聯的控制，
促使這些國家加入屬於海權勢力同盟的北大西洋公約組織。
美國同時計劃在烏克蘭建立親美政權，吸引烏克蘭加入北大西洋公約組織之中。

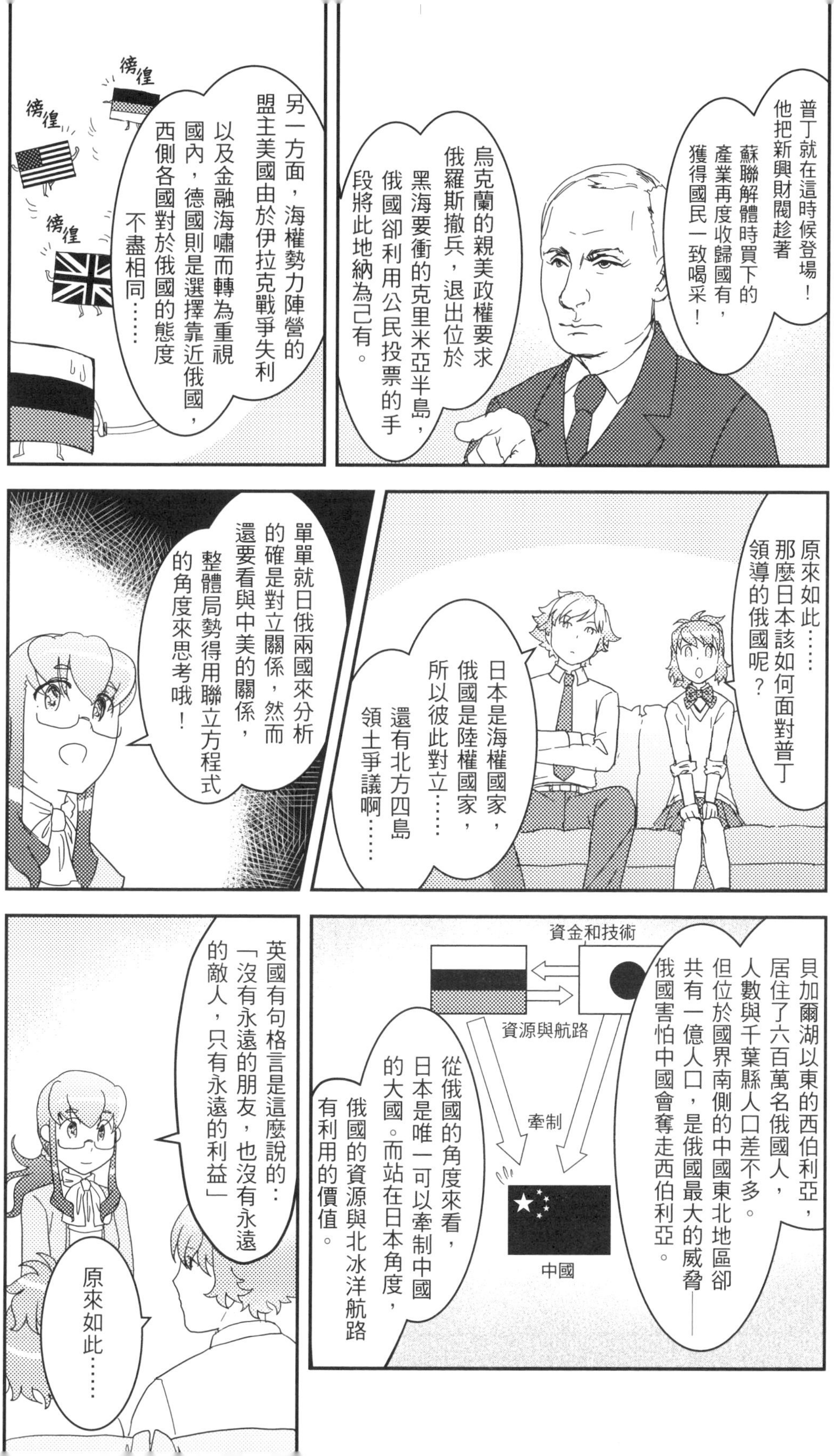
普丁就在這時候登場！他把新興財閥趁著蘇聯解體時買下的產業再度收歸國有，獲得國民一致喝采！
烏克蘭的親美政權要求俄羅斯撤兵，退出位於黑海要衝的克里米亞半島，俄國卻利用公民投票的手段將此地納為己有。
徬徨
徬徨
徬徨
另一方面，海權勢力陣營的盟主美國由於伊拉克戰爭失利以及金融海嘯而轉為重視國內，德國則是選擇靠近俄國，西側各國對於俄國的態度不盡相同……
原來如此……那麼日本該如何面對普丁領導的俄國呢？
日本是海權國家，俄國是陸權國家，所以彼此對立……
還有北方四島領土爭議啊……
單單就日俄兩國來分析的確是對立關係，然而還要看與中美的關係，整體局勢得用聯立方程式的角度來思考哦！
貝加爾湖以東的西伯利亞，居住了六百萬名俄國人，人數與千葉縣人口差不多。但位於國界南側的中國東北地區卻共有一億人口，是俄國最大的威脅——俄國害怕中國會奪走西伯利亞。
資金和技術
資源與航路
牽制
中國
從俄國的角度來看，日本是唯一可以牽制中國的大國。而站在日本角度，俄國的資源與北冰洋航路有利用的價值。
英國有句格言是這麼說的：「沒有永遠的朋友，也沒有永遠的敵人，只有永遠的利益」
原來如此……

俄國眼中的世界地圖

位於心臟地帶的俄國擁有豐富的天然資源，卻缺乏運輸航路。
因此打算藉由全球暖化開拓北冰洋航路，開闢通往海洋之路。

俄國過去長久以來都是陸上的孤島，一直想要進軍海洋
美國
洲際彈道飛彈
引發軍事對立
加拿大
北方四島爭議
➡ P. 117
北冰洋
難以攻陷的
心臟地帶
➡ P. 110
日本
併吞
濱海邊疆區
北冰洋
航路
俄國
英國
提供能源
中國
歐盟
（EU）
烏克蘭
大博弈
➡ P. 114
牽制
中國
越南
併吞
克里米亞
車臣
衝突
武力介入
敘利亞內戰
印度

俄國

石油產量各國占比（2019 年）

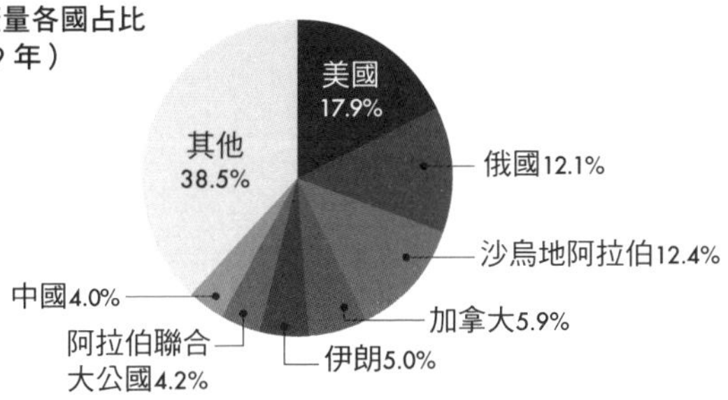
美國 17.9%
俄國12.1%
沙烏地阿拉伯12.4%
加拿大5.9%
伊朗5.0%
阿拉伯聯合大公國4.2%
中國4.0%
其他 38.5%

天然氣產量各國占比（2019 年）

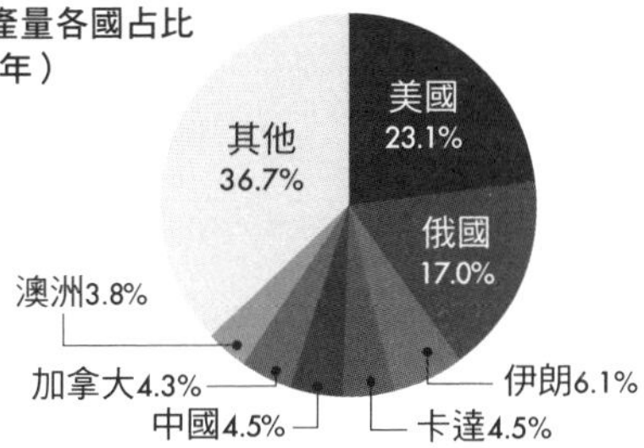
美國 23.1%
俄國 17.0%
伊朗6.1%
卡達4.5%
中國4.5%
加拿大4.3%
澳洲3.8%
其他 36.7%

根據《BP Statistical Review of World Energy 2020 第 69 版》製表

俄國的天然氣與石油產量市占率高，特別是北極圈還蘊藏了 30% 的天然氣和 15% 的石油，值得期待。俄國若想藉由豐富的天然資源，重振低迷的經濟，必須和擁有技術能力的歐美企業合作。

北冰洋航路的實用性
巴拿馬運河
漢堡（德國）➡美國西岸
❸28天（經巴拿馬運河）
❹18天（經北冰洋）
美國
美國西岸
3
4
北冰洋
2
漢堡（德國）
日本
大阪
蘇伊士運河
漢堡（德國）➡大阪
❶32天（經蘇伊士運河）
❷22天（經北冰洋）
1

溫室效應導致北冰洋海面上升，航路開通。利用北冰洋航路，可以大幅削減日本到歐洲的航海時間和燃料費，甚至可能導致國際關係的版圖發生變化。

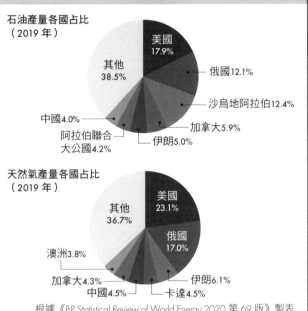

最強也最大的陸權國家

土地遼闊與天氣寒冷是把雙面刃

俄羅斯帝國延續到二十世紀初期，經俄國革命轉為蘇維埃社會主義共和國聯邦，又在冷戰結束後成立俄羅斯聯邦。儘管蘇聯解體後喪失了許多土地，俄國至今依舊是全球面積最大的國家。領土多半位於亞寒帶與寒帶，北半球最冷處也位在俄國境內。

寒冷的氣候與廣大的土地促使俄國成為史上最強的陸權國家。麥金德表示：「歐亞大陸最深處是難攻不陷的安全地帶（心臟地帶）。」這是因為海軍無法入侵結冰的北冰洋。無論是**拿破崙**率領的法軍，還是希特勒率領的納粹德軍，從陸路進攻俄國時都因為追擊撤退的俄軍而深入俄國境內，最後在寒冬中失敗。

然而這樣的氣候與面積也有其缺點：維持一定的人口、開發寒冷遼闊的西伯利亞相當耗費心力，結凍的港口也無法從事貿易與軍事活動；因此俄國從十九世紀開始尋求不凍港，一直嘗試進軍黑海、日本海與印度洋。

年代 一八一〇年～現代

相關國家 法國、德國等

拿破崙・波拿巴

（一七六九～一八二一）法國軍人，在解決法國大革命後的混亂之後稱帝。發揮軍事手腕，攻下大半個歐洲，最後因為遠征莫斯科失敗而垮台。

俄羅斯的南侵政策

結冰的
北冰洋
鄂霍次克海
海參崴
日本海
俄國
波羅的海
烏拉山脈
聖彼得堡
莫斯科
蒙古
中國
哈薩克
黑海
喜馬拉雅山脈
地中海
烏茲別克
博斯普魯斯海峽
伊朗
印度
俄羅斯帝國領土最大時的範圍
蘇聯解體後的俄羅斯聯邦

俄國地處寒帶，土地廣大，難攻不陷，但根據馬漢的海權論（參見 28 頁），在地緣政治上是處於不利的位置。俄國從十九世紀以來一直尋求出海口，卻因為太晚著手，無法像英美一樣擴張殖民地。

對中國而言日本是進軍海洋的阻礙，而對俄國來說的話阻礙就是北冰洋了吧。

俄國的三種認同

國家認同與外交的密切關係

俄國的國家認同來自三個根源，分別是諾夫哥羅德公國、基輔大公國與莫斯科大公國。

諾夫哥羅德公國在九世紀時由諾曼人建立，帶給俄羅斯人「我們是西歐人」的意識。金髮碧眼的諾曼人是移居北歐三國（丹麥、挪威和瑞典）、英國與南義的日耳曼民族，所以儘管西歐人認為俄國是「落後國家」、「不同性質的大國」，俄國人卻認為自己「與西歐人本是同根生」。

基輔大公國建立於十世紀，發揚了獨特的斯拉夫文化。當俄國與西歐對抗時，便會浮現這項對斯拉夫文化的認同。斯拉夫人多半居住於中歐與東歐，屬於印歐語系的一支，因此雖也是歐洲人，但與西歐的主要民族日耳曼人與拉丁民族的語言體系不同。此外，雖然俄國人和西歐民族信仰的都是基督宗教，但西歐人主要是天主教徒或新教徒，斯拉夫人則多半是信奉**東正教**。儘管雙方都是印歐語系民族，也是基督宗教的信徒，彼此對立時卻透過語言和宗教的差異認定對方是「外人」。

年代
九世紀～現代

相關國家
丹麥、挪威、瑞典、英國、義大利、哈薩克、烏茲別克等

東正教
基督教的一派，一〇五四年時分裂成立。拜占庭帝國滅亡之後，宗教中心改為莫斯科，持續維持其影響力。

烏拉山脈
位於東經六十度一帶的南北走向山脈，是歐洲與亞洲的分界線。由於是古生代造山運動時形成的古代山脈，山勢較為平緩，無法成為明確的天然國界。

第一項和第二項認同，也就是所謂的「西歐派」和「斯拉夫派」的意識在進入近代後，屢屢發生衝突。想「加入西歐」時便會浮現第一項認同，覺得「受到西歐壓迫」時便會浮現第二項認同。比較蘇聯解體後的領袖，可以發現戈巴契夫和葉爾欽屬於「西歐派」，普丁屬於「斯拉夫派」。

第一項與第二項認同都是建立在「俄國屬於歐洲」的前提。俄國人口集中於**烏拉山脈**以西，政策重點也是親歐。然而烏拉山脈以東的領土遼闊，天然資源豐富，不可等閒視之。

此時便會出現第三項認同：莫斯科大公國。莫斯科大公國建立於十五世紀，承自**拜占庭帝國**，擺脫蒙古帝國長達二個世紀的統治。面對基督教世界時，莫斯科大公國強調其繼承拜占庭帝國的一面。其實莫斯科大公國還繼承了十三世紀席捲歐亞大陸的蒙古帝國遺產——剩餘的蒙古人加入了哥薩克騎兵。當莫斯科大公國（之後的俄羅斯帝國）擴張為全球最大的帝國時，這些騎兵功不可沒。

這些「遊牧民族的子孫」目前多半居住於中亞。哈薩克和烏茲別克等中亞各國親俄並非單純受到蘇聯時代統治的影響，而是反映了長遠的歷史。

拜占庭帝國
（羅馬帝國〜一四五三）
東羅馬帝國在七世紀之後的名稱。古羅馬帝國（西元前二七年〜）在三九五年分裂為東西二個羅馬帝國。一四五三年滅亡的東羅馬帝國傳承了希臘羅馬文化，尤其是將東正教與基利爾字母引進斯拉夫文化圈，在文化方面留下深遠的影響。

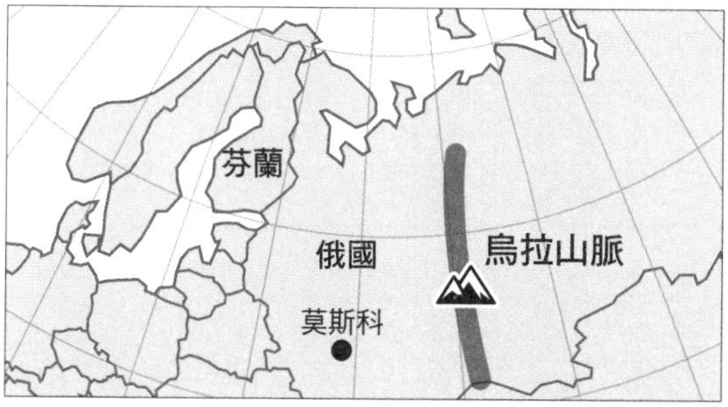

烏拉山脈以西是俄國的中心，所以俄國較重視與歐洲的關係。

大博弈——敵對的俄國與英國

長期遭到英國圍堵的俄國

站在歐洲的角度來看，俄國是位於東方偏遠地區的國家。不過在**彼得大帝**推行西化改革後，打敗北歐大國瑞典，獲得前往波羅的海的出海口，又向南對抗鄂圖曼帝國，得到通往黑海的路徑。俄國的領土不斷擴張，人口也持續增加，於是開始占領出海口。西歐列強因而提高警戒，尤其是必須依賴海權勢力求生存的英國，更是將防堵俄國視為最重要的課題。

因此俄國與英國從十九世紀之後，在歐亞大陸展開名為「**大博弈**」的爭奪戰。俄國不斷爭取不凍港和出海口，英國則持續妨礙俄國。

英俄抗爭到了二十世紀，雖然形式改變但仍然持續進行。蘇聯在俄國革命後取代俄羅斯帝國，英國國勢衰退後則和美國聯手。蘇聯解體之後的俄羅斯聯邦和英美依舊維持著「陸權國家爭取出海口，海權勢力阻擋其行為」的關係。

年代
十六世紀～現代

相關國家
瑞典、英國、美國等

彼得大帝
（一六七二～一七二五）使俄國國力與國際地位提升的俄國皇帝。曾隱藏身分前往西歐視察，並在造船廠工作習得西歐的先進技術。他所建立的都市聖彼得堡一直到一九一八年都是俄國的首都。

大博弈
英俄二國十九世紀時在歐亞大陸展開的對立與抗爭。生於印度的英國作家魯德亞德·吉卜

英國的防堵俄國政策

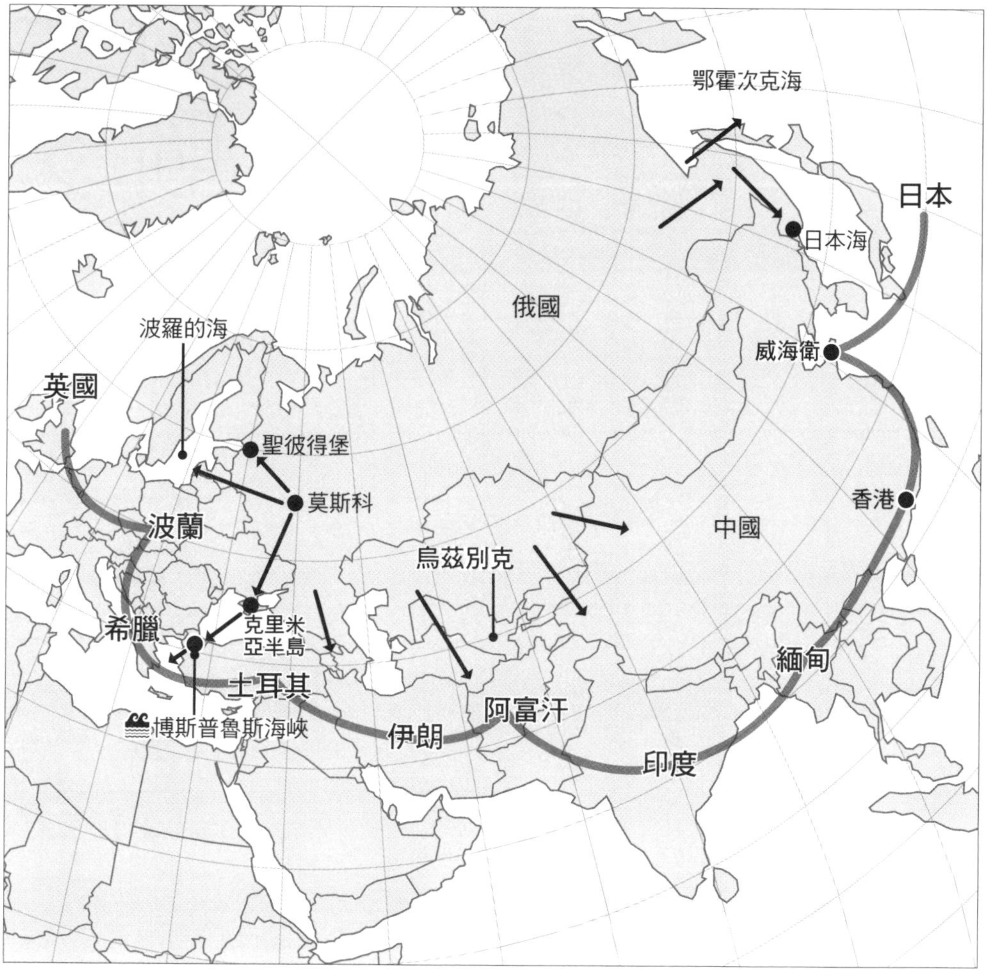
鄂霍次克海
日本
日本海
俄國
威海衛
波羅的海
英國
聖彼得堡
莫斯科
香港
波蘭
中國
烏茲別克
希臘
克里米亞半島
緬甸
土耳其
阿富汗
博斯普魯斯海峽
伊朗
印度

占領印度與大清帝國的英國為了防堵俄國南下，在各地持續與俄國爆發衝突。印度地區主要的衝突地點是阿富汗，中國方面則是把朝鮮和日本也捲進來。從一八〇〇年代初期到一九〇七年簽訂英俄條約為止，兩國的紛爭遍及歐亞大陸。

克里米亞半島、阿富汗與朝鮮半島等目前仍處於緊張狀態的地區，正是俄羅斯當時執行南侵政策時發生戰爭的地方

林（Rudyard Kipling）曾在作品中使用此詞，因而普及至一般大眾。

名列「戰勝國」的蘇聯與北方四島

俄國（蘇聯）與日本的關係

俄國藉由西化運動成為列強的一員，朝東方擴大領土，輕鬆獲得氣候寒冷、人口稀少的西伯利亞，與中國接壤。大清帝國國勢興盛之際，俄國還有所顧忌，但當大清帝國國力衰退時，俄國就趁機奪取通往日本海的**濱海邊疆區**。

正處於幕府與明治交接時期的日本把一切看在眼裡。對於日本而言，當美國、英國與法國等海權勢力挾先進軍事技術到來的同時，來自北方的強大陸權勢力也在逼近。不同於海權勢力的列強，俄國的領土範圍直達遠東，表示可以同時派出陸軍與海軍，造成的威脅更大。

日本和俄國的宿敵英國聯手，透過甲午戰爭和日俄戰爭，占領李朝統治的朝鮮，獲得對抗俄國的緩衝地帶——朝鮮半島。

日本藉由九一八事變將中國東北地區（滿洲）納入勢力範圍，其後為了爭奪在中國與東南亞的利益而與同為海權勢力的英美對立；另一方面，俄國（在革命後改為蘇聯）則恐懼納粹德國勢力擴大。由於日俄二國利害關係一致，因此於一九四一年簽訂日蘇互不侵犯條約。

外交的基本是就算原本是仇敵，只要利害關係一致便能合作。第二次世界大戰時，海權

年代

十七世紀～現代

相關國家

大清帝國、日本、德國等

濱海邊疆區

俄國的遠東領土，面向日本海，與北韓、中國接壤，擁有不凍港海參崴，在地緣政治上的意義極為重要。俄國在一八六〇年第二次鴉片戰爭時，從大清帝國手中奪走海參崴，將來可能與中國為了領土問題再起糾紛（參見108頁）。

國家美國為了盡速結束對日戰爭，找來宿敵陸權勢力的蘇聯合作聯手。而蘇聯眼見日本戰敗可能性提高，於是撕破互不侵犯條約，進攻日屬庫頁島南部和千島群島。蘇聯因而榮登世界第二次大戰的「戰勝國」，但卻導致包含一般民眾在內的眾多日本人淪為犧牲者，引發六十萬名**西伯利亞滯留者**、**遺華日僑**，以及北方四島爭議等問題。

北方四島爭議該如何解決？

最不希望日俄關係改善的是美國。對美國而言，若日本成為陸權勢力的一分子的話會很麻煩，因此日俄、日韓與日中為了領土主權而發生紛爭是最好的。此外，中國也擔心日俄聯手。在國際外交上，最樂見的事即為「其他國家發生紛爭」。

但是問題還是可能獲得解決。普丁政府相當強勢，總統一聲令下便可能改變局勢。美國的政權也從採取防堵俄國政策的民主黨換成孤立主義的共和黨上台，帶給日本外交更多發揮空間。日俄二國雖有主權紛爭，但在能源方面分別是輸出國與進口國，可建立互惠關係。當彼此利害關係一致時，某些方面便有妥協的空間。

西伯利亞滯留者

第二次世界大戰之後，史達林將六十萬名以上的日本俘虜送往西伯利亞與中亞，強迫勞動。當地勞動條件惡劣，許多俘虜死於飢寒交迫，正確被害人數不明。

遺華日僑

戰爭結束時住在中國東北地區的日本人，由於遭到蘇聯攻擊而趕不上遣返時間，許多人因而滯留中國。一九七二年中國與日本恢復邦交後，遺華日僑得以回到故鄉。日本政府雖有提供學習日文等支援，但日僑多已屆高齡，難以融入當地社會。

原來也可以選擇強化與俄國的關係，而非美國啊……

為何在烏克蘭發生紛爭？

烏克蘭、克里米亞半島與歐盟、美國的糾葛

目前俄國和接壤的烏克蘭關係交惡，主要是由於二〇一四年時發生的烏克蘭屬克里米亞半島遭俄國併吞事件。

克里米亞危機是典型的地緣政治問題，分析二國的地形可以發現彼此之間並無明確的天然國界，原本是俄國與烏克蘭起源的基輔大公國也位於烏克蘭境內。烏克蘭在被蒙古帝國統治兩個世紀後，成為波蘭的領土，後來俄國興起，併吞東烏克蘭，開始出現俄國人移居至此。到了十九世紀後半葉，整個波蘭與烏克蘭皆成為俄國的領土。直到一九九一年蘇聯解體，烏克蘭才正式獨立。

這類地區的民族分布與國界並不一致，例如烏克蘭東部居民多半為俄羅斯裔，西部部分居民則和波蘭一樣信奉天主教；原本俄語和烏克蘭語都是東斯拉夫語支，十分接近，而到蘇聯時代，俄語又普及至烏克蘭全國。換句話說，俄國與烏克蘭的關係是「劃分為同一國，差異過大；分為二國，共通點又過多」。受到民族與宗教背景影響，期望與俄國合作的東烏克蘭和希望加盟歐盟與北大西洋公約組織的西烏克蘭，隔著縱貫烏克蘭中央的聶伯河，彼此對

年代 二〇一四年～現代

相關國家 烏克蘭 等

塞凡堡
位於克里米亞半島，是俄國黑海艦隊的基地。在克里米亞戰爭與第二次世界大戰時都曾經發生激烈的戰爭。蘇聯解體後成為烏克蘭的領地，烏克蘭的親美政權要求俄軍撤退時，當地屬於多數派的俄裔居民公投表決獨立，並選擇加入俄國。俄國總統普丁承認此一決議。

立——這便是克里米亞危機的對立型態。

烏克蘭之於俄國，在軍事上的地位也極為重要。通往黑海的軍港**塞凡堡**（Sevastopol）便位於克里米亞半島。肥沃的**黑土帶**盛產小麥，糧食自給率高，鐵礦產量亦豐富。俄國的真心話應該是想把整個烏克蘭收歸己有吧！然而雙方在二〇一九年年底簽訂全面徹底的停火協議，烏東地區衝突暫時告一段落。

另一方面，位於烏克蘭北方的白俄羅斯（Belarus）與俄國關係惡化。儘管雙方過去曾經考慮簽訂整合協議，卻因為能源問題而對立。俄國與烏克蘭的關係轉為穩定，代表攻擊的對象可能因而改變。

全球暖化改變地理條件

數百年來，俄國不斷在尋求不凍港；然而現在溫室效應導致西伯利亞的冰層融化，變得容易開發，北冰洋也出現一年四季皆可通行的航路。

對日本而言，北冰洋航路縮短了日本到歐洲的天數，又比過往的荷莫茲海峽、麻六甲海峽與南海航路更為安全。

北冰洋航路的實用性增強，可能促使俄國成為海權陣營的一員。俄國局勢的變化，再加上近年來美國勢力衰退、中國興起，這方面的動向今後應再持續留意。

黑土帶

為極為肥沃的黑土所分布的地區，通常是各國的糧倉地帶或棉花地帶，例如美國大平原、南美彭巴草原和印度德干高原等。烏克蘭的黑土帶特別知名。

左邊的地圖顯示2010年烏克蘭總統大選的得票率，可以明顯看出東邊支持親俄派的亞努科維奇（Viktor Yanukovych），西邊支持親歐美派的提摩申科（Yulia Tymoshenko）。

第 3 章

了解國家歷史與思想
世界各國眼中的世界

持續爭奪殖民地的大國、位於歐洲根部的悲劇國家、
遙遠又接近的親日國家、在迫害下誕生的國家、
在宗教與石油之間動搖的國家、
以核武保護自己的佛教國家、不願屈服的半島國家、
對美政策左右搖擺的南美霸權……
各個國家都有各自的歷史與思想。
無論哪個國家都無法擺脫地理條件的限制。

波蘭
土耳其
越南
法國
以色列
印度
沙烏地阿拉伯
巴西

海權與陸權——擁有二種特性的法國

哦！這個廣告，場景好像法國宮廷喔！
法國宮廷看起來那麼優雅，中世紀的法國很和平嗎？
和平哪……你覺得那個時代的法國會和平嗎？
呃……我不太清楚……
唔……
當時法國和英國正在百年戰爭的泥沼當中，也就是聖女貞德活躍的時代。
進入近代，又為了殖民地和英國發生衝突。
不只在國內，二國在殖民地也打過仗。英國和法國從以前就關係不好哦！
我們來看地圖吧！
現在正是機會！
英國
法國
在法國忙著和四周國家打仗時，英國設下了陷阱。

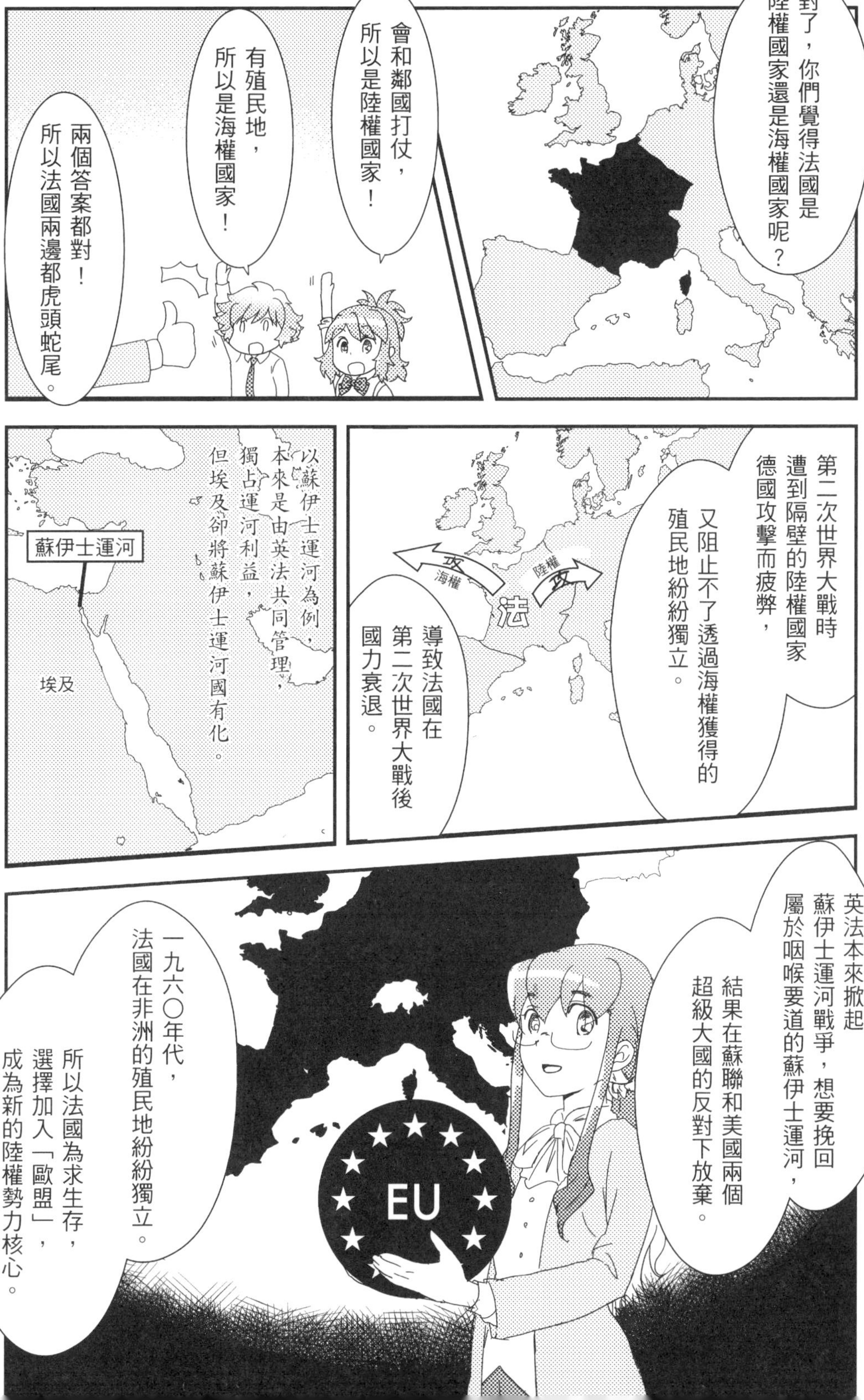
對了，你們覺得法國是陸權國家還是海權國家呢？
會和鄰國打仗，所以是陸權國家！
有殖民地，所以是海權國家！
兩個答案都對！所以法國兩邊都虎頭蛇尾。
第二次世界大戰時遭到隔壁的陸權國家德國攻擊而疲弊，
又阻止不了透過海權獲得的殖民地紛紛獨立。
攻 海權
陸權 攻
法
導致法國在第二次世界大戰後國力衰退。
以蘇伊士運河為例，本來是由英法共同管理，獨占運河利益，但埃及卻將蘇伊士運河國有化。
蘇伊士運河
埃及
英法本來掀起蘇伊士運河戰爭，想要挽回屬於咽喉要道的蘇伊士運河，
結果在蘇聯和美國兩個超級大國的反對下放棄。
一九六〇年代，法國在非洲的殖民地紛紛獨立。
所以法國為求生存，選擇加入「歐盟」，成為新的陸權勢力核心。
EU

法國眼中的世界地圖

法國擁有陸權與海權二個面向，卻因為優柔寡斷而導致國力衰退，最後只能成為歐盟的一員。

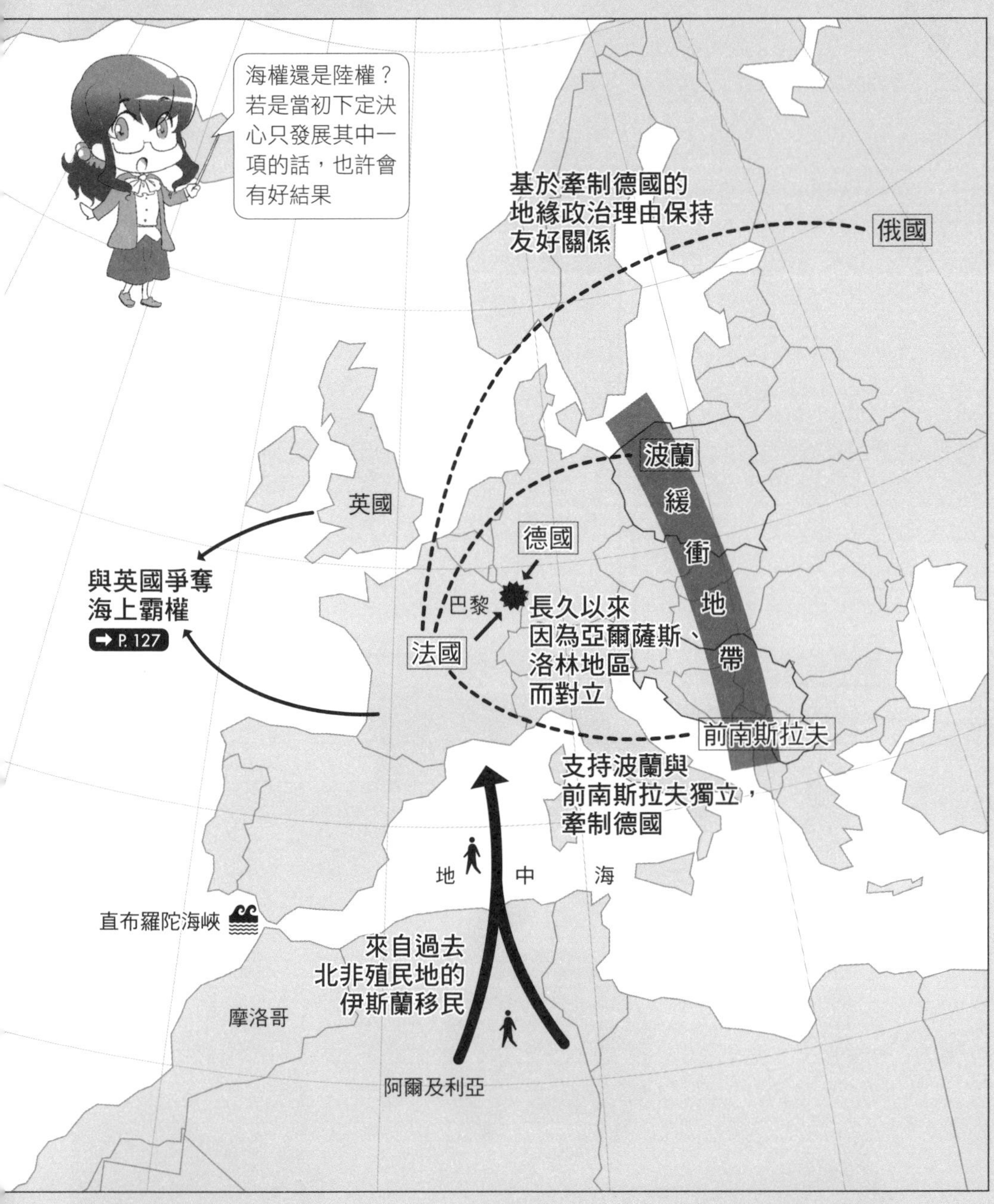

海權還是陸權？若是當初下定決心只發展其中一項的話，也許會有好結果
基於牽制德國的地緣政治理由保持友好關係
俄國
波蘭
緩衝地帶
英國
德國
與英國爭奪海上霸權
➡ P. 127
巴黎
長久以來因為亞爾薩斯、洛林地區而對立
法國
前南斯拉夫
支持波蘭與前南斯拉夫獨立，牽制德國
地中海
直布羅陀海峽
來自過去北非殖民地的伊斯蘭移民
摩洛哥
阿爾及利亞

法國

全球農產品出口額前十名（2019 年） 單位：億美元

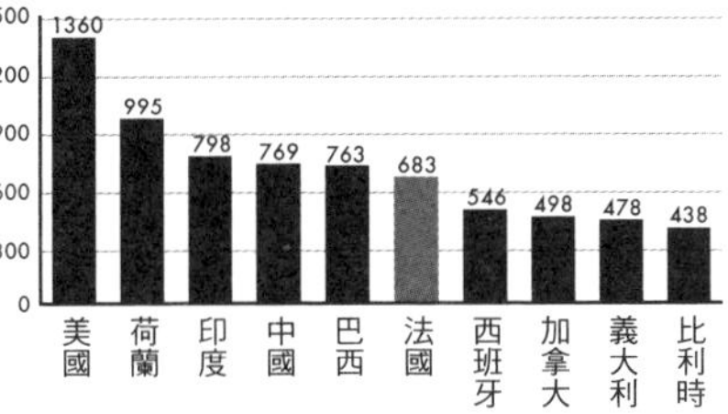
1500
1200
900
600
300
0
1360
995
798
769
763
683
546
498
478
438
美國
荷蘭
印度
中國
巴西
法國
西班牙
加拿大
義大利
比利時

根據農林水產省《農林水產與食品出口現況》製表

全球觀光競爭力前十名（2019 年） 單位：指數

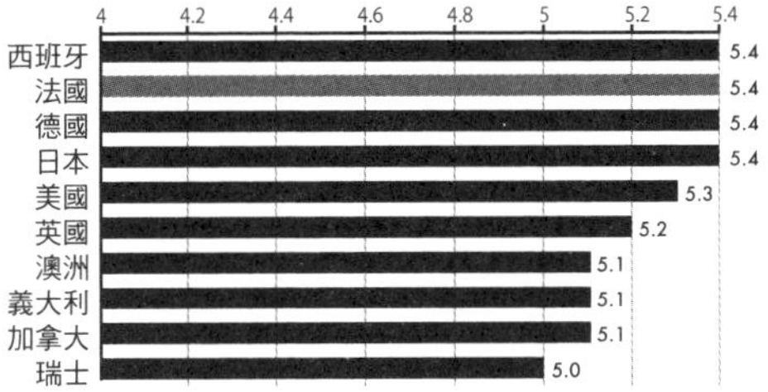
4
4.2
4.4
4.6
4.8
5
5.2
5.4
西班牙 5.4
法國 5.4
德國 5.4
日本 5.4
美國 5.3
英國 5.2
澳洲 5.1
義大利 5.1
加拿大 5.1
瑞士 5.0

根據 WEF《The Travel and Tourism Competitiveness Report 2019》製表

法國擁有 45 項世界遺產，每年舉辦約四百場展銷會，是全球第二的觀光大國。此外，法國氣候溫暖，農地廣大，致力發展農業，農產品的出口額與糧食自給率高。但這項特點卻反而使法國缺乏發展海外殖民地的動機。

註（2021 年）：
全球觀光競爭力前十名

日本 5.2
美國 5.2
西班牙 5.2
法國 5.1
德國 5.1
瑞士 5.0
澳洲 5.0
英國 5.0
新加坡 5.0
義大利 4.9

根據 WEF《The Travel and Tourism Competitiveness Report 2021》製表

強化與美俄關係的法國
俄國
美國
基於牽制德國的
地緣政治理由
保持友好關係
連結
蘇伊士運河
與吉布地
➜ P.127
北約盟國
法國
移民問題
大西洋
過去北非的
舊殖民地

法國為了牽制德國，強化與美俄的關係。法國原本與美國針對核武問題對立，在 1966 年時退出北大西洋公約組織；不過雙方在 2009 年修復關係，法國也重新加入北大西洋公約組織。此外，法國雖然因為蘇伊士運河戰爭失去了蘇伊士運河的管理權，但在紅海出海口吉布地仍舊保留法軍基地。

曾海陸二權並立的大國——法國

曾和英國爭奪世界霸權的法國

法國的地緣政治條件特殊，海陸二權皆有發展的可能。其理由一看地圖便能一目了然：法國與歐亞大陸接壤，必然會成為陸權陣營的一員，和純粹的海權國家英國對立。

另一方面，有機會成為海權國家（海洋國家）也是法國的特色。法國西部面向大西洋，南部則面向地中海，自古希臘人在此建立海港都市以來，該地便成為海上交通的要衝，並且可以通往屬於**咽喉要道**的直布羅陀海峽和蘇伊士運河。

除此之外，法國還有另一項強項，適合成為海權國家。

第一章曾提到英國地緣政治學家麥金德提倡的「歐洲是半島」，認為「位於半島根部的國家必須直接面對心臟地帶的攻擊」。反過來說，「位於半島中央或前端的國家不易遭到心臟地帶的攻擊」。

法國位於歐洲「半島」的前端，因此不易受到心臟地帶威脅。無論是十三世紀的蒙古、十八世紀的俄羅斯帝國還是第二次世界大戰之後的蘇聯，這些陸權帝國將勢力延伸至歐洲

年代

十三世紀～現代

相關國家

英國、德國、俄國、美國等

咽喉要道

咽喉要道的原文是「choke point」，「choke」是「掐住喉嚨」的意思。因此咽喉要道意指海峽或運河等海上交通的要衝。蘇伊士運河是連結歐洲與印度間的最短航路，通行費收入也十分驚人，是最典型的咽喉要道。

時，第一個面臨威脅的都是位於「根部」的波蘭和德國。法國反而為了與相鄰的德國對抗，而和俄國結盟。由於地理位置良好，使得法國與英國競爭海權勢力時無須擔心陸權勢力的攻擊，有「餘力」將西非與越南納為殖民地。

企圖兼顧海陸二權而凋零

法國的雙重性格在十九世紀之後反而造成反作用。首先是同為陸權陣營的鄰國德國興起後，直接遭到德國攻擊，國土也被三度蹂躪（普法戰爭、第一次與第二次世界大戰）。國力衰退的法國因而無法鎮壓殖民地的獨立運動，在印度支那戰爭與阿爾及利亞戰爭中失利。一九五六年爆發的**蘇伊士運河戰爭**，雖然與英國聯手出兵企圖奪回管理運河的權益，卻在超級大國美蘇雙方的反對下，不得不被迫撤退。

儘管英法是過往的兩大勢力，聯手時依舊敵不過美蘇二國。法國發現這點之後，便放棄成為海權國家。一方面獨自開發核子武器，和美國保持距離；另一方面和宿敵德國結盟，選擇成為巨大的陸權勢力歐盟的一員，摸索今後的生存之道。

蘇伊士運河戰爭

蘇伊士運河位於埃及境內，過去運河權益皆掌握在英法二國手中。一九五六年，埃及宣布運河國有化，於是英法和以色列一同入侵埃及，企圖奪回運河的權益，卻因未獲得美蘇支持而失敗。埃及憑藉國際壓力獲得勝利，目前運河的通行費成為重要的國家收入之一。

法國因為在海權和陸權之間游移，國力才會衰退

位於半島根部而經歷兩次滅亡的波蘭

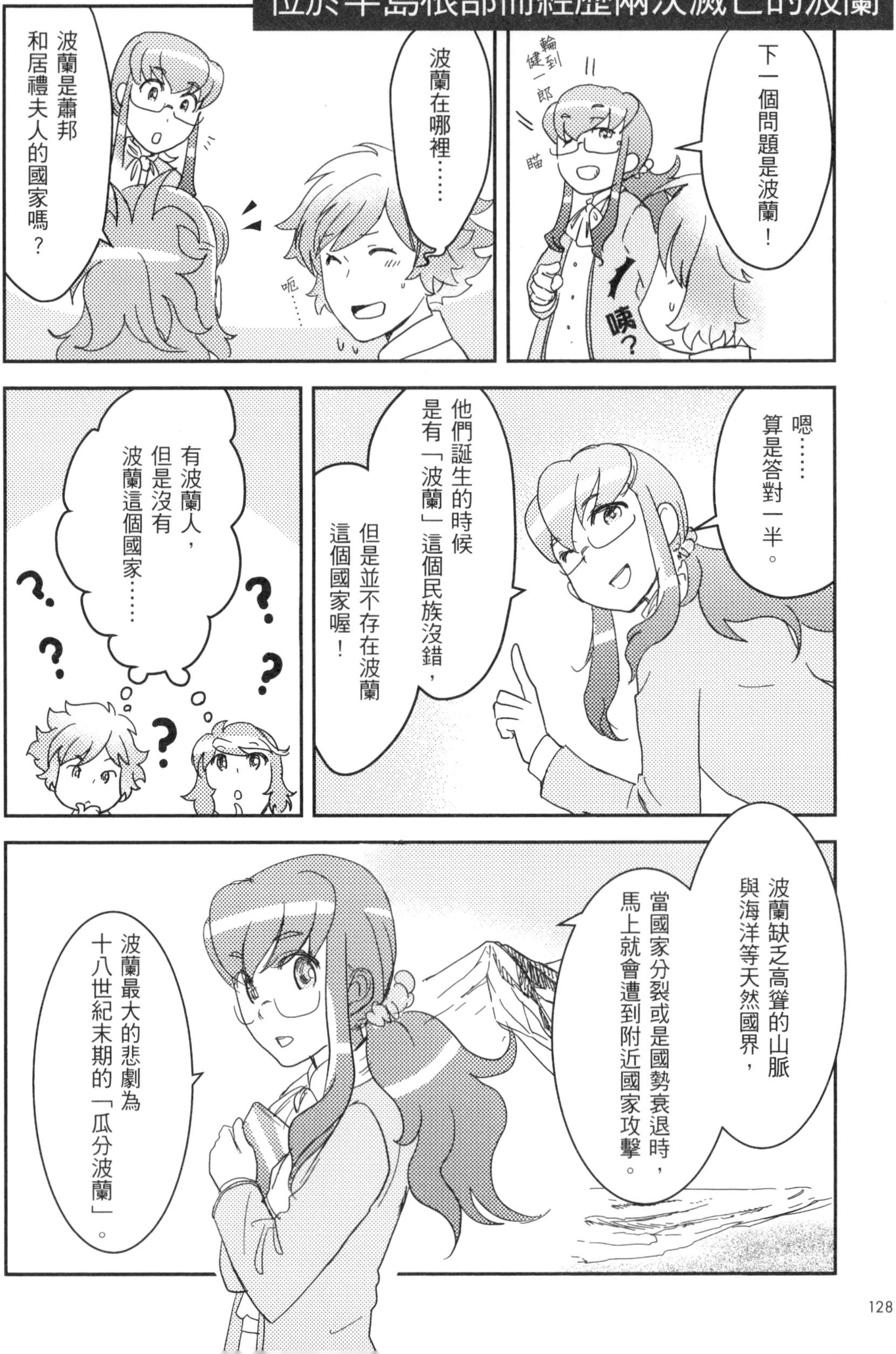
下一個問題是波蘭！
輪到健一郎
瞄
咦？
波蘭在哪裡……
呃……
波蘭是蕭邦和居禮夫人的國家嗎？
嗯……算是答對一半。
他們誕生的時候是有「波蘭」這個民族沒錯，
但是並不存在波蘭這個國家喔！
有波蘭人，但是沒有波蘭這個國家……
波蘭缺乏高聳的山脈與海洋等天然國界，
當國家分裂或是國勢衰退時，馬上就會遭到附近國家攻擊。
波蘭最大的悲劇為十八世紀末期的「瓜分波蘭」。

波蘭的貴族們在國會中濫用否決權，持續政治鬥爭。
此舉使得波蘭陷入「無法決定任何政策」的狀態……附近的俄國、奧地利與普魯士紛紛收買波蘭貴族，把波蘭的領土納為己有。
俄國
波蘭
普魯士
奧地利
這就是瓜分波蘭，換句話說就是國家滅亡。
波蘭趁著俄國革命之際，總算獨立成功，再次建國。
拉脫維亞
立陶宛
蘇聯
第二次世界大戰時，希特勒和史達林締結祕密條約，波蘭再度遭到德蘇二國瓜分。
蘇聯
德國
波蘭
萊茵蘭
捷克斯洛伐克
法國
瑞士
奧地利
匈牙利
羅馬尼亞
波蘭在戰後遭到蘇聯占領，被迫成為共產主義國家，
冷戰結束後，方才獲得自由。
滅亡了兩次嗎……真是殘酷的歷史啊！
波蘭人是以天主教信仰為心靈寄託，跨越過充滿苦難的歷史。
主導歐盟的德國和俄國關係急速升溫，對波蘭而言簡直是噩夢重現……
由於波蘭僅能仰賴美國，所以是北大西洋公約組織中最為親美的國家。

波蘭眼中的世界地圖

波蘭被夾在德國與俄國之間，曾經一度從地圖上消失。因此為了牽制德俄二國選擇親美路線。

美國
可能再次瓜分波蘭？
➡ P. 132
俄國
英國
接近英國、法國、美國以牽制德國和俄國
波蘭
蒙古入侵（十三世紀）
➡ P. 132
華沙
德國
左右為難
➡ P. 131
捷克
烏克蘭
法國
奧地利
拒絕
義大利
伊斯蘭移民問題
➡ P. 133
由於被夾在大國之間，才導致這樣悲慘的命運
土耳其

波蘭

德蘇互不侵犯條約中的東歐割據

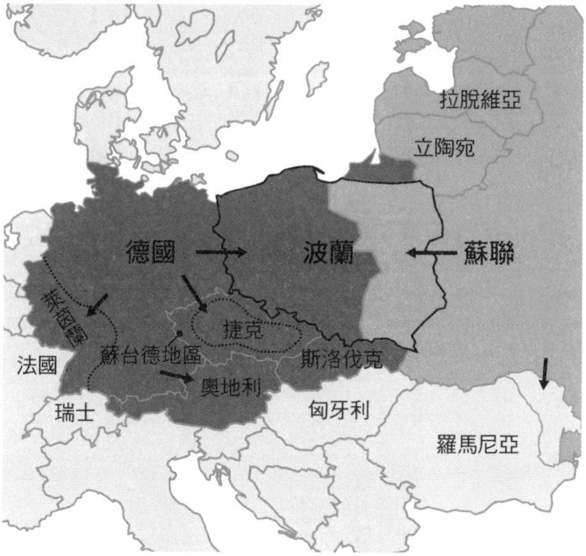
拉脫維亞
立陶宛
德國
波蘭
蘇聯
萊茵蘭
捷克
法國
蘇台德地區
斯洛伐克
奧地利
瑞士
匈牙利
羅馬尼亞

1939 年，納粹德國和蘇聯締結德蘇互不侵犯條約。該條約除了規範互不侵犯之外，還協議割據東歐與芬蘭，分別由德國與蘇聯統治管理，導致波蘭遭到德蘇二國瓜分。

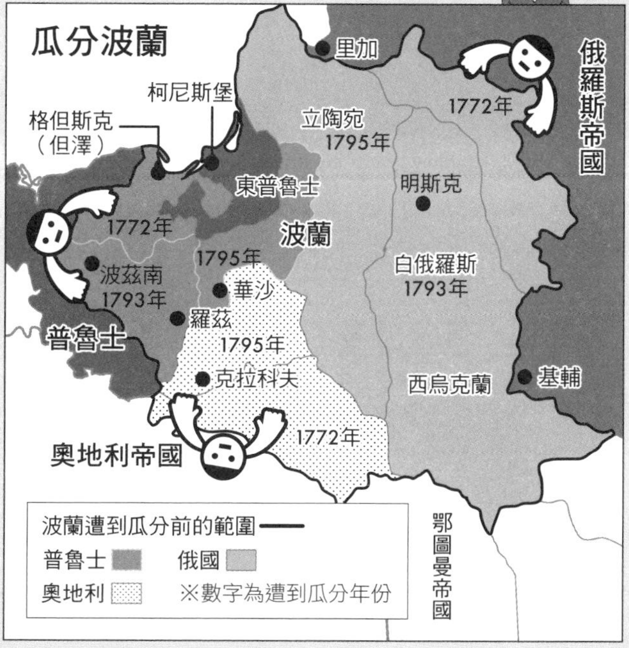
瓜分波蘭
里加
俄羅斯帝國
柯尼斯堡
1772年
格但斯克
（但澤）
立陶宛
1795年
東普魯士
明斯克
1772年
波蘭
1795年
波茲南
1793年
白俄羅斯
1793年
華沙
羅茲
普魯士
1795年
克拉科夫
基輔
西烏克蘭
1772年
奧地利帝國
波蘭遭到瓜分前的範圍
普魯士
俄國
奧地利
※數字為遭到瓜分年份
鄂圖曼帝國

波蘭在十八世紀末期（1772、1793 與 1795 年）遭到俄國、普魯士和奧地利三國瓜分，一度亡國。1952 年時以波蘭人民共和國的名義，恢復主權。

位於半島根部的悲慘宿命

遭到強大的鄰國瓜分，一度滅亡

從地緣政治的角度來分析，波蘭由於其地理條件而註定命運悲慘。

首先是地理位置：位於歐洲「半島」根部，是心臟地帶進攻歐亞大陸時，第一個遭受威脅的國家。例如十三世紀**蒙古入侵**整個歐亞大陸時，波蘭便是繼俄羅斯之後第二個遭到侵略的國家。

第二個問題在於地形。波蘭坐落於橫跨俄國至德國的**大平原**上，缺乏山脈與大河等天然國界，導致國界難以固定。因此波蘭的國界經常改變，領土範圍反覆擴大與縮小，甚至連國家位置也會因為國際政治的角力而移動。

第三個問題在於強國環繞。東邊是俄國，西邊是德國，十九世紀時南邊還有奧地利帝國。俄國、德國（當時是普魯士）和奧地利在協議之下，割據了國內紛爭不斷的波蘭，史稱「**瓜分波蘭**」，導致波蘭這個國家曾經一度消失。

波蘭在俄國革命後一度復國，卻又在第二次世界大戰即將開戰之際，再度因德蘇互不侵犯條約遭到德國與蘇聯瓜分。蘇聯在大戰末期占領整個波蘭，將國界往西邊拓展。

年代
十三世紀～現代

相關國家
蒙古、德國、俄國、奧地利等

蒙古入侵
成吉思汗於十三世紀統一蒙古，率領強大的騎兵隊占領中國與中亞，入侵歐洲、中東、東南亞與遠東地區。侵略日本的蒙古人，在日本稱為「元寇」。

波蘭人在如此嚴酷的歷史下還能保有民族認同，原因就在於擁有十四世紀最強大的王朝「**雅蓋洛王朝**」的光榮歷史、會說波蘭語以及信奉天主教。

冷戰期間，唯一能對抗親蘇派的波蘭共產黨組織的便是天主教教會。

目前在歐盟的課題是伊斯蘭移民接納問題。波蘭之所以一直採取消極的態度，原因也在於過往依靠天主教信仰跨越苦難的歷史背景。

夢魘重現——俄國與德國國力恢復

波蘭現在身為歐盟成員，外交政策卻相當親美，例如做為北大西洋公約組織的一員派兵協助由美國發動的阿富汗戰爭、接受美軍在境內設置飛彈防禦系統等等，就是因為波蘭夾在二個大國——俄國與德國之間。

特別是近年來，二國國力恢復，又透過能源進出口強化彼此的關係。波蘭為了避免過往的「瓜分夢魘」重現，只得借助第三大國美國的力量。

大平原
優點是適合耕種，交通便利；缺點是容易遭受侵略。波蘭在第二次世界大戰初期，遭到德蘇二國分別從東西兩邊侵略與割據，戰爭末期則遭到蘇聯從東側入侵、占領。

瓜分波蘭
普魯士、俄羅斯與奧地利分別在一七七二年、一七九三年與一七九五年，三次瓜分波蘭，導致波蘭滅亡。十九世紀的音樂家蕭邦與原子物理學家居禮夫人都是所謂「名為『波蘭』的國家不存在的時代」的波蘭人。

雅蓋洛王朝
立陶宛大公國與波蘭王國所成立的王朝，曾經短暫統治波希米亞王國（捷克）和匈牙利王國，在東歐擁有廣大的領土。

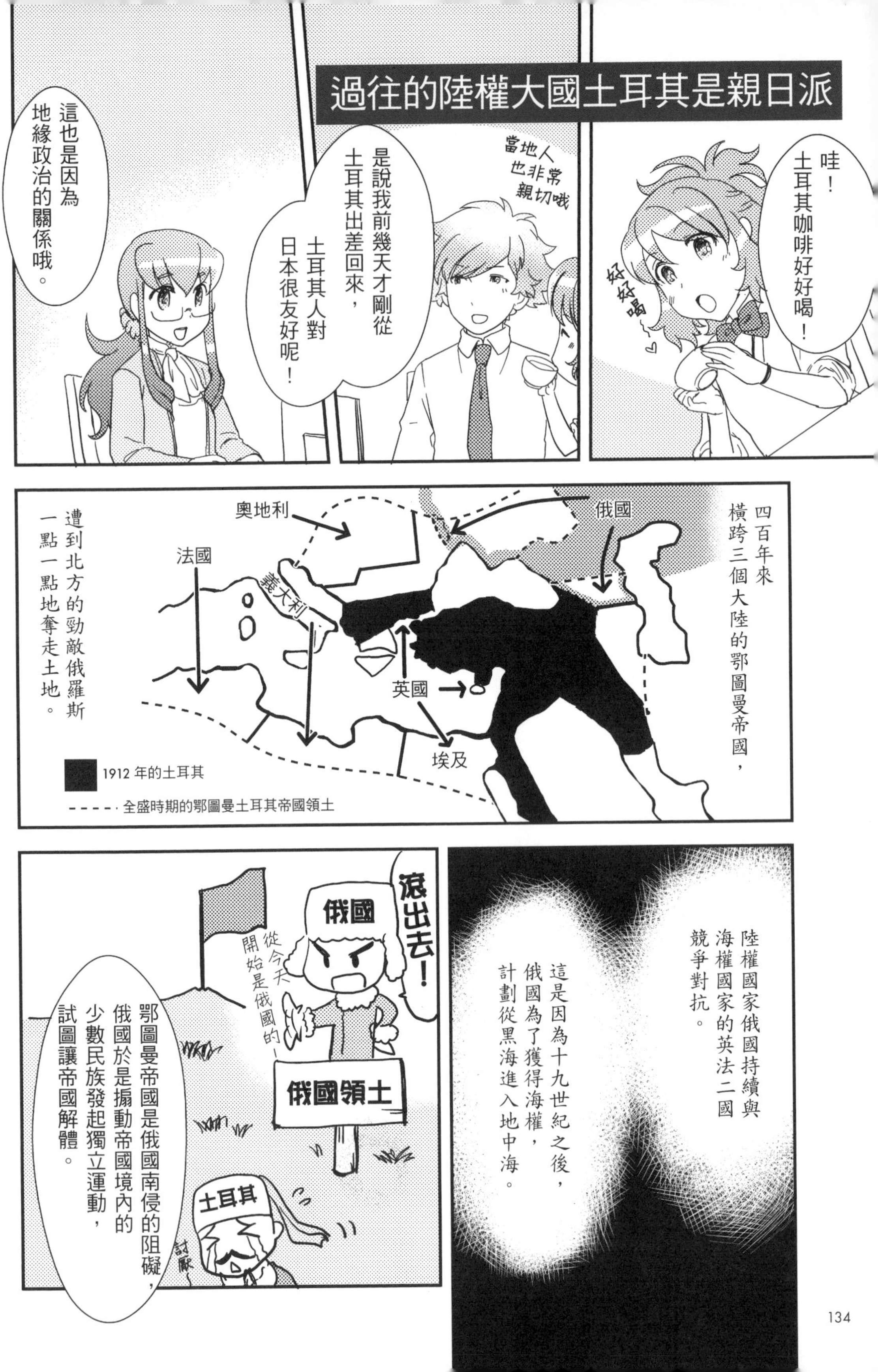
過往的陸權大國土耳其是親日派
哇！土耳其咖啡好好喝！
好好喝～♡
當地人也非常親切哦
是說我前幾天才剛從土耳其出差回來，
土耳其人對日本很友好呢！
這也是因為地緣政治的關係哦。
四百年來橫跨三個大陸的鄂圖曼帝國，
遭到北方的勁敵俄羅斯一點一點地奪走土地。
奧地利
俄國
法國
義大利
英國
埃及
1912 年的土耳其
全盛時期的鄂圖曼土耳其帝國領土
陸權國家俄國持續與海權國家的英法二國競爭對抗。
這是因為十九世紀之後，俄國為了獲得海權，計劃從黑海進入地中海。
滾出去！
俄國
從今天開始是俄國的
俄國領土
土耳其
討厭
鄂圖曼帝國是俄國南侵的阻礙，俄國於是搧動帝國境內的少數民族發起獨立運動，試圖讓帝國解體。

就在此時爆發日俄戰爭，遠東的日本打敗俄國。
俄國
位於遠東，同為亞洲人的國家打敗了俄國，土耳其人知道後非常高興。
而土耳其喜歡日本的另一個更重要的原因，
是距離遙遠，因此不會發生摩擦。
土耳其
日本
土耳其
嗚哇～
日本……♥
這就是「敵人的敵人是朋友」的概念！
土耳其人所屬的突厥族目前主要居住於中亞地區。
遭到俄羅斯帝國併吞的烏茲別克人和遭到中國併吞的維吾爾族也都是突厥人。
敵
俄國
敵
土耳其
所以經常和中俄二國衝突的日本，
在土耳其人看來「敵人的敵人是朋友」。

土耳其眼中的世界地圖

土耳其位於歐亞交界，境內各類民族群聚，與周遭國家的關係也相當複雜。過去曾遭到俄國與中國欺壓。

俄國
土耳其人的發源地
➡P. 138
新疆維吾爾自治區
哈薩克等中亞各國
歐盟
長久以來對立
被拒絕加盟
➡P. 139
中國
黑海
希臘
土耳其
庫德族
長久以來對立
突尼西亞
地中海
敘利亞
伊朗
印度
以色列
IS
伊拉克
利比亞
埃及
阿拉伯聯合大公國
阿拉伯國家
沙烏地阿拉伯
阿曼
葉門
連結東西的土耳其有二個面向哦
阿拉伯國家聯盟

土耳其

突厥族

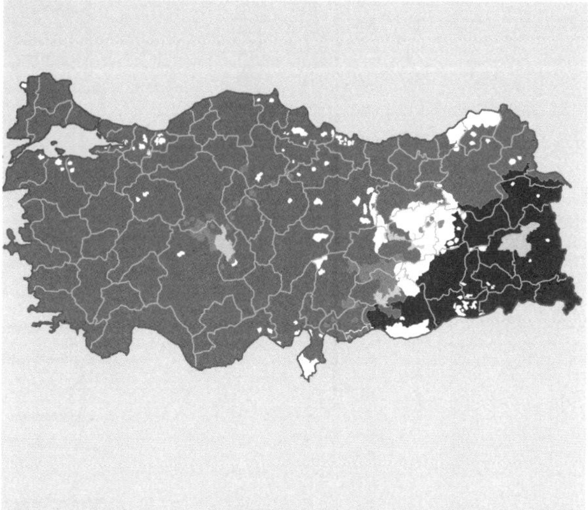

■土耳其語（74%）■庫德語（14.5%）□其他（11.5%）

雖然土耳其的主要語言是土耳其語，但東部居民使用的是少數民族的語言。人數最多的少數民族是庫德族，分布範圍橫跨與伊朗、敘利亞的國界，目前正尋求獨立中。

突厥族
俄國
蘇聯時代
的國界
蒙古
哈薩克
（維吾爾族）
烏茲別克
吉爾吉斯
獨立運動
土耳其
土庫曼
塔吉克
中國
土耳其人的
根源來自中亞
➡P.138
伊朗
阿富汗

土耳其人原本居住在中亞的草原地帶，十九世紀中期以來遭到俄國併吞的突厥族在俄國革命時成為蘇聯的一員，又在蘇聯解體時（1991 年）獨立。維吾爾族在被併入中國後雖然持續進行獨立運動，但遭到中國當局鎮壓。

基於地緣政治與歷史因緣，親日國土耳其

打造誕生於東亞的大帝國

相信不少讀者曾聽說過土耳其親日或是土耳其語和日語相似等說法，土耳其人的確來自亞洲，曾經是威脅中華文明的北方民族之一。唐代時在蒙古高原建立了名為「突厥」的龐大帝國，而後緩緩朝西方移動，以目前的土耳其為中心，建立**鄂圖曼帝國**。突厥人的移動軌跡明顯，受到中國統治的維吾爾族、烏茲別克族與哈薩克族等中亞民族都是其後裔。鄂圖曼帝國以伊斯蘭教為國教，也包容其他宗教與民族，形成統治中東多數地區的繁榮大帝國。到了十九世紀卻國力衰退到被稱為「歐洲病夫」的地步，遭到西歐列強瓜分。以巴衝突、敘利亞內戰和庫德族問題等當前的中東問題，大多是起因於當初西歐列強隨意劃分殖民地的緣故。

土耳其遭到俄國多次侵略，第一次世界大戰時又戰敗，導致領土範圍縮小至現在的大小，在**凱末爾**的領導下推行西化運動。日本也同樣是在明治維新之後，推行西化，由於日本在日俄戰爭中擊敗俄國，所以被土耳其視為楷模。目前土耳其人是**中東三大民族**之一，由於政權與價值觀和歐美相似，土耳其成為伊斯蘭圈中的世俗國家重鎮，在地理上與政治上連結中東與歐洲。

年代

十五世紀～現代

相關國家

中國、俄國、歐盟、日本等

鄂圖曼帝國（一二九九～一九二二）

以目前的土耳其為中心，橫跨東歐、中東與非洲的大帝國。過去曾統治巴爾幹半島諸國、包圍維也納等，帶給歐洲強烈的威脅。

加入北大西洋公約組織，卻無法加入歐盟

土耳其連結亞洲與歐洲，位於阻止陸權勢力俄國進入地中海的重要位置。美國因而在冷戰期間視土耳其為中東地區最重要的盟友，同意土耳其加入北大西洋公約組織。另一方面，土耳其雖然強烈渴望加入歐盟，卻不斷遭到拒絕。理由在於土耳其信奉伊斯蘭教，與基督教文化圈的歐洲不同，此外，歐盟也擔心土耳其勞工自由進出歐洲後會奪走當地人的工作機會。

遭到歐洲拒絕的土耳其，卻也難以和同為伊斯蘭文化圈的中東地區建立良好關係：土耳其人無法習慣同為遜尼派的阿拉伯人的嚴格教規，和什葉派的伊朗則是分屬不同派別。盟友美國為了對抗伊斯蘭國向庫德族尋求協助，但也因此與拒絕承認庫德族獨立的土耳其關係降至冰點。土耳其和俄國之間僅隔著黑海，基於地緣政治而互相對立；和中國之間則因為中國鎮壓新疆的維吾爾人而關係緊張。但是厄多安（Recep Tayyip Erdo an）政府目前展現讓步的姿態。土耳其和日本一樣，在成功西化的同時保留傳統文化，也曾對抗南侵的俄國勢力。土日二國在地緣政治與歷史上，就像一對距離遙遠的兄弟。

凱末爾．阿塔圖克（一八八一～一九三八）
平息第一次世界大戰後的混亂，排除外國干政，建立土耳其共和國，因而獲得「Atatürk（音譯阿塔圖克，意譯為土耳其之父）」的稱號。

中東三大民族
分別是土耳其人、阿拉伯人與伊朗人。土耳其人與阿拉伯人多為遜尼派的伊斯蘭教徒，而伊朗人則多屬於什葉派。沙烏地阿拉伯嚴格執行《可蘭經》的教誨，土耳其則較為寬鬆。

土耳其在進入近代後開始推行西化等歷史，和日本很相似呢！

位於文明十字路口的土耳其

過往的光榮所引發的歷史與民族問題

土耳其的領土大多位於亞洲境內，於歐洲只保有部分領地，而在亞洲與歐洲領土之間，僅隔了博斯普魯斯海峽與達達尼爾海峽這二道狹窄的海峽。土耳其位於歐亞二洲交界處，面向地中海，其內陸的黑海則是心臟地帶的出海口。這三點既是土耳其的優點，也是缺點。優點是可以獨占東西交通所帶來的財富，建立龐大帝國。進入近代之後，又因為居於要衝，可以壓制陸權勢力而獲得海權勢力的援助。缺點是會成為列強攻擊的目標而被割據瓜分，以及因與俄國接壤而不斷遭受侵略。此外，由於曾經是國勢興盛的大帝國，導致庫德族與亞美尼亞人等少數民族現在依舊對其抱持警戒，至今仍因為**亞美尼亞種族大屠殺**等歷史問題而遭到譴責。

最近土美之間的關係由於人權與**庫德族問題**降至冰點，與俄國之間的關係則有逐漸緩和的傾向，今後發展備受矚目。

年代

十五世紀～現代

相關國家

伊朗、伊拉克、美國等

亞美尼亞種族大屠殺

十九世紀末到二十世紀初，鄂圖曼帝國境內信奉基督教的亞美尼亞人遭到屠殺。土耳其主張「亞美尼亞人並非遭到組織性屠殺，而是因內戰犧牲」。

庫德族問題

庫德族居住範圍橫跨土耳其、伊朗與伊拉克三國。夾在不願意承認其獨立的土耳其與希望對抗伊斯蘭國時能獲得協助的美國之間，逐漸衍生為外交問題。

連結歐洲與中東的土耳其問題

土耳其不願承認庫德族獨立，因此與希望獲得庫德族協助以對抗伊斯蘭國的美國關係惡化。
歐盟
限制接納經由土耳其而來的難民人數
黑海
裏海
土耳其
庫德族居住地區
地中海
以色列
敘利亞
前往歐盟的移民和難民
伊拉克
阿富汗
伊朗
利比亞
埃及
沙烏地阿拉伯
美國

歐盟為了阻止移民繼續進入，對土耳其的態度是「保持良好關係，但是不同意加入歐盟」。土耳其同時又因為庫德族而與美國交惡。這些都是因為地理位置而出現的問題。

土耳其可以説是歐洲，也可以算是亞洲，地理位置很尷尬呢

持續「輸出革命」的伊朗

伊朗是全球數一數二的產油國家，當初開發油田的是英國的石油公司。這是因為當年伊朗國王希望能盡快近代化，於是引進外資前來開發，導致財富集中於外資公司與王室手中，人民不滿的情緒日漸高漲。在提倡「阿拉面前，萬物平等」的何梅尼等什葉派人士主導之下，伊朗在一九七九年發生革命，推翻王室。何梅尼成為伊朗「最高領袖」，成立「伊斯蘭共和國」，其地位甚至駕凌總統與國會。

何梅尼成立「伊朗革命衛軍」，建立不同於國軍的軍事組織。革命衛軍旗下另有「聖戰軍」（Corps-Qods Force）負責把伊朗革命輸出到中東其他國家，派兵前往伊拉克、敘利亞與黎巴嫩等內戰中的國家。革命衛軍宣示絕對效忠何梅尼與其繼任者哈米尼（Ayatollah Ali Khamenei）。憲法並未賦權總統統率革命衛軍，文人領軍無從發揮。這種情況與當年日本帝國陸軍（關東軍）假「天皇的統帥權」之名擅自行動，引發九一八事變如出一轍。

二〇一九年，日本的油輪在波斯灣的入口荷姆茲海峽遭到攻擊。美軍公布犯人是伊朗革命衛軍。二〇二〇年一月，聖戰軍訪問鄰國伊拉克時，指揮官蘇萊曼尼（Qasem Soleimani）所搭乘的汽車遭到美軍操作的無人機所發射的飛彈攻擊，蘇萊曼尼因而死亡。伊朗因此發起反美運動，強烈抗議。除此之外，伊朗以發展核能發電為由提煉濃縮鈾，西方各國卻懷疑其真正的目的是開發核子武器，進而發動經濟制裁。沙烏地阿拉伯等與伊朗敵對的阿拉伯國家尋求美軍支援；以色列也因為位於伊朗原子彈射程之內，與阿拉伯聯合大公國（UAE）、黎巴嫩建立外交關係。日本相當仰賴來自波斯灣一帶的石油，此地的地緣政治學對於日本而言絕非不干己事。

中東宗教勢力圖（2014 年）

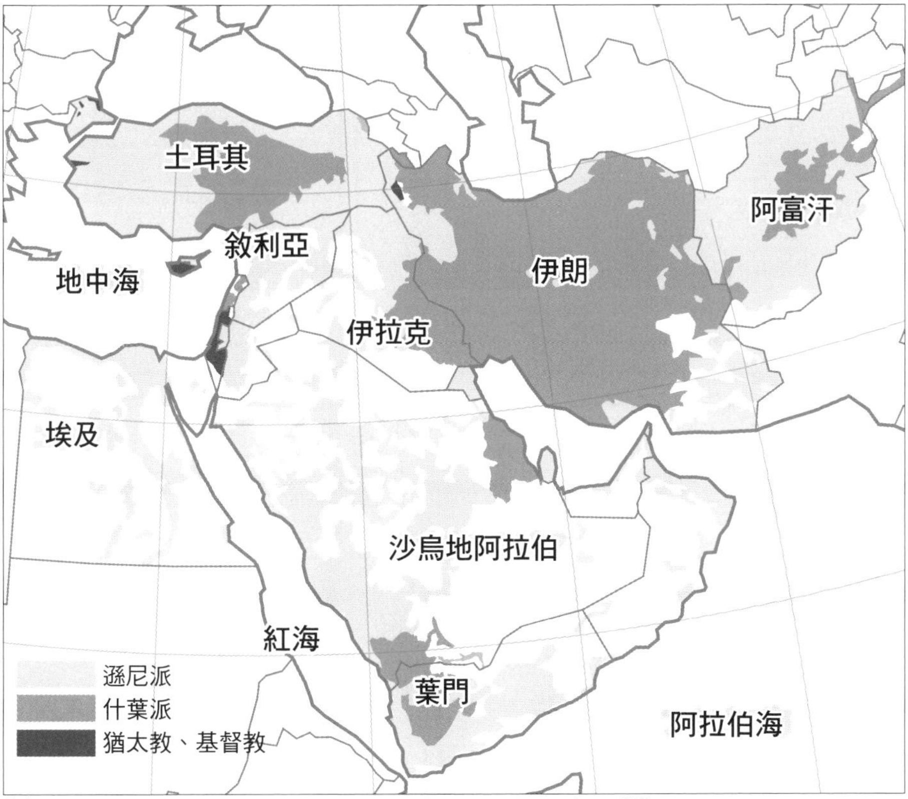
土耳其
敘利亞
地中海
伊朗
阿富汗
伊拉克
埃及
沙烏地阿拉伯
紅海
葉門
阿拉伯海
遜尼派
什葉派
猶太教、基督教

參考 the GULF/2000 project infographic Maps and Stations Collections Middle East Religions 製作

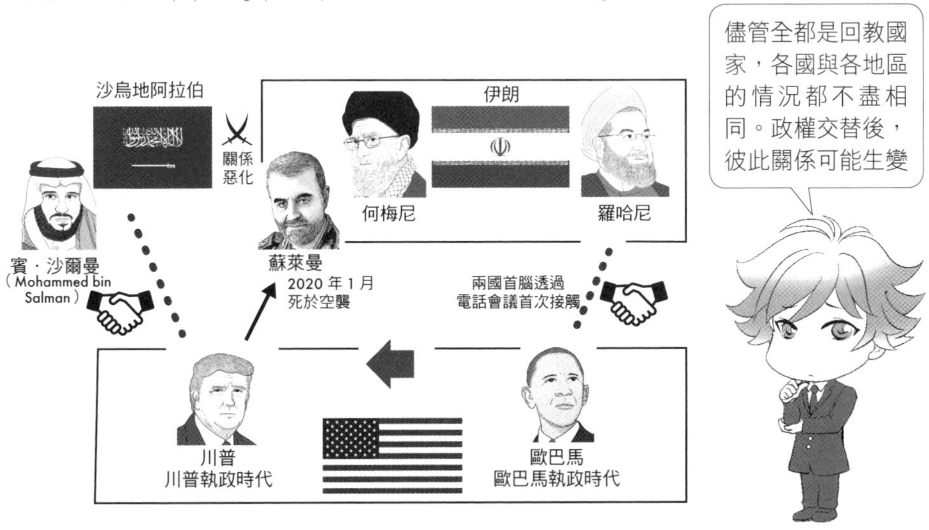
沙烏地阿拉伯
關係惡化
伊朗
何梅尼
羅哈尼
賓・沙爾曼（Mohammed bin Salman）
蘇萊曼
2020 年 1 月死於空襲
兩國首腦透過電話會議首次接觸
川普
川普執政時代
歐巴馬
歐巴馬執政時代
儘管全都是回教國家，各國與各地區的情況都不盡相同。政權交替後，彼此關係可能生變

逃離迫害而建國的以色列

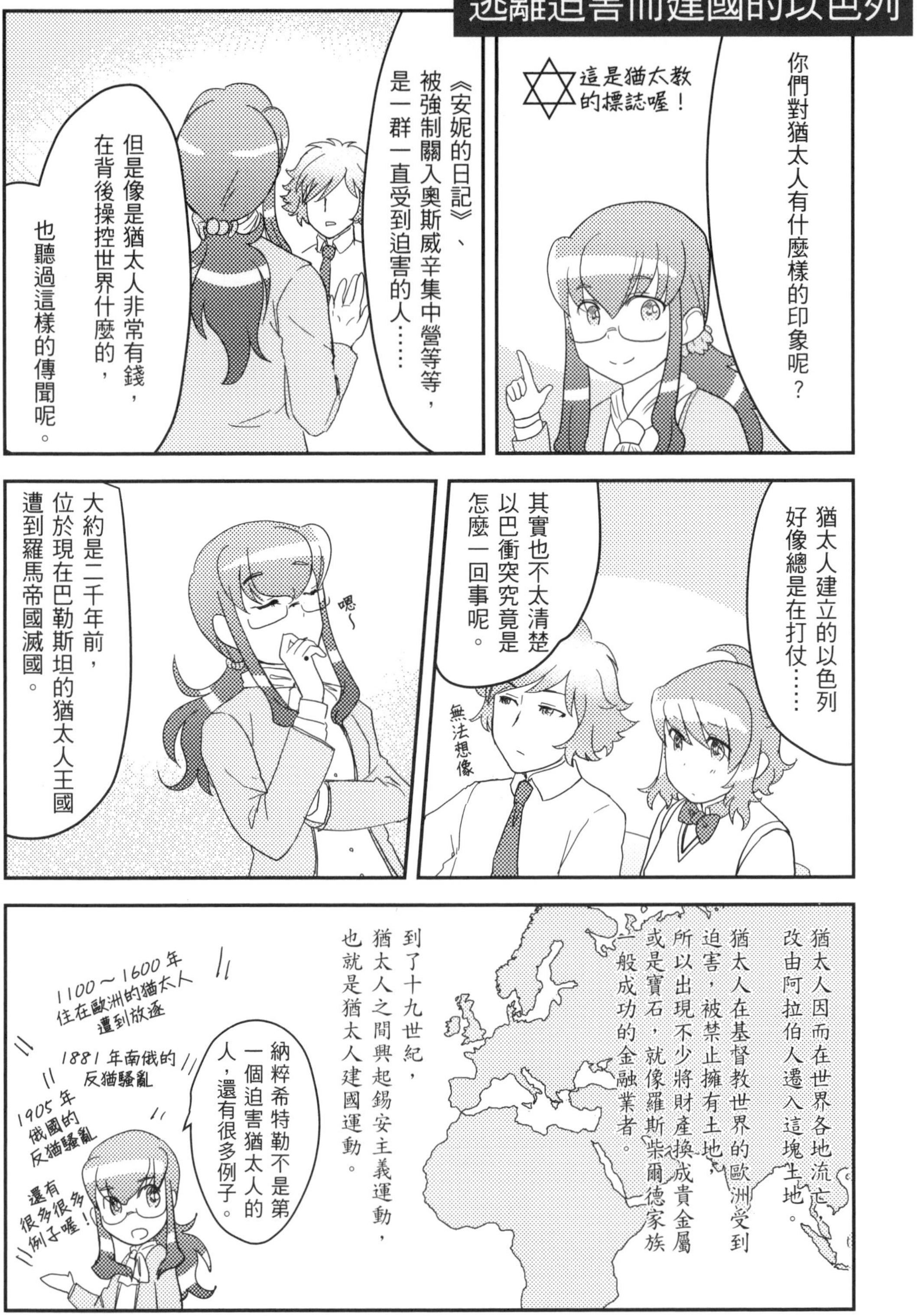

你們對猶太人有什麼樣的印象呢？
這是猫太教的標誌喔！
《安妮的日記》、被強制關入奧斯威辛集中營等等，是一群一直受到迫害的人……
但是像是猶太人非常有錢，在背後操控世界什麼的，
也聽過這樣的傳聞呢。
猶太人建立的以色列好像總是在打仗……
其實也不太清楚以巴衝突究竟是怎麼一回事呢。
無法想像
嗯～
大約是二千年前，位於現在巴勒斯坦的猶太人王國遭到羅馬帝國滅國。
猶太人因而在世界各地流亡，改由阿拉伯人遷入這塊土地。
猶太人在基督教世界的歐洲受到迫害，被禁止擁有土地，所以出現不少將財產換成貴金屬或是寶石，就像羅斯柴爾德家族一般成功的金融業者。
到了十九世紀，猶太人之間興起錫安主義運動，也就是猶太人建國運動。
納粹希特勒不是第一個迫害猶太人的人，還有很多例子。
1100～1600年住在歐洲的猫太人遭到放逐
1881年南俄的反猫騷亂
1905年俄國的反猫騷亂
還有很多很多例子喔！

反猶騷亂：在俄國發生的迫害猶太人事件。

英國政府看上猶太人的財力，表示只要在第一次世界大戰時提供金援，便願意協助猶太人建國。
另一方面，英國人也呼籲阿拉伯人擺脫鄂圖曼帝國獨立，同時和法國人簽署瓜分殖民地的祕密條約。
讓殖民地的居民互相鬥爭以便統治，就是英國最拿手的「分而治之」。
一九四八年，英國的託管一結束，猶太人馬上宣布以色列建國！當時遭到驅逐的阿拉伯人，就是現在的巴勒斯坦難民。
被擺一道
但是以色列的地緣政治條件非常差！
敘利亞
水源
巴勒斯坦自治區
聖地耶路撒冷
約旦
埃及
居然敢把我們給趕出來！
咽喉要道
以色列之所以能持續至今都是因為有大國美國提供強而有力的援助。
周遭都是敵人，只能仰賴美國，簡直跟日本沒兩樣。
是啊。
美國如果政黨輪替，態度也會隨之改變。
所以以色列選擇核武，做為外交防禦的生存之道。
核子武器
咽喉要道
資源
土地

以色列眼中的世界地圖

以色列是重要的軍事戰略據點，因此得到美國做後盾，勉強維持與四周國家的權力平衡。

美國
俄國
歐盟
哈薩克
擁有僅次於以色列的猶太人口，是以色列最大的援助國
反對以色列的占領地政策
蘇聯解體時大量猶太裔移民湧入
因伊朗開發核武而對立
➡ P. 150
摩洛哥
土耳其
地中海
敘利亞
伊朗
以色列
伊拉克
阿爾及利亞
利比亞
利塔尼亞
埃及
長久以來對立
阿拉伯國家
沙烏地阿拉伯
紅海
蘇丹
葉門
石油運輸航路
阿拉伯海
吉布地
曼德海峽
第二次世界大戰之後，由猶太人所建立的人工國家。四周都是敵人，所以只能仰賴美國
阿拉伯國家聯盟

以色列

以色列的各宗教信徒比例（2014 年）

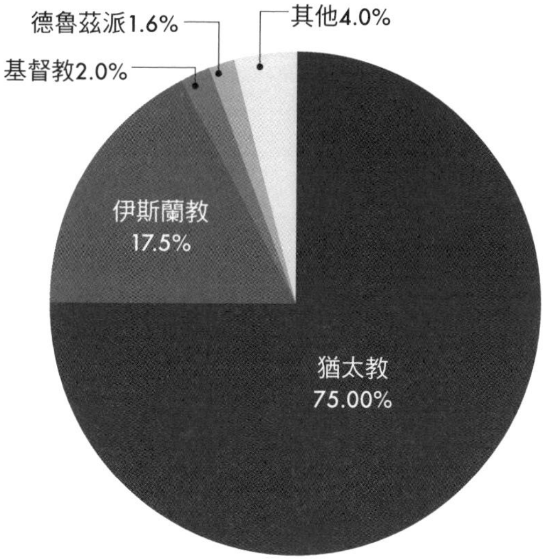
德魯茲派1.6%
其他4.0%
基督教2.0%
伊斯蘭教
17.5%
猶太教
75.00%

根據日本外務省之資料製表

從以上的圓餅圖可知以色列人約 75%，也就是約 639 萬人信奉猶太教。17% 的伊斯蘭教徒則是阿拉伯裔的巴勒斯坦人。雖然現在比例懸殊，但將來可能因為巴勒斯坦人的高出生率而逆轉。

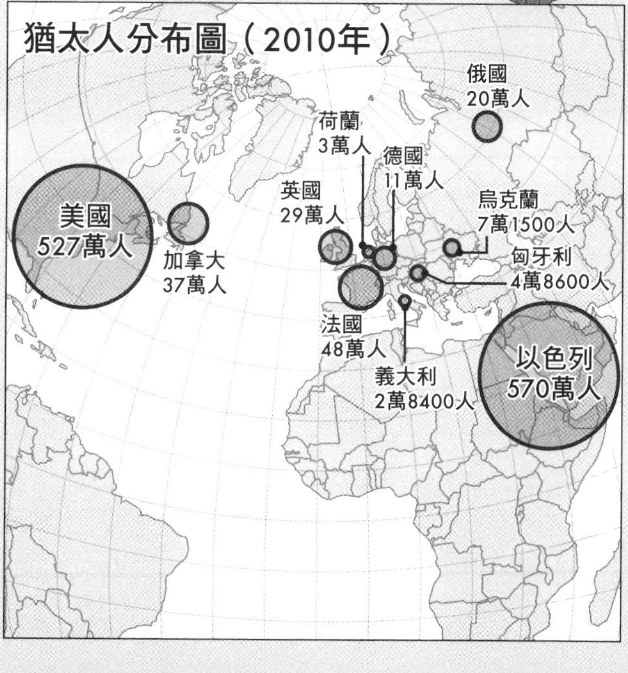
猶太人分布圖（2010年）
俄國
20萬人
荷蘭
3萬人
德國
11萬人
英國
29萬人
烏克蘭
7萬1500人
美國
527萬人
加拿大
37萬人
匈牙利
4萬8600人
法國
48萬人
以色列
570萬人
義大利
2萬8400人

猶太人口數以以色列最多，其次是美國。這是因為蘇聯解體時，原本住在蘇聯的猶太人大量遷移至以色列。在此之前，猶太人口數最多的是美國。

以色列建國與以巴衝突

為何巴勒斯坦會發生主權問題？

西元前十一世紀，猶太人在巴勒斯坦建立王國。經歷一番盛衰之後，二世紀時反抗羅馬帝國失敗，人民流離失所，散布於羅馬帝國統治之下的地中海各處。

猶太教的特徵是選民意識與信仰唯一真神，基督教與伊斯蘭教皆由猶太教衍生而來，被猶太教視為異教。猶太人在基督教世界遭到嚴重**迫害**，其中一個理由也是同類相斥。

由於被禁止擁有土地，猶太人改為從事金融業，大獲成功。代表人物是英國政商羅斯柴爾德家族（Rothschild Family）。十九世紀，猶太人開始推行錫安主義運動，主張在巴勒斯坦建立猶太國家。英國因為第一次世界大戰陷入財政困難，急需猶太人出資購買國債，選擇支持錫安主義運動（一九一七年貝爾福宣言）。結果導致大量猶太移民遷居巴勒斯坦，和原本居住於當地的阿拉伯人發生紛爭。猶太人利用**猶太人大屠殺**引人同情的優勢，於一九四八年建立以色列，而遭到以色列驅逐的阿拉伯伊斯蘭教徒，則成為巴勒斯坦難民。阿拉伯國家在民族與宗教上對以色列的反感逐漸高漲，一共發起四次中東戰爭。

巴勒斯坦位於地中海東岸，接近咽喉要道蘇伊士運河，是英美二國重要的戰略地點，所

年代

紀元前十一世紀～現代

相關國家

羅馬帝國、英國、美國、埃及、蘇聯（俄國）等

迫害猶太人

基督教世界對於猶太人一直懷抱「處死耶穌，罪孽深重」的偏見，從中世以來反覆迫害猶太人。居住在伊斯蘭世界的猶太人雖過著較為和平的生活，然而在以色列建國之後，伊斯蘭教徒反猶太人的情感高漲，開始出現襲擊與驅逐的行為。

以二國在中東戰爭中持續協助以色列。蘇聯則選擇協助阿拉伯國家，導致中東戰爭宛如冷戰的代理人戰爭。

阿拉伯國家在蘇聯解體後失去後盾，只得心不甘情不願地承認以色列。然而以色列與阿拉伯之間還留有**耶路撒冷爭議**等諸多問題，猶太裔美國人又在美國發揮對政治的影響力，操縱美國外交政策，致使問題懸而未決，陷入膠著。

地緣政治條件惡劣與核子武器

以色列的地理條件相當惡劣，三面遭到黎巴嫩、敘利亞、約旦和埃及共四個阿拉伯國家包圍。水源是乾燥地區的重要課題，提供以色列水源的約旦河源頭位於敘利亞境內的戈蘭高地。以色列不產石油，仰賴進口，運輸航路為蘇伊士運河與阿卡巴灣，都是可能遭到埃及封鎖的咽喉要道。

以色列唯一可仰賴的是其軍事力量。因此在六日戰爭（一九六七年）之際奪取約旦河源頭所在地戈蘭高地。另一方面，以色列雖然獲得美國龐大的軍事援助，卻依舊堅持保有自己的武力，持有核武是以色列公開的祕密，充滿以色列的作風。

猶太人大屠殺
納粹德國根據紐倫堡法案，在第二次世界大戰之際迫害猶太人，造成數百萬人死亡。

耶路撒冷爭議
耶路撒冷的歷史可回溯至西元前一千四百年，是猶太教徒、基督教徒與伊斯蘭教徒的聖地。六日戰爭時遭到以色列占領。

以色列周遭都是歷史上與地緣政治上容易與其他國家對立的咽喉要道呢

充滿地緣政治問題的以色列

地形、核子武器與種族問題

以色列是個小國，形狀細長，面積相當於青森、秋田與山形三縣總和（譯註：約二・一萬平方公里）。西側與大國埃及接壤，由此可知以色列為何要在六日戰爭時計劃奪取西奈半島。此外，以色列也毫不畏懼先發制人，從一九八一年的「**巴比倫行動**」中可見端倪，這都是因為以色列視「不容許任何國家入侵」為最高準則。

對於小國以色列而言，最大的威脅在於伊朗的「**開發核武嫌疑**」。什葉派的伊朗和遜尼派大國沙烏地阿拉伯對立。伊朗若持有核武，難保沙烏地阿拉伯不會也決定要擁有核武。以色列與該二國本來就是對立關係，所以已經先設想若二國皆持有核武的情況。這個地區可說是個「火藥庫」。

除了前述的問題，以色列境內還有種族問題。國民約有二成是阿拉伯裔伊斯蘭教徒，且人數還在持續增加。猶太人之間又分為來自歐洲與中東的移民，後者感覺受到歧視。以色列可說是國內外都充滿地緣政治問題的國家。

年代
現代

相關國家
以色列、沙烏地阿拉伯等

巴比倫行動
一九八一年，以色列以伊拉克有「開發核武嫌疑」為由，空襲伊拉克國內的核子反應爐。

核武開發嫌疑
伊朗與北韓相同，受到美軍的軍事威脅，因此以核能發電為由，持續提煉製造核武所需的濃縮鈾。另一方面，雖然以色列並未對外公布，其境內應已持有核飛彈。

資源來源與國內的人種問題

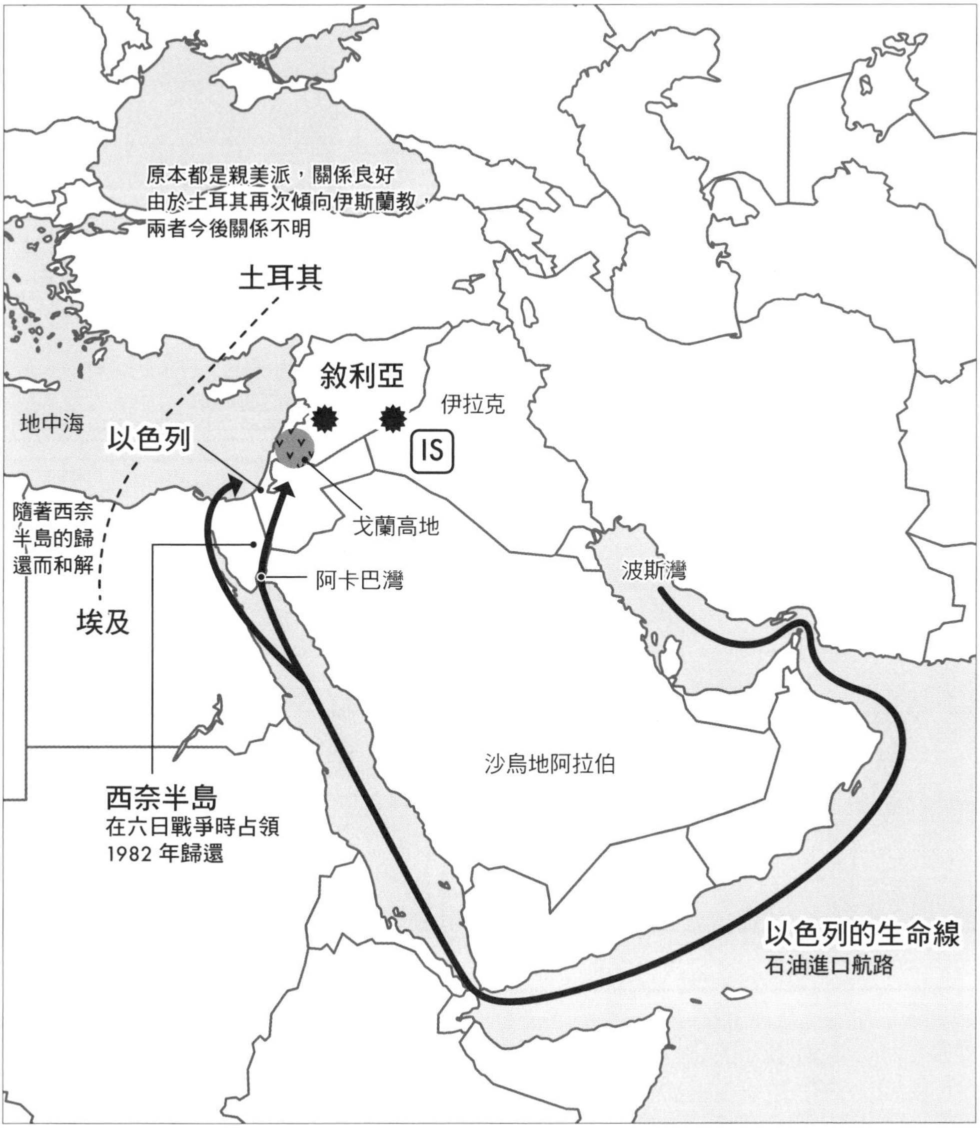
原本都是親美派，關係良好
由於土耳其再次傾向伊斯蘭教，
兩者今後關係不明
土耳其
敘利亞
伊拉克
地中海
以色列
IS
戈蘭高地
隨著西奈
半島的歸
還而和解
阿卡巴灣
波斯灣
埃及
沙烏地阿拉伯
西奈半島
在六日戰爭時占領
1982 年歸還
以色列的生命線
石油進口航路

以色列之所以奪取位於石油進口航路的西奈半島、占領位於鄰國敘利亞的水源所在地戈蘭高地，都是因為以色列坐落於只能透過武力確保資源的位置。

資源問題還有人種問題啊……為了求生存，以色列什麼都做呢……

與伊朗激烈對立的沙烏地阿拉伯

老師，嘗嘗看這個！
我看到食譜有介紹阿拉伯菜，覺得很稀奇就自己試做了。
哇！你手好巧！
看起來好好吃
這叫做「卡塔伊夫」（Qatayef），是一種類似鬆餅的甜點。
今天就一邊吃點心，一邊來分析沙烏地阿拉伯吧！
好甜
你們對沙烏地阿拉伯有什麼印象？
雖然說到沙烏地阿拉伯就會想到石油，
但其實生產石油的只有波斯灣沿岸而已哦！
是喔！
原來是區域限定。
要從沙烏地阿拉伯輸出石油，必須通過名為荷莫茲海峽的咽喉要道。
荷莫茲海峽
黎巴嫩
敘利亞
以色列
伊拉克
伊朗
沙烏地阿拉伯
阿曼
葉門
對了！
這些地點都是在美國篇出現過的呢！

這些地方非常重要，
如果被封鎖的話，
就會對世界經濟
造成極大打擊哦！
荷莫茲海峽
土耳其
敘利亞
黎巴嫩
巴勒斯坦
以色列
約旦
伊拉克
伊朗
科威特
沙烏地阿拉伯
阿拉伯聯合大公國
阿曼
葉門
荷莫茲海峽兩岸的國家是伊朗和阿曼，
沙烏地阿拉伯必須和這一帶的國家保持良好關係吧？
是啊，可是因為沙國是遜尼派，伊朗是什葉派，
所以沙烏地阿拉伯無法和伊朗打好關係。
但是，沙烏地阿拉伯東部的油田地帶多半是什葉派，比較偏向伊朗。
此外，沙烏地阿拉伯境內都是沙漠，食物無法自給自足，人口共三千萬人，
而伊朗是其人口的兩倍多，共八千萬人，土地豐饒。
再加上反美的伊朗又在開發核武……
冷戰時期的沙烏地阿拉伯選擇和美國聯手，但當歐巴馬政府接近伊朗時，沙烏地阿拉伯就開始慢慢和美國拉開距離。
沙烏地阿拉伯
美國

沙烏地阿拉伯眼中的世界地圖

輸出石油是沙烏地阿拉伯的生命線。
荷莫茲海峽是沙烏地阿拉伯運送石油的大動脈，沙國和位於海峽對岸的伊朗之間的關係值得矚目。

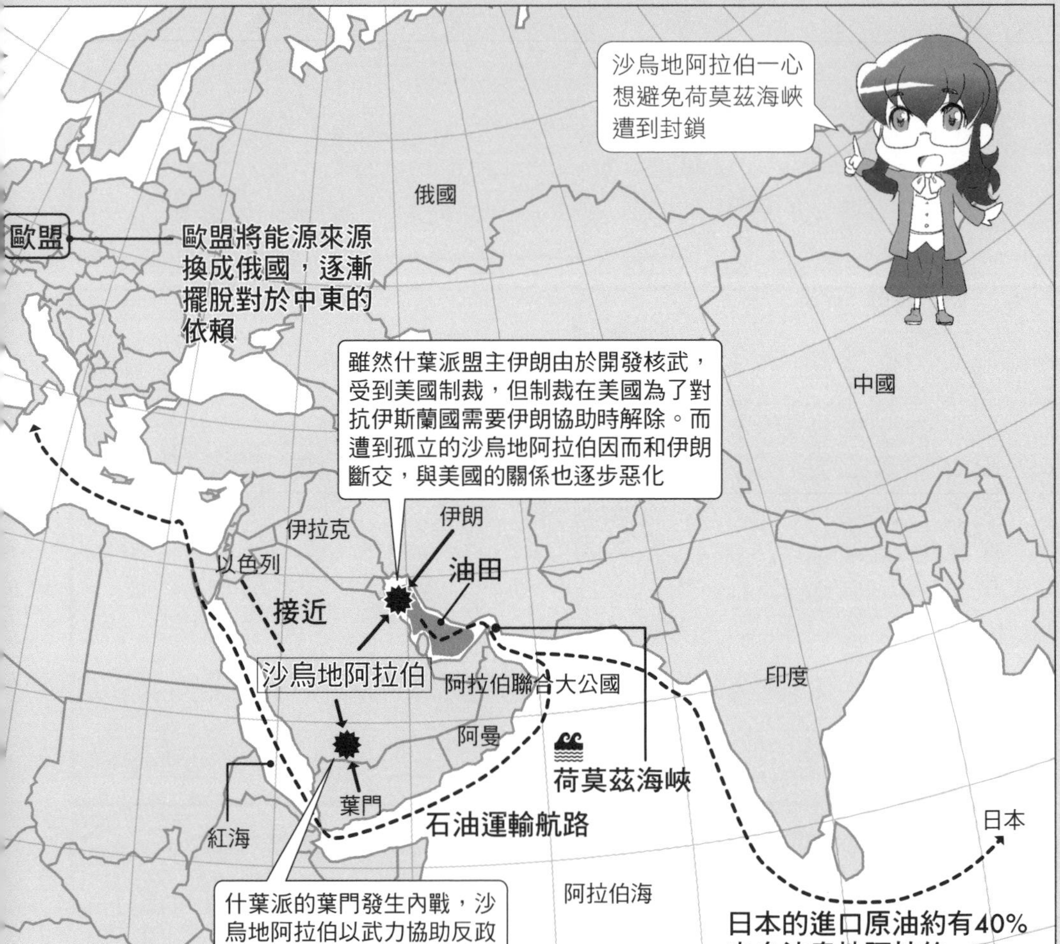

沙烏地阿拉伯一心想避免荷莫茲海峽遭到封鎖
俄國
歐盟
歐盟將能源來源換成俄國，逐漸擺脫對於中東的依賴
雖然什葉派盟主伊朗由於開發核武，受到美國制裁，但制裁在美國為了對抗伊斯蘭國需要伊朗協助時解除。而遭到孤立的沙烏地阿拉伯因而和伊朗斷交，與美國的關係也逐步惡化
中國
伊朗
伊拉克
以色列
油田
接近
沙烏地阿拉伯
阿拉伯聯合大公國
印度
阿曼
荷莫茲海峽
葉門
紅海
石油運輸航路
日本
阿拉伯海
什葉派的葉門發生內戰，沙烏地阿拉伯以武力協助反政府派（2016年）
日本的進口原油約有40%來自沙烏地阿拉伯
（譯註：臺灣的原油也約有32%進口自沙烏地阿拉伯）

沙烏地阿拉伯

遜尼派和什葉派的分布圖

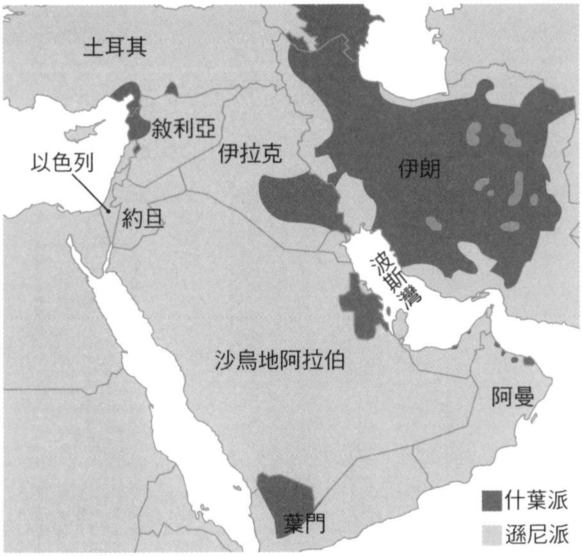
土耳其
敘利亞
伊拉克
以色列
約旦
伊朗
波斯灣
沙烏地阿拉伯
阿曼
葉門
什葉派
遜尼派

伊斯蘭教分為什葉派與遜尼派二大派別。遜尼派信徒約占九成，什葉派是少數派。沙烏地阿拉伯境內的波斯灣沿岸住的是和伊朗一樣的什葉派，有脫離沙烏地阿拉伯獨立出來的可能性。

沙烏地阿拉伯與伊朗對立

遜尼派		什葉派
多數（約90%）	人口	少數（約10%）
可蘭經（伊斯蘭經典）	信仰根據	先知的血脈（伊瑪目）
禁止	偶像崇拜	伊瑪目的陵墓
沙烏地阿拉伯	主要國家	伊朗

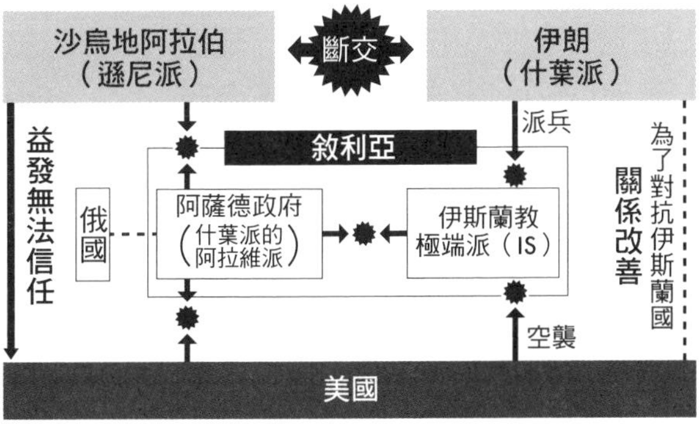
沙烏地阿拉伯
（遜尼派）
斷交
伊朗
（什葉派）
派兵
益發無法信任
敘利亞
為了對抗伊斯蘭國
關係改善
俄國
阿薩德政府
（什葉派的阿拉維派）
伊斯蘭教極端派（IS）
空襲
美國

美國為了推翻親俄派的敘利亞阿薩德政府，協助武裝反對派。然而美國發現無法控制伊斯蘭國後，轉而尋求伊朗協助鎮壓伊斯蘭國，因而激怒沙烏地阿拉伯。

伊斯蘭的大本營 立場傾向美國

即使國民反感也持續親美路線

沙烏地阿拉伯擁有二項財富：第一項是蘊藏量全球第一的油田。藉由控制石油產量以左右價格，並運用石油賺來的財富投資金融市場，影響世界經濟。第二項財富是宗教權威。伊斯蘭教的**兩大聖地**麥加與麥地那都在沙烏地阿拉伯境內，沙烏地阿拉伯提供高額援助以守護信徒與宗教行為，是伊斯蘭世界宗教與經濟上的領袖。

一般人對於伊斯蘭教徒的印象都是「反美」，許多伊斯蘭教徒的確因為美國「偏愛以色列」以及截然不同的價值觀而對美國感到反感。但是沙烏地阿拉伯王室（紹德王朝）一貫採取親美路線。冷戰期間，陸權國家蘇聯支持推翻王權的伊拉克和敘利亞，沙烏地阿拉伯於是選擇與海權國家美國聯手。

沙烏地阿拉伯還有另一個不得不和美國合作的理由：確保海上要道。沙烏地阿拉伯西部面向紅海，地形上不適合建造港口，因此沙烏地阿拉伯的出海口位於東部的波斯灣，由於油田也集中於此側，重要性更為提升，然而波斯灣的出口是咽喉要道荷莫茲海峽，伊朗就坐落於海峽的東岸。

年代
一九四五年～現代

相關國家
美國、以色列、蘇聯（俄國）、伊拉克、敘利亞等

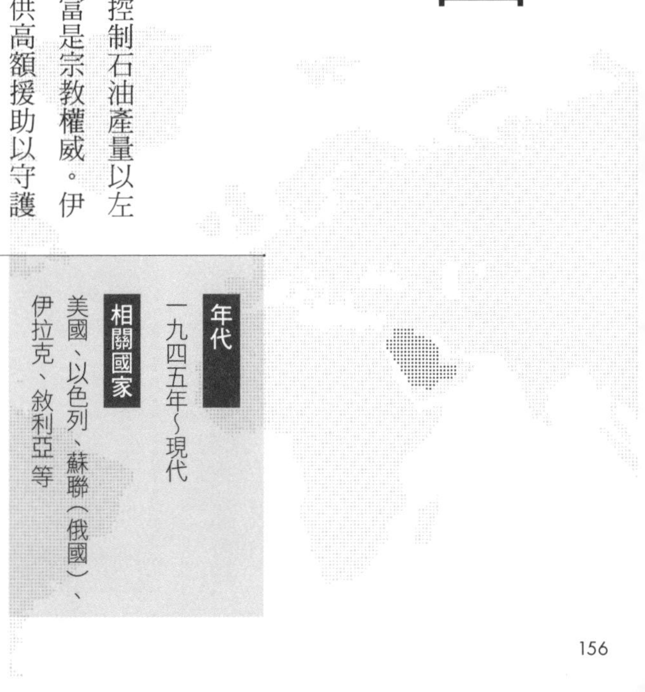

兩大聖地
麥加與麥地那。尤其麥加朝聖是伊斯蘭教徒的宗教義務。每年都有高達數百萬名的信徒從世界各地前來朝聖，帶給經濟與社會莫大的影響。

伊朗與沙烏地阿拉伯是敵對關係。雖然同屬伊斯蘭國家，沙烏地阿拉伯主要是阿拉伯人，說阿拉伯語，屬於遜尼派。伊朗的主要民族是伊朗人，說波斯語，屬於什葉派。雙方不僅同為產油國，是生意上的敵手，沙烏地阿拉伯東部油田的居民又多半與伊朗相同，屬於什葉派信徒。

對手伊朗控制荷莫茲海峽，又有**開發核子武器**之嫌。因此沙烏地阿拉伯的王室就算遭到國民厭惡，也不得不繼續維持親美路線。

巨大的影響力與造成社會動盪的因素

沙烏地阿拉伯當前的風險之一是經濟仰賴石油，所以若石油價格下跌會對經濟造成嚴重打擊，且石油將來亦有枯竭的可能。君主專制制度是否能穩定傳承也是風險之一。除此之外，沙烏地阿拉伯屬於**瓦哈比派**，至今依舊實行肉體刑與針對女性的性別隔離等等，受到歐美批判。年輕族群失業率高，外籍勞工社會地位低落也可能造成社會動盪不安。

沙烏地阿拉伯在經濟與宗教方面帶給全球諸多影響。而日本的能源必須仰賴這樣一個充滿各類風險的國家，正是一種地緣政治風險。日本當前的首要任務便是降低對灣岸地區石油的依賴，擴大石油進口來源，以及開發國內的天然資源。

伊朗開發核子武器

伊朗在一九七九年爆發伊斯蘭革命時推翻親美派的君主立憲政體，之後持續與美國對立，朝開發核子武器之路邁進。

瓦哈比派

屬於遜尼派伊斯蘭教，非常保守，採取復古主義思想，要求嚴格遵守伊斯蘭法律的極端保守教派。極端伊斯蘭組織蓋達組織和伊斯蘭國都屬於瓦哈比派。

對於仰賴進口，經常受到石油危機與全球景氣左右的國家來說，沙國的局勢可不是別人的事哦

產油國家的地緣政治學

油田分布不均與地形造成紛爭

日本缺乏天然資源，或許會對產油國家投以豔羨的目光，但產油國家也有他們的煩惱──如何確保輸出路線與保衛油田。

以沙烏地阿拉伯為例，東西面海的地理位置似乎便於運送石油。然而仔細觀察，便會發現西側的紅海和東側的波斯灣出口分別是狹窄的海峽和運河，而且海峽的另一側是伊朗和**葉門**，都是信奉什葉派的國家。屬於遜尼派的沙烏地阿拉伯受制於地形與宗教，海運受到威脅。

保衛油田的問題也受到地緣政治的深刻影響。沙烏地阿拉伯的油田都集中於東側的波斯灣沿岸，但東側自古以來受到伊朗文化的影響，居民多為伊朗裔或什葉派伊斯蘭教徒。伊朗之於沙烏地阿拉伯是敵人。所以當美國的歐巴馬政府為了對抗伊斯蘭國而尋求伊朗協助，解除對伊朗的經濟制裁時，引發沙烏地阿拉伯嚴重抗議。到了川普上台又轉為敵視伊朗政府，修復與沙烏地阿拉伯的關係。美國左右搖擺的態度讓俄國有機會「漁翁得利」。

年代
現代

相關國家
伊朗、葉門、美國、俄國等

葉門
紅海貿易的要衝，自古文明興盛。遜尼派與什葉派的居民各半，沙烏地阿拉伯與伊朗各自援助同教派陣營，因而陷入內戰。

沙烏地阿拉伯的世界性地緣政治風險

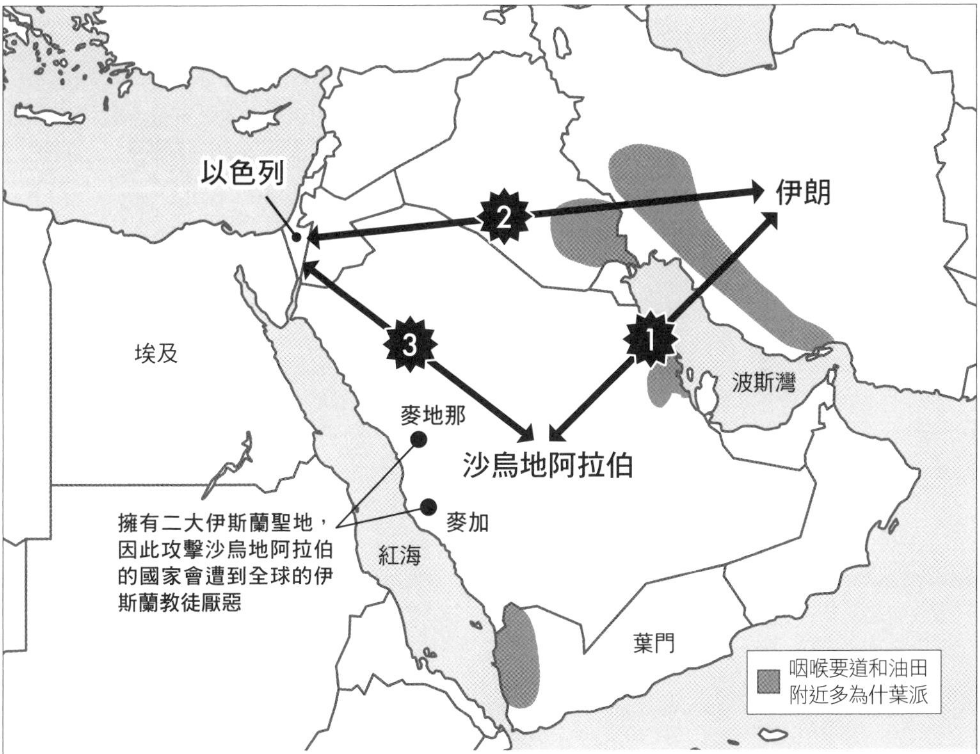

沙烏地阿拉伯、伊朗和以色列的三強鼎立，
帶給全球地緣政治上的風險

1. 遜尼派的沙烏地阿拉伯和什葉派的伊朗對立
2. 以色列和伊朗針對核子武器持有問題而對立
3. 沙烏地阿拉伯政府雖然承認以色列，國民卻反對以色列

沙烏地阿拉伯和伊朗是兩大產油國，和與美國結盟的以色列形成三強鼎立的狀態，造成世界性的地緣政治危機。

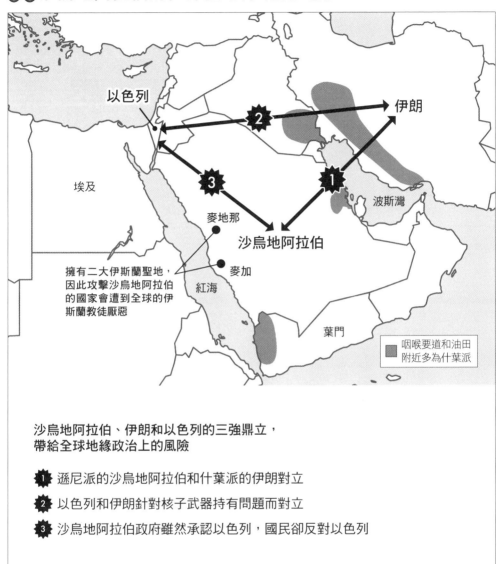

中東經常發生戰爭的原因

為什麼中東經常發生戰爭呢？

要回答這個問題，必須回溯到二十世紀初的第一次世界大戰，當時掌控中東的是成立於十三世紀的鄂圖曼帝國。鄂圖曼帝國在十七世紀的鼎盛期，曾經西至非洲摩洛哥，東至亞塞拜然，南至葉門，北至東歐匈牙利，擁有相當遼闊的領土。

第一次世界大戰爆發時，鄂圖曼帝國在德國的強烈要求下加入同盟國，對抗英法等協約國。協約國為了從內部破壞鄂圖曼帝國，支持阿拉伯人的民族獨立運動。第一次世界大戰結束後，英法二國以勝利國之姿決定敘利亞與伊拉克的國界，瓜分阿拉伯人所在的區域（賽克斯‧皮科協定）。法國獲得敘利亞與黎巴嫩，英國則取得約旦和伊拉克，並把流落世界各地的猶太人送進巴勒斯坦，使其建立名為以色列的國家。

阿拉伯人原本缺乏國家的概念，習慣以宗教和部落來區分你我。伊斯蘭教分為遜尼派與什葉派，民族則分為阿拉伯人與庫德族（遜尼派）。大國利用宗教與民族的對立操控中東地區，導致當地至今仍紛爭不斷。

英法瓜分中東（1916年賽克斯・皮科協定）

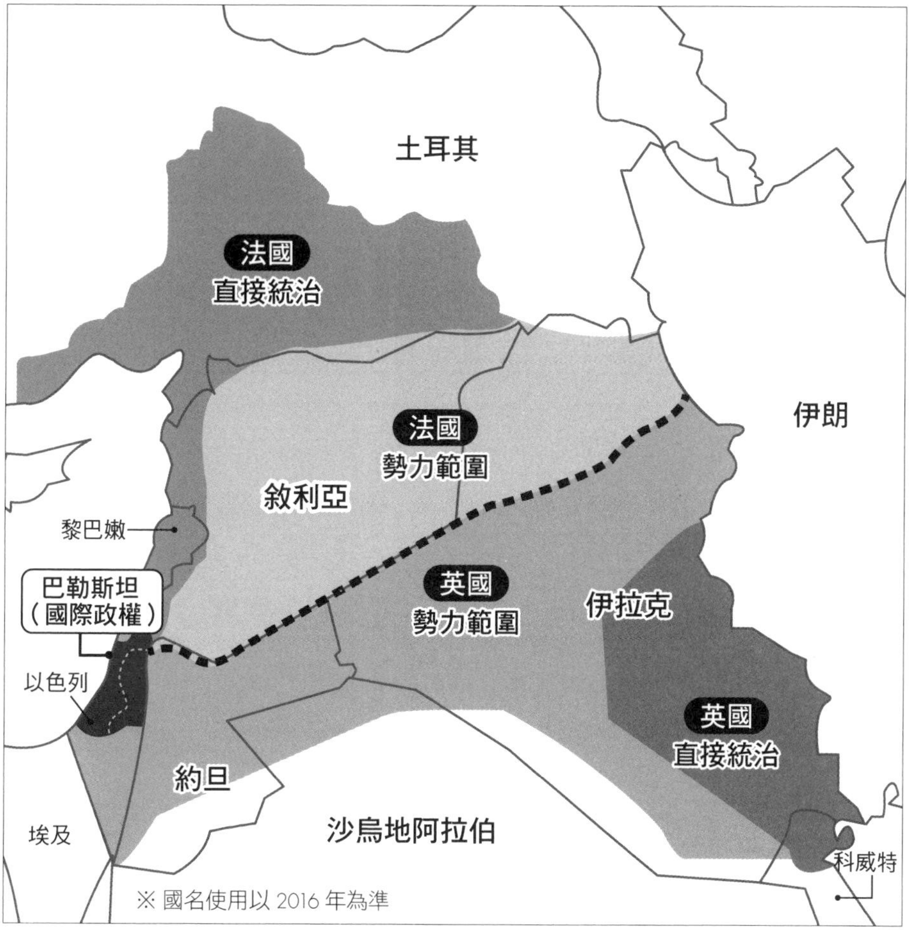
土耳其
法國
直接統治
法國
勢力範圍
伊朗
敘利亞
黎巴嫩
巴勒斯坦
（國際政權）
英國
勢力範圍
伊拉克
以色列
英國
直接統治
約旦
沙烏地阿拉伯
埃及
科威特
※ 國名使用以 2016 年為準

第一次世界大戰時，鄂圖曼帝國和德意志帝國等國家同屬同盟國。原本屬於鄂圖曼帝國的伊拉克和敘利亞根據賽克斯・皮科協定，遭到英法制定國界與瓜分。國際聯盟在戰後將二國統治權委託給英法（託管），二國等同於成為英法的殖民地。

伊斯蘭國主張「不承認伊拉克與敘利亞的國界」

接近日本與美國的亞洲大國——印度
在看什麼呀？
在看聖雄甘地的書哦。
嗯—
莫罕達斯．甘地
甘地是印度獨立之父，你們對印度有什麼印象呢？
人口很多、愛吃咖哩……大概這樣吧？
我想不到和平以外的形象。
是嗎？印度可是持有核子武器喔！
咦？真的嗎？
四周都是敵人，敵國又大多是核武國家，
這也可以說是無可奈何的事。
俄國（陸權勢力）
印度
救命啊～
施壓
施壓
英美（海權勢力）
十九世紀以來，印度、巴基斯坦和阿富汗等國家，
受到企圖南侵的陸權國家俄國與海權國家英美之間的紛爭侵擾。

十九世紀到第二次世界大戰之間，
英國將印度納為殖民地，並煽動印度教徒與伊斯蘭教徒彼此對立，
也同時決定了印度和西藏之間的國界。
英國離開印度之後，巴基斯坦發起獨立運動，和印度產生紛爭。
吵架吧!!
印度
巴基斯坦

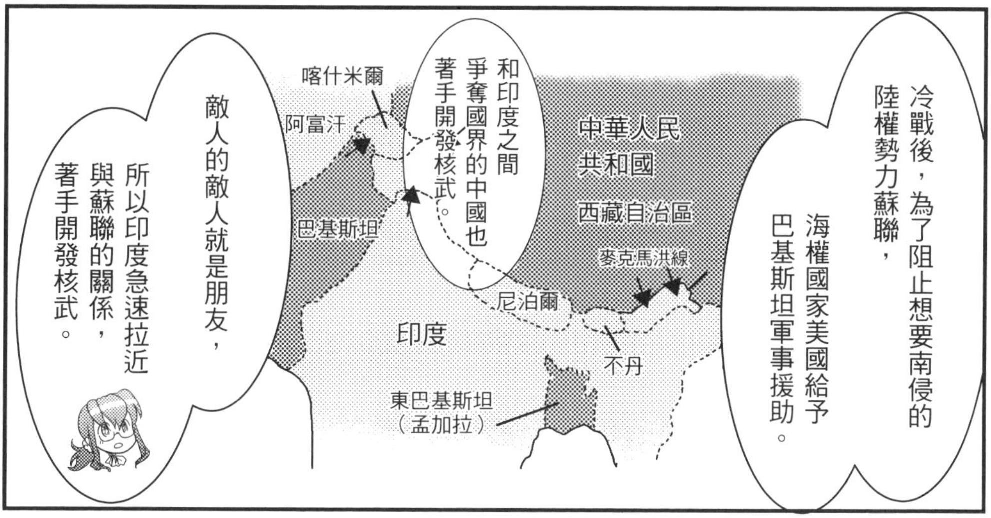
冷戰後，為了阻止想要南侵的陸權勢力蘇聯，
海權國家美國給予巴基斯坦軍事援助。
和印度之間爭奪國界的中國也著手開發核武。
敵人的敵人就是朋友，
所以印度急速拉近與蘇聯的關係，著手開發核武。
喀什米爾
阿富汗
巴基斯坦
中華人民共和國
西藏自治區
麥克馬洪線
尼泊爾
印度
不丹
東巴基斯坦
（孟加拉）

如今冷戰結束，不能再依靠蘇聯，
加上中國勢力興起，擴大對斯里蘭卡和巴基斯坦的影響。
被中國包圍的印度選擇加強與中國對立的美國及日本間的關係。
巴基斯坦
中國
孟加拉
印度
珍珠鍊戰略
指中國投資孟加拉與巴基斯坦等國的行為。

印度眼中的世界地圖

印度為了與陸權、海權勢力抗衡，決定持有核子武器。透過「核武的武嚇能力」，保持與四周國家的權力平衡。

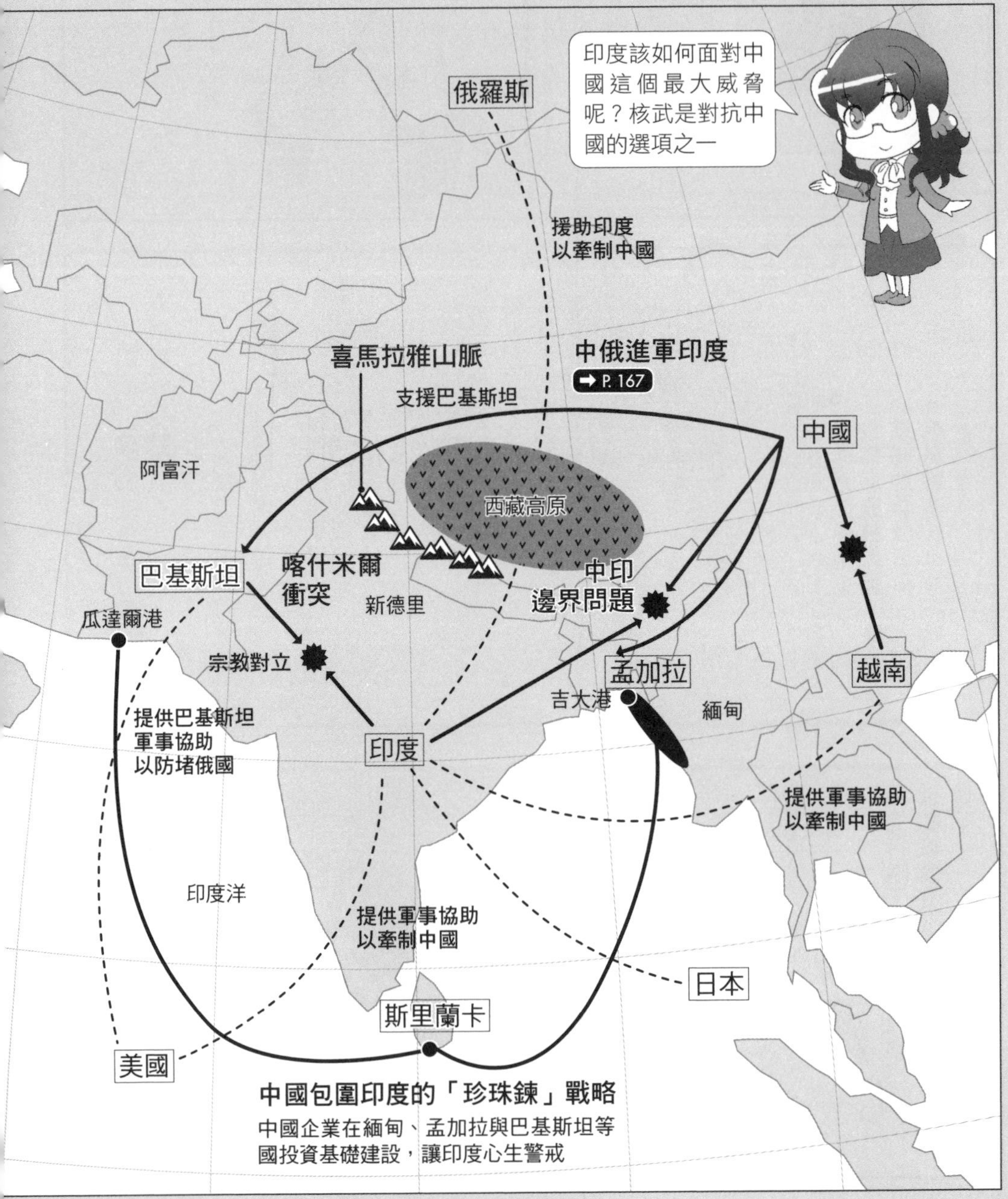

印度該如何面對中國這個最大威脅呢？核武是對抗中國的選項之一
俄羅斯
援助印度以牽制中國
中俄進軍印度
➡ P. 167
喜馬拉雅山脈
支援巴基斯坦
中國
阿富汗
西藏高原
巴基斯坦
喀什米爾衝突
新德里
中印邊界問題
瓜達爾港
宗教對立
孟加拉
越南
吉大港
緬甸
提供巴基斯坦軍事協助以防堵俄國
印度
提供軍事協助以牽制中國
印度洋
提供軍事協助以牽制中國
日本
斯里蘭卡
美國
中國包圍印度的「珍珠鍊」戰略
中國企業在緬甸、孟加拉與巴基斯坦等國投資基礎建設，讓印度心生警戒

印度

印度的人口金字塔

根據聯合國《世界人口展望報告——2019 年修訂版》製表

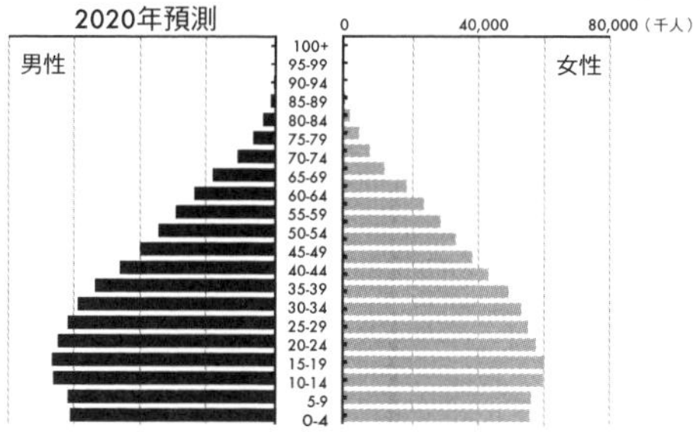
2020年預測
0
40,000
80,000（千人）
男性
女性
100+
95-99
90-94
85-89
80-84
75-79
70-74
65-69
60-64
55-59
50-54
45-49
40-44
35-39
30-34
25-29
20-24
15-19
10-14
5-9
0-4

各種語言使用者比例

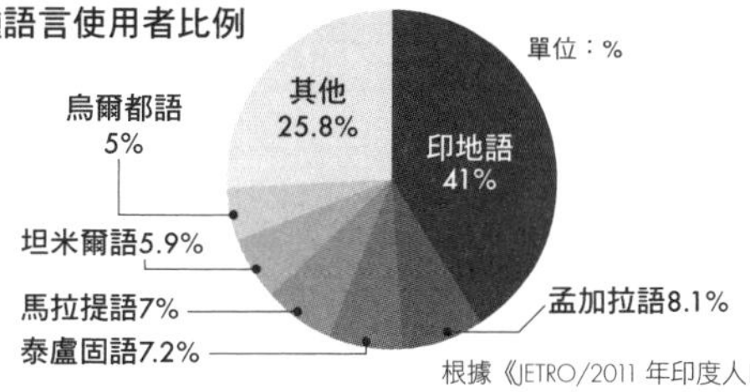
單位：%
其他
25.8%
烏爾都語
5%
印地語
41%
坦米爾語5.9%
馬拉提語7%
泰盧固語7.2%
孟加拉語8.1%

根據《JETRO/2011 年印度人口普查》製表

根據以上的圖表可知印度的人口金字塔形狀接近金字塔型，今後的勞動人口（15 ～ 64 歲）應會持續穩定不變。除此之外，印度的國家官方語言雖為印地語，各邦的官方語言卻多達二十一種，若再加上方言，一共有八百種以上的語言。

印度的高速鐵路計畫

中國
巴基斯坦
新德里
艾哈邁達巴德
印度
加爾各答
孟買
清奈
※路線未定

由於印度的基礎建設落後，阻礙經濟發展，印度政府決定引進外資，推動高速鐵路計畫。連結西部的大城市孟買和艾哈邁達巴德的高速鐵路，採用日本的新幹線方式。

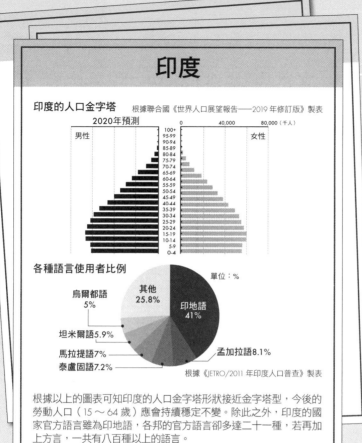

喜馬拉雅山造成印巴對立

「印度人」因英國的殖民地統治而生

印度次大陸是指類似大陸卻不是大陸的陸地。為什麼印度、巴基斯坦和孟加拉所坐落的印度半島會被稱為「次大陸」呢？首先是面積廣大，第二點是「世界屋脊」喜馬拉雅山位於半島的根部，山脈的東西二邊分別是若開山脈與興都庫什山脈，分隔歐亞大陸與印度半島。

印度幅員遼闊，面積是日本的九倍（譯註：約為三百二十八萬平方公里），占據了印度次大陸的大部分地區。其實目前印度的所在地過去從未出現過統一國家，自古以來，便是由許多民族一起雜居在印度次大陸上。印度特有的身分制度「**種姓制度**」造成身分與職業世襲，英國巧妙地利用社會分化以統治印度。英國藉由煽動身分、宗教與民族差異的「分而治之（Divide and rule）」，提供盟友甜頭，促使對方協助統治。一八七七年，英國維多利亞女王以印度皇帝的身分，一統現在的印度、巴基斯坦與孟加拉，建立「印度帝國」。諷刺的是所謂「印度人」意識卻是在英國統一印度之後才形成的。

年代
一八七七年～現代

相關國家
巴基斯坦、孟加拉、英國、蘇聯、美國、中國等

種姓制度
印度社會既有的身分制度，僅身分相同者可聯姻，就業時必須從事規定的職業。印度獨立後雖然立法廢止，但種姓制度依舊影響著印度社會。

印度境內的伊斯蘭教徒
印巴分治之後，印度境內依舊有一成左右，也就是超過一億人的伊斯蘭教徒。種姓制度當中遭到歧視的階層多半信仰強

世界的屋脊「喜馬拉雅山脈」與核子武器的地緣政治關係

印度在第二次世界大戰之後擺脫英國統治，獨立建國。英國於是煽動宗教對立，促使**伊斯蘭教居民**較多的區域以「巴基斯坦」之名獨立。**印巴分治**之後，印度的人口依舊高達上億，對此相當警戒的中國，趁著英國撤退之際奪取西藏，獲得與印度之間的緩衝地帶。

另一方面，陸權勢力蘇聯打算趁著英國離開後南侵，以爭取出海口。蘇聯避開世界屋脊喜馬拉雅山，採取偏西的路徑，由於這條路上有阿富汗和巴基斯坦，蘇聯於是協助阿富汗境內的左翼組織。海權國家美國發現此事之後則給予巴基斯坦援助，阻止蘇聯南下。

換句話說，高聳的喜馬拉雅山脈導致巴基斯坦與美國聯手。印度東邊是奪走西藏的中國，西邊是援助巴基斯坦的美國。夾在兩個擁核國家之間，印度自然會選擇接近兩方的仇敵蘇聯，決心持有核子武器。

而和印度之間存在著國界紛爭的巴基斯坦，不顧美國阻止，也決定以核子武器武裝自己。印度和巴基斯坦等擁有核武的國家持續紛爭，成為地緣政治上屬一屬二的危險區域。

調眾生平等的伊斯蘭教。由於摻雜了歧視以及對巴基斯坦的敵對意識，導致宗教對立嚴重。

印巴分治

印度帝國境內的伊斯蘭教徒大多位於西北各邦與東部的孟加拉地區。二個地區合併為一個國家，以「巴基斯坦」之名獨立。然而飛地情況難以持續，最後孟加拉地區在一九七一年時獨立為「孟加拉」（孟加拉人之國）。

西方國家為了防堵俄國與中國南下，也都默許了印度與巴基斯坦持有核子武器

地緣政治風險帶給越南的悲劇

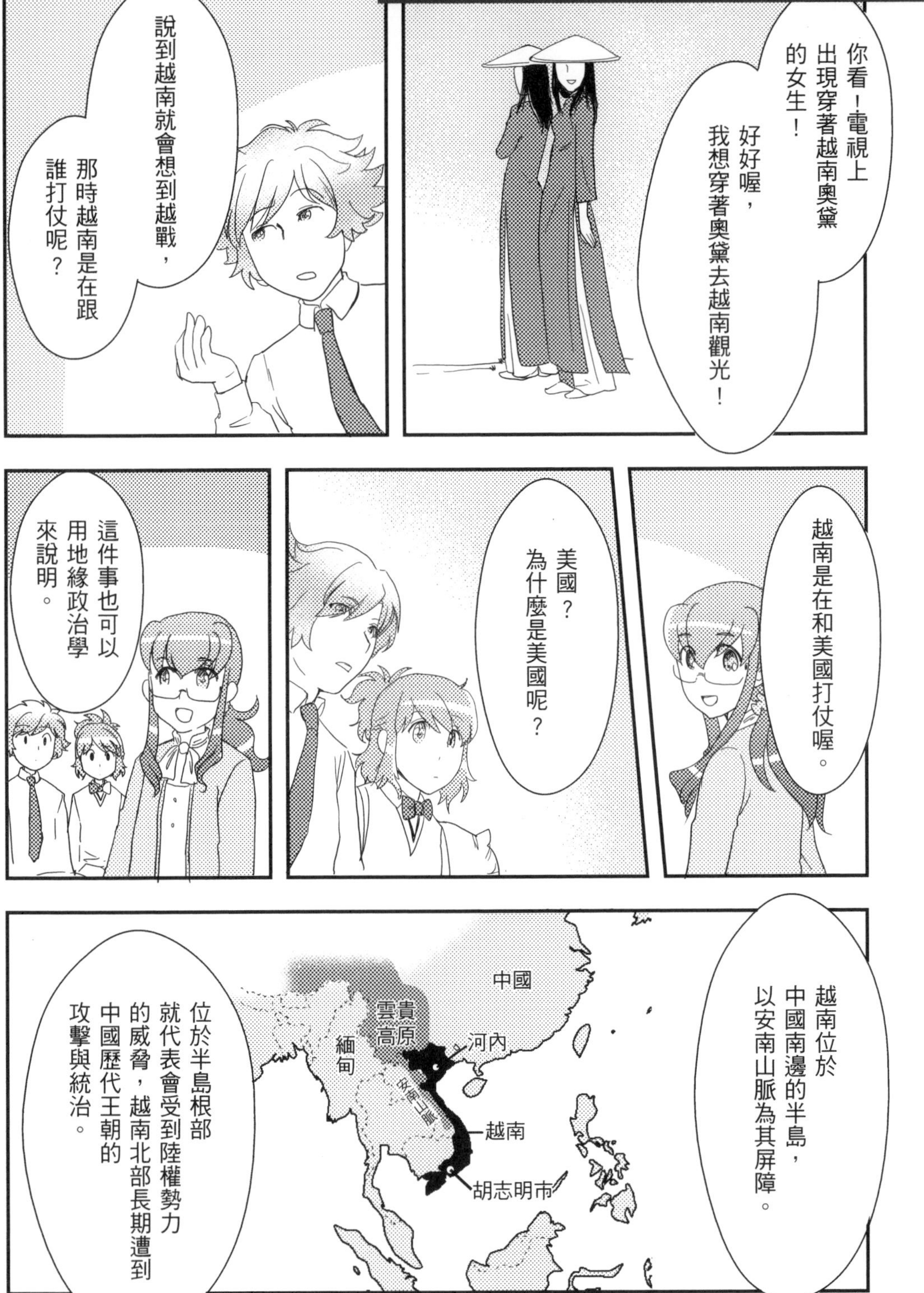
你看！電視上出現穿著越南奧黛的女生！
好好喔，我想穿著奧黛去越南觀光！
說到越南就會想到越戰，
那時越南是在跟誰打仗呢？
越南是在和美國打仗喔。
美國？為什麼是美國呢？
這件事也可以用地緣政治學來說明。
越南位於中國南邊的半島，以安南山脈為其屏障。
中國
雲貴高原
河內
緬甸
安南山脈
越南
胡志明市
位於半島根部就代表會受到陸權勢力的威脅，越南北部長期遭到中國歷代王朝的攻擊與統治。

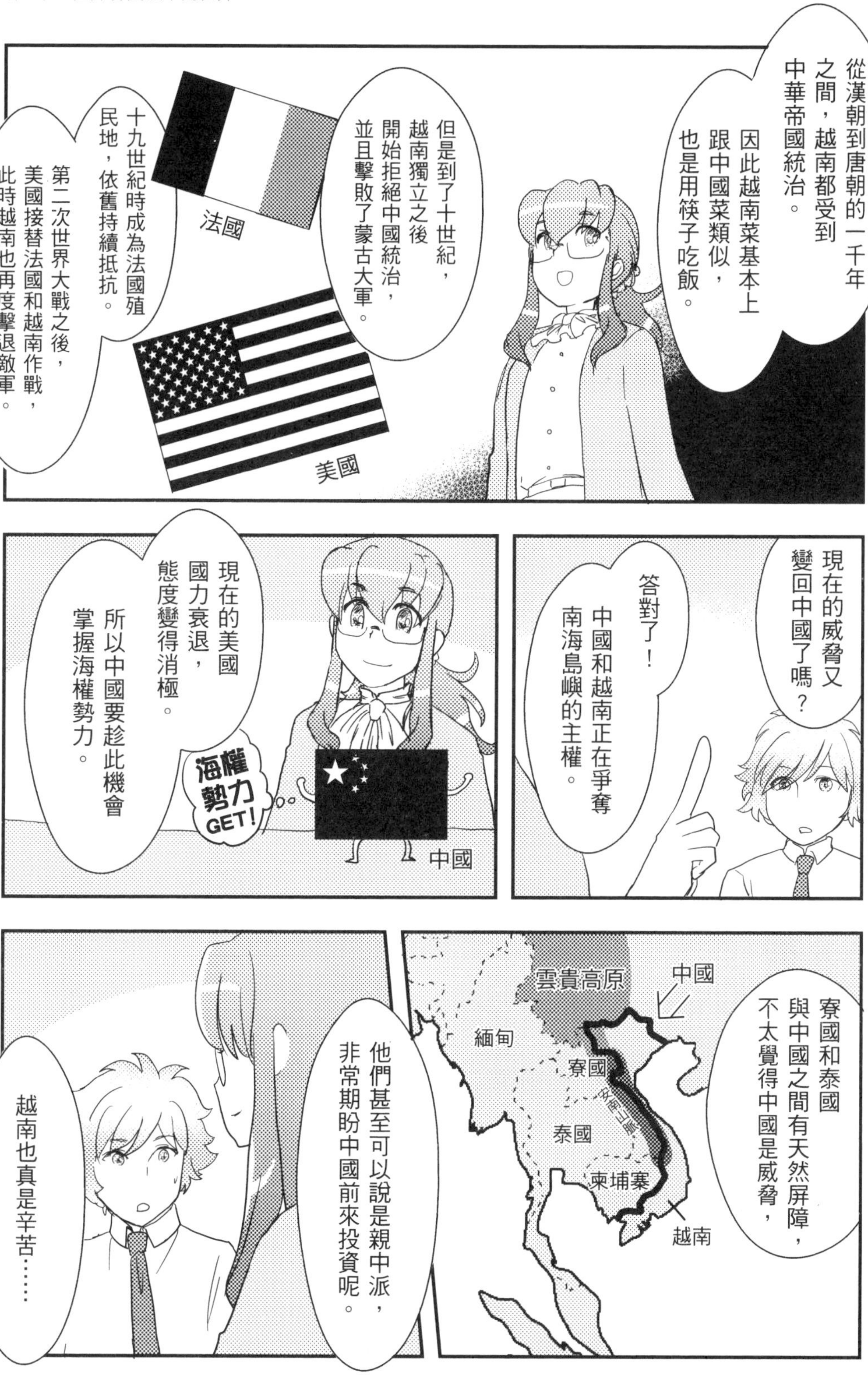
從漢朝到唐朝的一千年之間，越南都受到中華帝國統治。
因此越南菜基本上跟中國菜類似，也是用筷子吃飯。
但是到了十世紀，越南獨立之後開始拒絕中國統治，並且擊敗了蒙古大軍。
法國
十九世紀時成為法國殖民地，依舊持續抵抗。
美國
第二次世界大戰之後，美國接替法國和越南作戰，此時越南也再度擊退敵軍。
現在的威脅又變回中國了嗎？
答對了！
中國和越南正在爭奪南海島嶼的主權。
現在的美國國力衰退，態度變得消極。
所以中國要趁此機會掌握海權勢力。
海權勢力GET!
中國
寮國和泰國與中國之間有天然屏障，不太覺得中國是威脅，
他們甚至可以說是親中派，非常期盼中國前來投資呢。
越南也真是辛苦……
雲貴高原
中國
緬甸
寮國
安南山脈
泰國
柬埔寨
越南

越南眼中的世界地圖

越南位於半島，地緣政治學上的弱點是其「根部」。
關鍵在於越南如何應付虎視眈眈的中國。

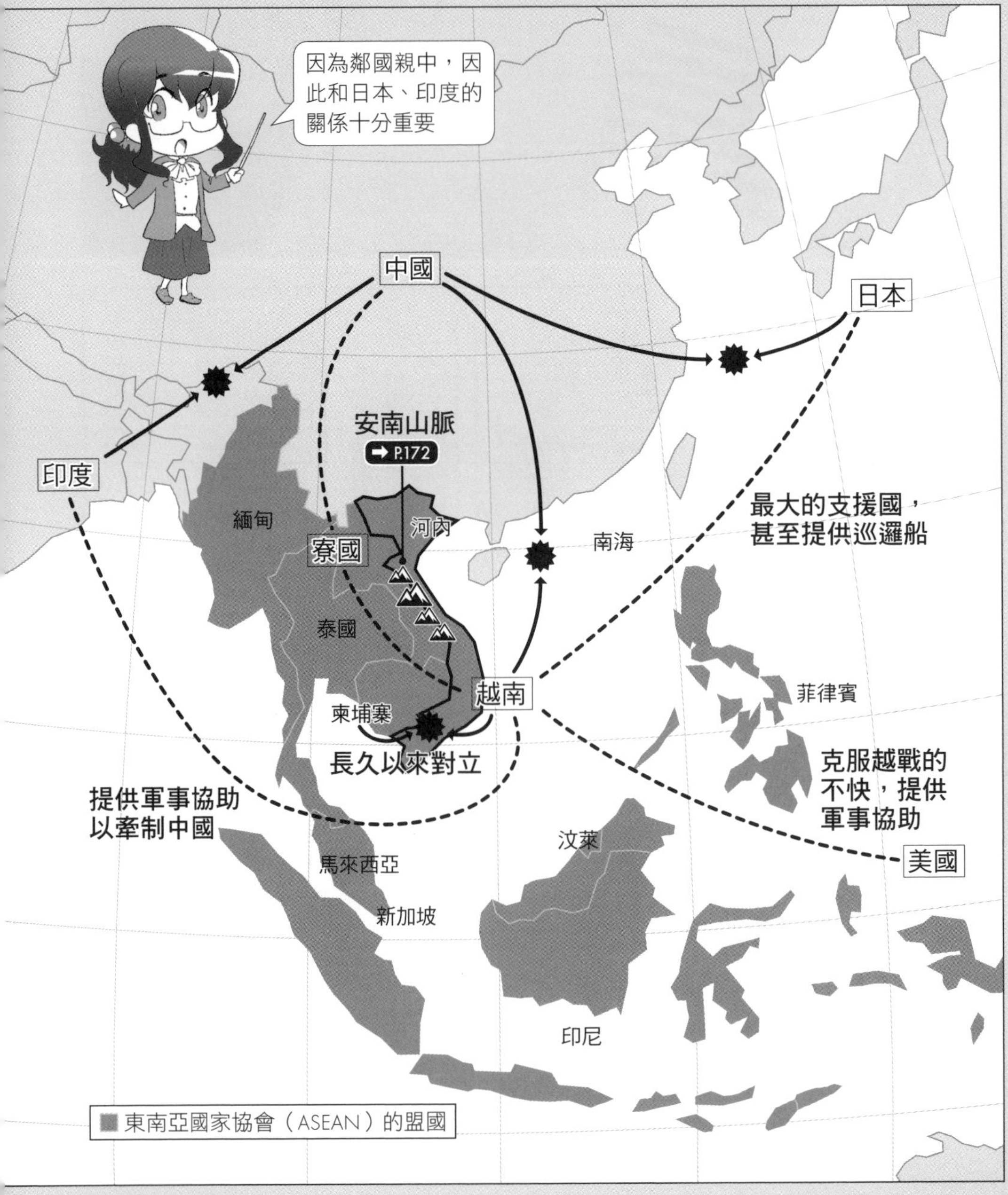

因為鄰國親中，因此和日本、印度的關係十分重要
中國
日本
印度
安南山脈
➡ P.172
緬甸
河內
寮國
南海
最大的支援國，甚至提供巡邏船
泰國
越南
菲律賓
柬埔寨
長久以來對立
克服越戰的不快，提供軍事協助
提供軍事協助以牽制中國
汶萊
美國
馬來西亞
新加坡
印尼
東南亞國家協會（ASEAN）的盟國

越南

越南針對南海主權與中國對立

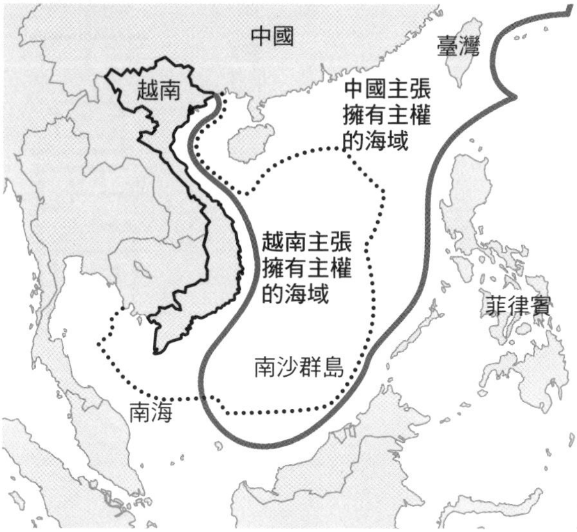

南海擁有豐富的石油與天然氣等資源，中國與越南為了爭奪這片富有資源的海域而對立。相較於中國在南沙群島建立人造島，持續實際統治，菲律賓採取向國際法庭提出訴訟等手段。中國與東南亞各國的對立引人矚目。

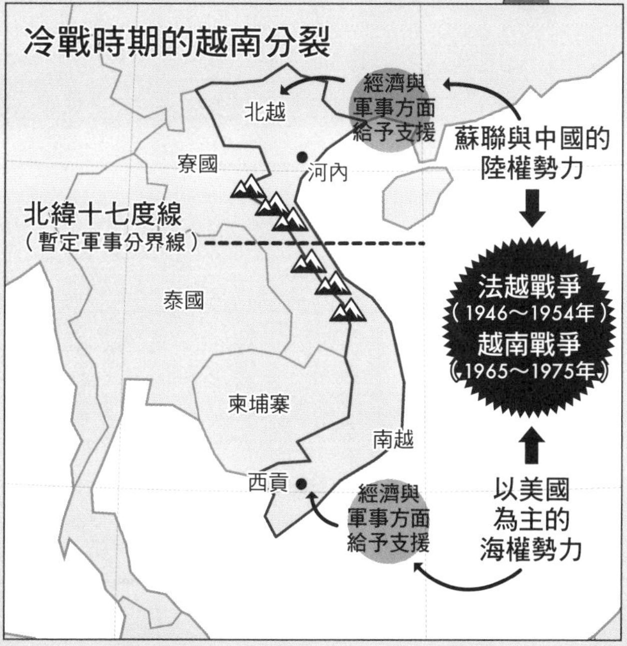

冷戰時期，中國與蘇聯等陸權勢力控制北越，美國等海權勢力援助南越，造成二者衝突，引發法越戰爭和越南戰爭。這段期間，越南少見地和中國維持良好關係。美軍撤退之後，中越恢復以往的對立型態，在一九七九年爆發中越戰爭。

史上最強的「半島國家」

越南在地緣政治學上屬於「半島」

越南和寮國、柬埔寨、泰國一起坐落於中南半島，然而四國當中只有越南在地緣政治學上是「半島」。

參考一七〇頁的地圖，可以發現越南和寮國國界上聳立著安南山脈，形成天然國界。也因為有這道山脈，使得越南成為「突出中國的半島」。

「突出中國的半島」意味著越南與朝鮮半島相同。然而朝鮮半島接近中華文明中心，整個半島遭到征服，因而自行定位為「中國忠誠的臣子」。越南遠離中華文明中心，自十世紀獨立以來，中國的統治不曾遍及越南全境。越南的民族意識反而因為抵抗中國歷代王朝而提升。

越南雖長期抵抗陸權國家中國，卻敵不過十九世紀挾近代武器前來的海權勢力，整個國家成為法國的殖民地。自此之後，越南改為**抵抗法國**。法國在一九四六年的印度支那戰爭中大敗離開後，越南又和意圖侵略的美國開戰（**越戰**）。北越運用游擊戰驅逐美軍，以武力統一一度分裂為南北二國的越南，建立了現在的越南社會主義共和國。

年代
一九四六年～現代

相關國家
中國、法國、美國、菲律賓、柬埔寨等

抵抗法國
第二次世界大戰之後，共產黨員胡志明率領越南獨立。法國不承認越南獨立，於南越成立傀儡政府，展開法越戰爭。一九五四年簽訂日內瓦協定，決定法國撤出越南，越南分裂為南北二國。

越南與海權化中國的主權糾紛——南海爭議

中國主張擁有南海各座島嶼的主權，與菲律賓、越南對立。然而，菲律賓和越南所加盟的東南亞國家協會（ASEAN）卻並未非難中國。從地緣政治的角度，可以明白其背後原因。南海連結咽喉要道麻六甲海峽，航運量大。此外，因海底較深，適合核子動力潛艇潛航，海底又蘊含天然氣田等豐富的天然資源。中國趁著海權國家美國傾力於敘利亞內戰，強行進軍南海。

地緣政治學的原則之一是「接壤的國家互相敵對」。東南亞國家協會之所以無法團結，原因在於每個國家在地緣政治上都處於敵對關係。東協內部，菲律賓、越南和中國之間有領土與領海糾紛，自然反中；但柬埔寨由於遠離中國，並未抱有同樣的危機意識，甚至基於牽制宿敵越南等理由，而想和中國結盟。對越南而言，和中國等陸權國家對抗的時代，又將再度來臨。

越南戰爭（一九六五～一九七五）

法軍撤退之後，美國憂心越南赤化，於是援助南越，引發越戰。但北越的游擊戰使美軍傷亡慘重，因而撤退。最終由北越一統越南。

越南是個經常抵抗陸權國家中國的國家呢

香港危機加速台灣「去中化」

二〇二〇年一月的台灣總統大選當天開票的結果是民進黨（台獨派）候選人蔡英文總統擊敗國民黨候選人韓國瑜，獲得連任。投票率為百分之七五，蔡英文總統的得票率為百分之五七，共八百一七萬票，大獲全勝。

習近平政權打算在建國一百週年，也就是二〇四九年之前完成統一台灣大業。這樣的選舉結果重重打擊了習近平政權的計畫。日本在第二次世界大戰戰敗後結束了對台灣將近半世紀的統治，之後蔣介石政權因為國共內戰失敗而流亡至台灣建立新政府。去過台灣的日本人會知道台灣正式的國名是「中華民國」，不同於中國大陸的「中華人民共和國」。鈔票上的人像是孫中山，而不是毛澤東。

中國共產黨政權不承認台灣是獨立的國家，而是「中華人民共和國」的一部分，強迫所有跟中國建交的國家與台灣斷交。這就是所謂的「一中原則」。

一九七二年美國總統尼克森（Richard Nixon）訪問中國以來，企圖打進中國市場的西方各國紛紛拋棄台灣，日本也是其中之一。至於遭到孤立的台灣國內情勢，則是來自中國的外省人所建立的國民黨獨裁政權接納台灣人（本省人）參政，藉由選舉進行政權交替，成為民主國家。由本省人建立的民進黨定位自己是「台灣人」，主張「台灣中國，一邊一國」。

中國為了完成統一大業，改向台灣的經濟產業下手。以各類優惠手段吸引台商前往中國設廠，呼籲台商支持統一。例如因為併購日本電機公司夏普而聲名大噪的鴻海公司便在中國投資了大筆金錢設廠，創辦人郭台銘因此在一般人眼中屬於「親中派」。

台灣是往來東海與南海的戰略要地。這片海域原本掌控在美國海軍手中，倘若中國人民解放軍進駐台灣，便能輕易將勢力擴張至西太平洋。所以美國無論執政黨或是在野黨都感受到中國的威脅，國會因而批准川普政權售台最新型的戰機 F-16V，美國高階官員也開始造訪台灣。

習近平國家主席在二〇一九年的《告台灣同胞書》表示接受台灣比照香港以一國兩制的方式回到祖國懷抱，換句話說是「台灣就算與中國統一，仍舊可以保有民主主義與自由市場，毋需多慮」。然而這句話日後卻成了致命傷。中國政府原本允許香港「一國兩制」，香港人的言論自由應該受到該制度保障。香港特區政府卻在同一年的六月提出修改《逃亡條例》。強烈反對該條例的學生與公民發起大規模的抗議行動，香港警方在中國政府授意下長期鎮壓。全國人民代表大會常務委員會在二〇二〇年通過《香港國安法》，等於由中國直接統治香港，香港的自治權名存實亡，一國兩制淪為口號。台灣媒體也大幅報導香港的情況，打破台灣民眾的樂觀預測。

蔡英文總統在二〇二〇年的新年談話提到「香港人民做了示範，告訴我們一國兩制絕對不可行」、「民主與威權，無法同時存在於同一國家」，拒絕習近平政權的提議。這意味著蔡英文政府比起「利益」，選擇了「自由與民主主義」。絕大多數的台灣民眾支持這番主張，她因而贏得連任。

習近平政權面臨美中冷戰，與美國直接衝突，台灣親中派在總統大選失利，以及中印邊界問題。在四面楚歌的情況下，渴望藉由訪日行程打破僵局。這正是日本外交的關鍵時刻。

巴西眼中的世界地圖

受惠於自然環境與天然資源的巴西，由於厭惡美國的「巨棒外交」，而在親美與反美之間搖擺，今後的走向不明。

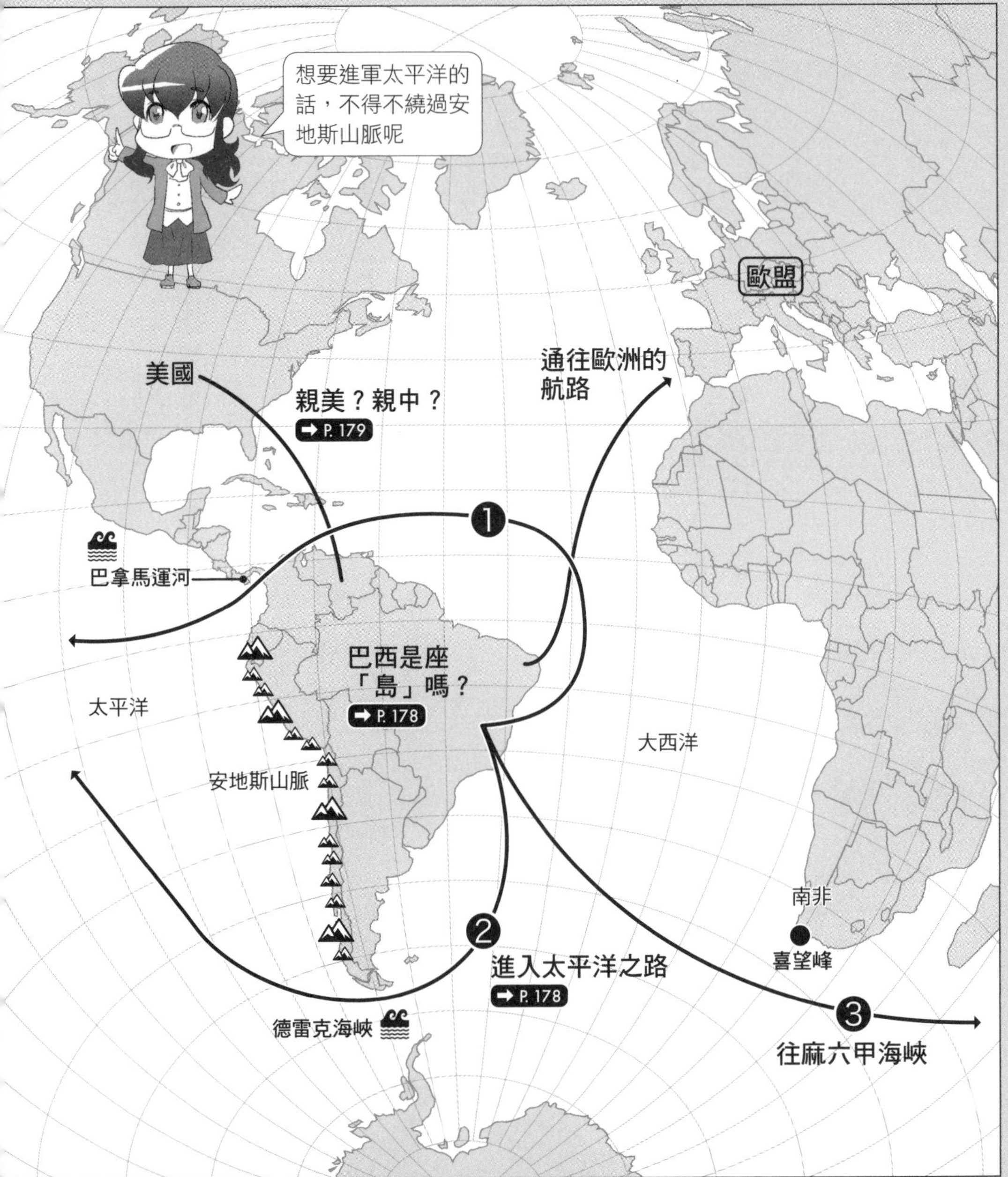
想要進軍太平洋的話，不得不繞過安地斯山脈呢
歐盟
通往歐洲的航路
美國
親美？親中？
➡ P. 179
❶
巴拿馬運河
巴西是座「島」嗎？
➡ P. 178
太平洋
大西洋
安地斯山脈
南非
喜望峰
❷
進入太平洋之路
➡ P. 178
❸
德雷克海峽
往麻六甲海峽

巴西

巴拿馬運河與尼加拉瓜運河

尼加拉瓜
尼加拉瓜湖
尼加拉瓜運河的預定路線
加勒比海
巴拿馬運河
哥斯大黎加
巴拿馬
太平洋

巴拿馬運河是連結加勒比海與太平洋的咽喉要道。二十世紀初期，美國協助巴拿馬擺脫哥倫比亞的統治獨立建國，並向巴拿馬租借運河區加以建設。冷戰結束後，柯林頓政府在 2001 年歸還運河區，然而加勒比海的制海權依舊掌握在美軍手中。尼加拉瓜的反美政權在 2013 年授與中國企業尼加拉瓜運河的建設權與一百年的營運權。面對中國進軍中南美，美國政府繃緊神經。

巴西的豐富資源
世界最大的鐵礦山
卡拉加斯礦山
委內瑞拉
巴拿馬運河
瑪瑙斯
自由貿易區
哥倫比亞
東北部的工業地帶
秘魯
亞馬遜河
巴西
穀倉地帶
巴西利亞
安地斯山脈
玻利維亞
巴拉那河
塞拉多農業地帶
海底油田地帶
智利
聖保羅
經濟中心，日裔人士多
阿根廷
太平洋
大西洋
穀倉地帶
烏拉圭
巴拉圭
德雷克海峽

巴西受惠於自然環境，土地與氣候適合農業與畜牧業，天然資源也十分豐富。

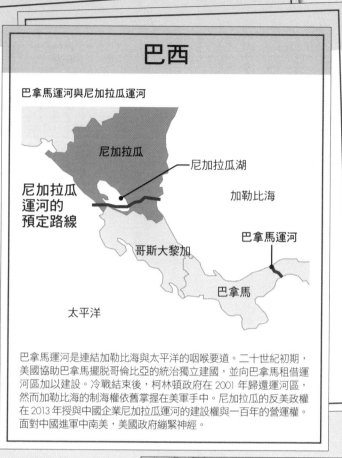

提升巴拿馬運河價值的安地斯山脈

美巴關係受到出海口影響

巴西擁有與美國相當的良好自然條件。面積為南美最大，在全球也數一數二，而人口則多達二億，風土氣候適合農產畜牧，因而發展成農業大國，此外天然資源也十分豐富。歷史與美國類似，都是在大航海時代之後由西歐人正式開發，為移民人口眾多的國家。且由於當地葡萄牙裔的白種人移民多與黑人混血，因此不像美國經常爆發種族歧視問題。但是另一方面，巴西的貧富差距難以消弭，使得治安嚴重惡化。

地緣政治學視美國為「孤島」，巴西也算是「孤島」嗎？答案是否定的。巴西和位於南方的大國阿根廷互相爭奪霸權，十九世紀時甚至爆發戰爭。強烈反對巴西成為聯合國安理會成員的也是阿根廷。而位於二國之間的巴拉圭與烏拉圭成為緩衝地帶。

巴西和美國最大的差異在於出海口。美國同時濱臨太平洋與大西洋，巴西僅面向大西洋。通往太平洋的路上聳立著**安地斯山脈**，使得巴西無法利用祕魯和智利的港口，而南美洲南端的**合恩角**則是海上險地，貿易船隻無法通過。巴西倘若要連結亞洲市場，只能選擇經由喜望峰、麻六甲海峽與南海的航路，或是利用中美洲的巴拿馬運河。但是巴拿馬運河的寬度

年代
現代

相關國家
美國、阿根廷、中國等

安地斯山脈
屬於環太平洋火山帶的一部分，共有超過二十座高度在六千公尺以上的陡峭山脈，阻礙南美洲的東西交通。

合恩角
位於南美與南極之間的德雷克海峽。洋流快速，氣候惡劣，是知名的海上墳場。巴拿馬運河開通之前，是海上交通的要衝。

與水深有限，限制了通行的船隻大小：可以通過巴拿馬運河的大型船隻被稱為「巴拿馬型」，寬度為三十二公尺，吃水十二公尺。雖然在二〇一六年完成拓寬工程，寬度增加至四十九公尺，吃水加深至十五公尺，然而以商船三井用來運送巴西鐵礦的巴西丸號為例，寬六十公尺，吃水二十一公尺，仍然無法通過巴拿馬運河，因此前往東亞的大型商業船隻與液貨船還是必須得選擇喜望峰、麻六甲海峽航路。

麻六甲海峽航運量大的其中一個理由是安地斯山脈。眺望地圖，思考各國內部情勢，也是地緣政治學的魅力與樂趣之一。

中國與尼加拉瓜運河會帶來何種改變？

中美洲在地緣政治上之所以重要，關鍵在極端狹窄的地峽中，以人力打造的運河。例如美國協助巴拿馬脫離哥倫比亞獨立，徹底發揮美國的影響力開鑿巴拿馬運河。

目前中美洲正在規劃開鑿第二條運河——**尼加拉瓜運河**。選擇反美路線的尼加拉瓜總統奧蒂嘉（Daniel Ortega）決定由中國企業在香港註冊的公司來建造（二〇一八年出現停止建設的報導，計畫今後的情況不明[1]）。中國現將觸手伸入號稱美國「後花園」的中美洲，巴西今後將如何面對美國與中國，值得矚目。

註1：據BBC中文版二〇二一年九月三日報導，該家香港公司信威集團於二〇二一年被摘牌下市，查總部大樓早已人去樓空。https://www.bbc.com/zhongwen/trad/world-58436803

尼加拉瓜運河

由中國計劃開鑿的運河，連結太平洋與大西洋，預定於二〇二〇年完工，將成為受到美國操控的巴拿馬運河的競爭對手。

就算面海也不見得能發展海權呢！

第 4 章

思考歷史與未來

日本眼中的世界

日本曾和美國、俄國、中國等大國敵對，
卻不像其他亞洲國家一樣淪為殖民地。
為何鄰近大陸國家，國土又不甚遼闊的日本，
能夠逃過其他國家的統治呢？
思考日本的未來時，必須先重新分析日本的地理條件。

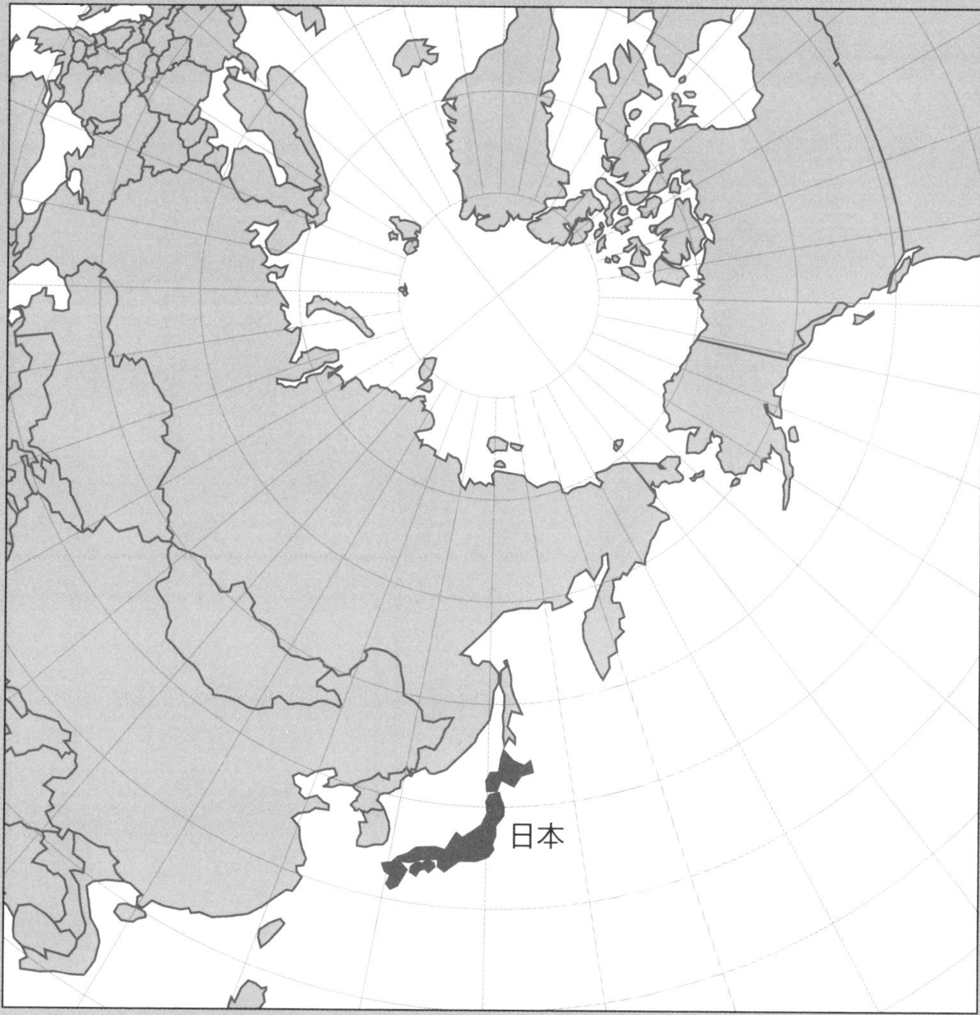
日本

日本 眼中的世界

P. 182

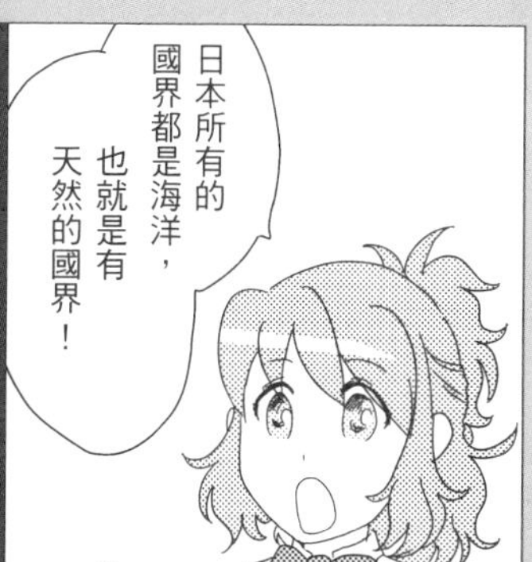
日本所有的國界都是海洋，也就是有天然的國界！

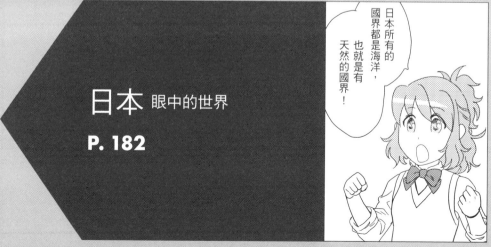

受大自然守護的島國　遠離來自陸海的威脅

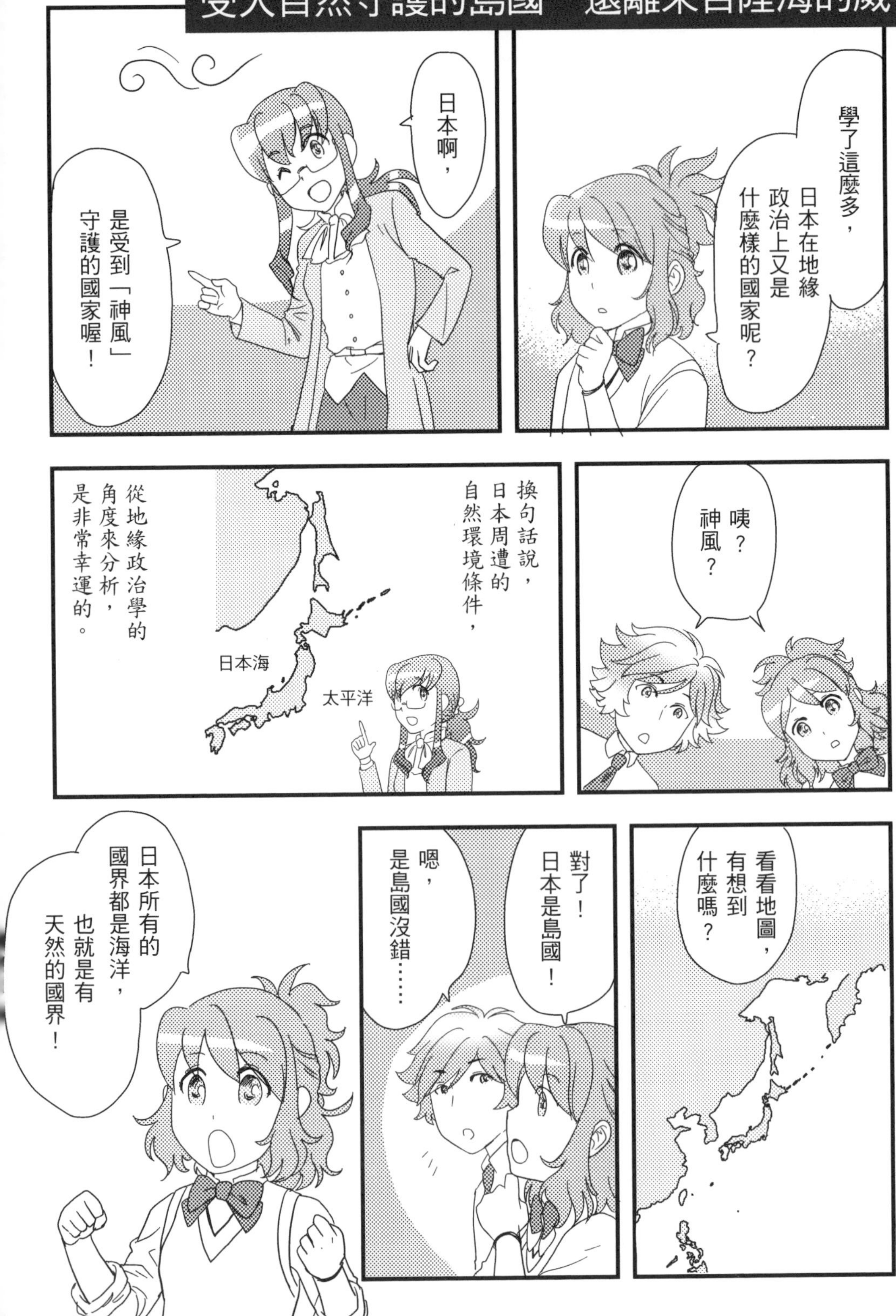

學了這麼多，日本在地緣政治上又是什麼樣的國家呢？
日本啊，
是受到「神風」守護的國家喔！
咦？神風？
換句話說，日本周遭的自然環境條件，
從地緣政治學的角度來分析，是非常幸運的。
日本海
太平洋
看看地圖，有想到什麼嗎？
對了！日本是島國！
嗯，是島國沒錯……
日本所有的國界都是海洋，也就是有天然的國界！

相較於一再遭到中國歷代王朝侵略的朝鮮，
對日本派兵的只有元朝的忽必烈。
日本
而且還徹底失敗了。
因為有海洋做天然屏障嘛！
果然還是海中的孤島最安全了。
這樣想又錯了。
所謂的「海中孤島」，會使文明一直停滯不前，
大航海時代時，船堅炮利的西方國家一到來，這些孤島馬上就被占領。
日本雖然是島國，但位於可以接觸到中華文明的地理位置，面積也還算廣闊。
人口數量也不少，所以日語的使用人數也在全球前十名之內。
人口眾多在地緣政治學是強項喲！
從地緣政治學的角度分析，日本受到各種良好的條件所保護呢。
確實說是「神風」也不為過！

順	母語人口
1	華語（8.85）
2	英語（4.00）
3	西班牙語（3.32）
4	印地語（2.36）
5	阿拉伯語（2.00）
6	葡萄牙語（1.75）
7	俄語（1.70）
8	孟加拉語（1.68）
9	日語（1.25）
10	德語（1.00）

單位：億人

可以把島國日本看做是和英國一樣的海權國家嗎？
應該說程度更勝英國喔！
日本國土比英國遼闊，又具有陸權的特性。
江戶幕府雖然擁有全世界規模數一數二的陸軍，卻禁止建造大型船艦，等於沒有海軍，是徹頭徹尾的陸權政權。
建立日本海軍基礎的是薩摩藩（鹿兒島縣）。薩摩藩從江戶時代開始統治琉球王國（沖繩），掌握了東海貿易，是少數的海權勢力。
對了！薩摩藩和長州藩聯手，一起打倒了江戶幕府對吧。
薩長同盟接受英國的武器援助，建立了明治政府。因此大日本帝國海軍成員多為薩摩藩出身，並以英國海軍為模範。

然而長州藩卻是傳統的陸權思想，由長州藩所掌控的帝國陸軍，
在甲午戰爭和日俄戰爭時陷入大陸戰爭的泥淖之中。
日本在第二次世界大戰時慘敗，犧牲了三百萬人，
這才終於從陸權帝國的幻夢中清醒過來。
方才提到的大戰是陸軍視蘇聯為敵人而向大陸進軍。
海軍則把英美當做假想敵，因此進軍東南亞與南洋。
美國
英國
兩方!?
蘇聯
由於陸軍與海軍缺乏溝通，導致日本必須同時面對陸權與海權兩個陣營而慘敗。
日本在地緣政治學上不是擁有許多優點的國家嗎？
「地理條件不會改變，但是政權會導致地理條件的意義改變。」

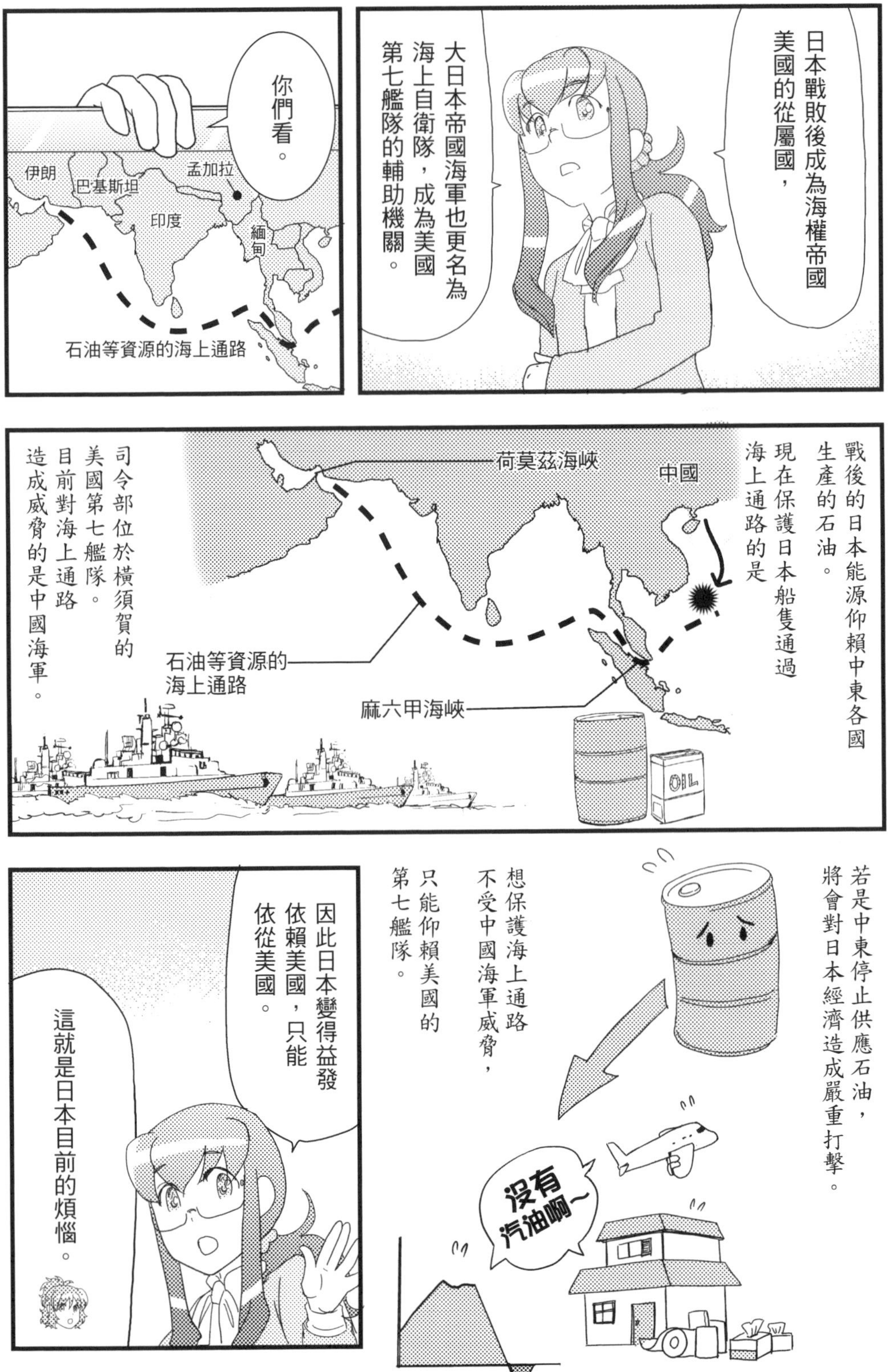
日本戰敗後成為海權帝國美國的從屬國，
大日本帝國海軍也更名為海上自衛隊，成為美國第七艦隊的輔助機關。
你們看。
伊朗
巴基斯坦
印度
孟加拉
緬甸
石油等資源的海上通路
戰後的日本能源仰賴中東各國生產的石油。
現在保護日本船隻通過海上通路的是
司令部位於橫須賀的美國第七艦隊。
目前對海上通路造成威脅的是中國海軍。
荷莫茲海峽
中國
石油等資源的海上通路
麻六甲海峽
OIL
若是中東停止供應石油，將會對日本經濟造成嚴重打擊。
沒有汽油啊～
想保護海上通路不受中國海軍威脅，只能仰賴美國的第七艦隊。
因此日本變得益發依賴美國，只能依從美國。
這就是日本目前的煩惱。

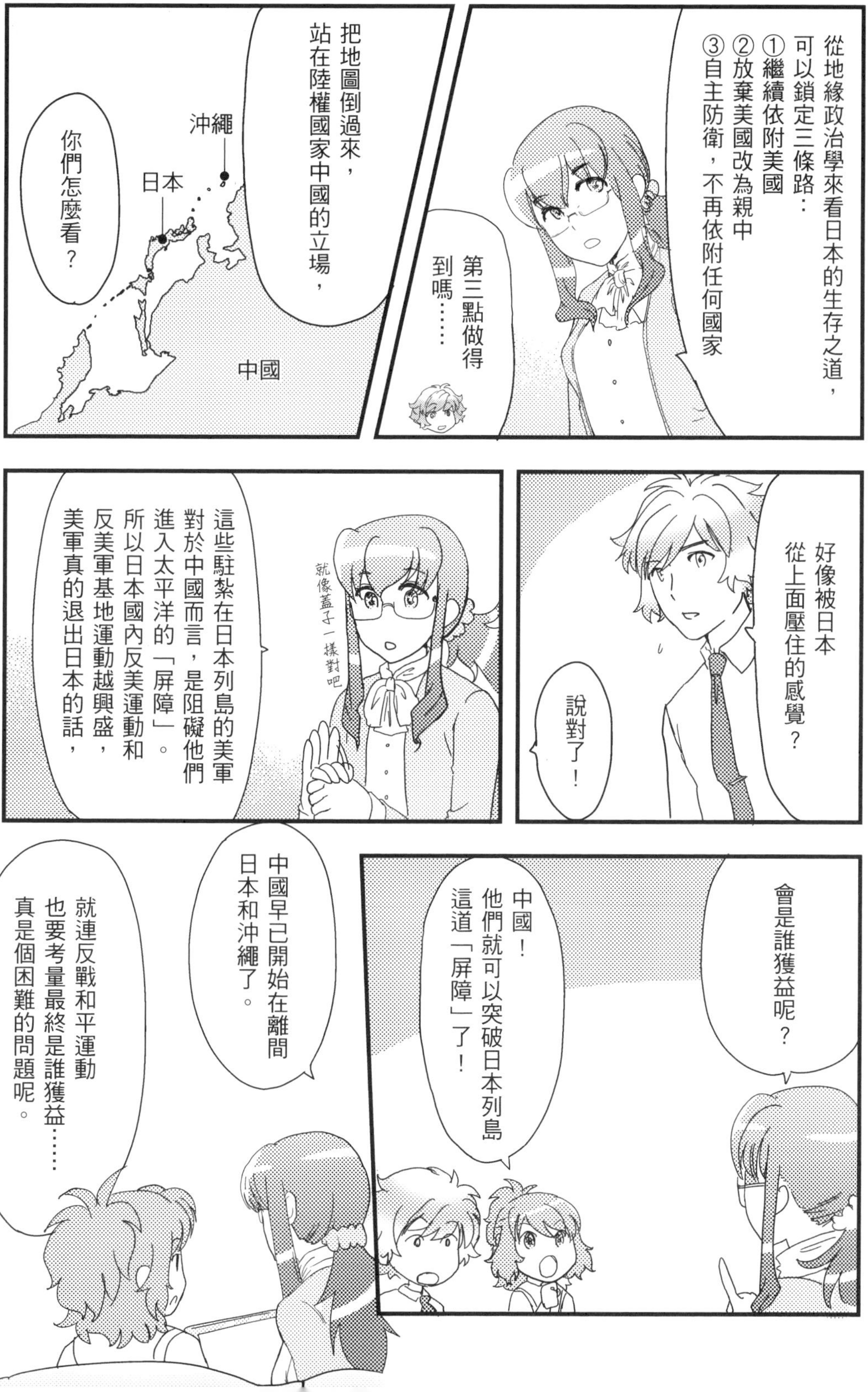
從地緣政治學來看日本的生存之道，
可以鎖定三條路：
①繼續依附美國
②放棄美國改為親中
③自主防衛，不再依附任何國家
第三點做得到嗎……
把地圖倒過來，
站在陸權國家中國的立場，
沖繩
日本
中國
你們怎麼看？
好像被日本從上面壓住的感覺？
說對了！
這些駐紮在日本列島的美軍對於中國而言，是阻礙他們進入太平洋的「屏障」。
所以日本國內反美運動和反美軍基地運動越興盛，美軍真的退出日本的話，
就像蓋子一樣對吧
會是誰獲益呢？
中國！
他們就可以突破日本列島這道「屏障」了！
中國早已開始在離間日本和沖繩了。
就連反戰和平運動也要考量最終是誰獲益……
真是個困難的問題呢。

日本眼中的世界地圖

日本在第二次世界大戰後，藉由美國的武力支持，負起「太平洋屏障」的責任。現在卻因為中國興起而面臨困境。

看得出來是要阻擋中國擴張呢
俄國
接近俄國以牽制中國，
北方四島爭議是日俄心結
非法移民
太平洋
印度
夏威夷
日本
中國
東京
美國
美軍依照
美日安保條約駐紮
釣魚臺列嶼
進軍南海
加強合作
以牽制中國
中國包圍網
➡P.198
東協
澳洲
東南亞國家協會（ASEAN）的加盟國

日本

進口能源依存度

根據《平成 25 年度能源相關年報》製表

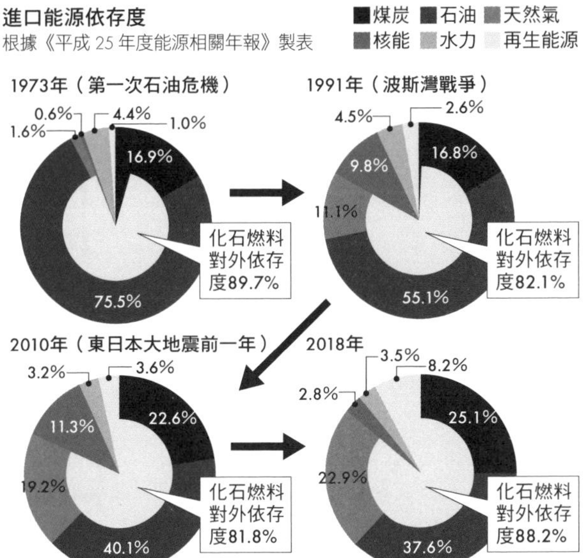

■煤炭 ■石油 ■天然氣
■核能 ■水力 ■再生能源
1973年（第一次石油危機）
0.6%
1.6%
4.4%
1.0%
16.9%
75.5%
化石燃料對外依存度89.7%
1991年（波斯灣戰爭）
4.5%
2.6%
9.8%
16.8%
11.1%
55.1%
化石燃料對外依存度82.1%
2010年（東日本大地震前一年）
3.2%
3.6%
11.3%
22.6%
19.2%
40.1%
化石燃料對外依存度81.8%
2018年
3.5%
8.2%
2.8%
25.1%
22.9%
37.6%
化石燃料對外依存度88.2%

日本政府原定方針是減少化石燃料的對外依存度，以核能發電填補能源缺口。然而東日本大地震導致核電廠暫停商轉，對外依存度上升十一個百分點，自給率僅占 6%。日本近海的豐富天然資源，例如甲烷水合物等必須儘早實用化。

日本列島的自然環境
鄂霍次克海氣團
冰冷潮濕
西伯利亞氣團
冰冷乾燥
擇捉島
庫頁寒流
親潮
（千島群島洋流）
日本
太平洋
日本海
對馬暖流
東京
EEZ
（排他性經濟海域）
東海
獨島
（竹島）
八丈島
揚子江氣團
溫暖乾燥
釣魚臺列嶼
黑潮
（日本暖流）
小笠原群島
與那國島
南鳥島
沖大東島
熱帶季風氣團
溫暖又相當潮溼
小笠原氣團
溫暖潮濕

從地圖上可以發現島國日本受到四周的自然環境保護。從地緣政治學的角度來看，「神風神話」有其根據。

從地緣政治學角度分析日本的優勢

位於歐亞大陸和太平洋之間的日本

地緣政治學在日本雖然並未普及，不過詢問日本民眾何謂日本的特徵，相信很多人會回答「島國」吧！其實這正是日本在地緣政治學上的特點。正因為日本是島國，才能鄰近歐亞大陸，卻又逃過中國與俄國等陸權大國的直接統治。

先從左邊的地圖來俯視日本。左邊的地圖名為「**翻轉地圖**」，描繪中國眼中的日本列島與其四周。覺得如何呢？從地圖中可以發現朝太平洋突出的日本列島排成圓弧狀，如同鍋蓋一般阻擋中國與俄國前進太平洋。倘若世上沒有日本這個國家，中俄二國應該便能很輕易地橫越太平洋吧！

把目光往上移到美國，可以發現日本不僅是美國進軍太平洋的據點，更具備「屏障」的功能。了解這些地緣政治學的特點，便能了解世界各國對日本的外交態度。只要地理條件近乎永恆不變，我們就無法忽略地緣政治學。

年代
二〇〇〇年代

相關國家
美國、中國、俄國等

翻轉地圖
以日本海為中心，將日本列島畫在上方的「環日本海諸國圖」，俗稱「翻轉地圖」。富山縣刊物中心出版，一張地圖三百日圓。新版名稱為「環日本海之東亞諸國圖」。

翻轉地圖中的中日地理關係

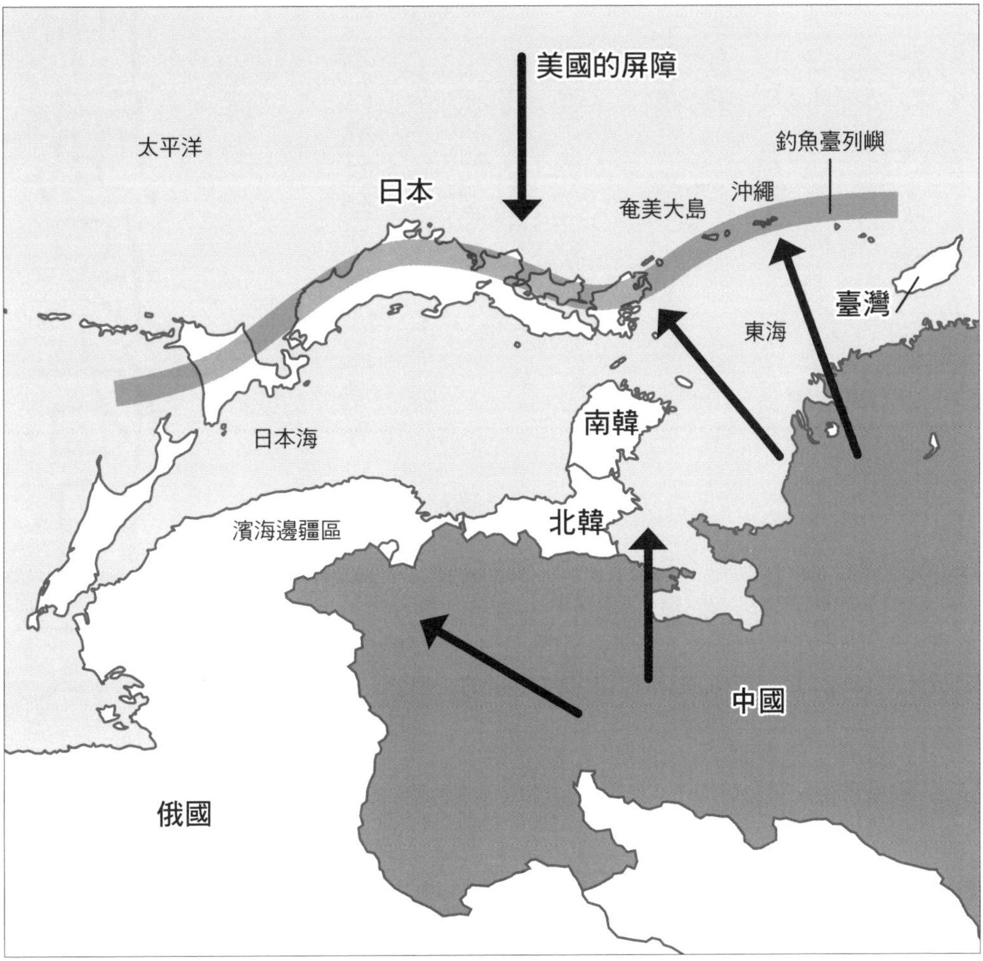
美國的屏障
太平洋
釣魚臺列嶼
日本
沖繩
奄美大島
臺灣
東海
南韓
日本海
北韓
濱海邊疆區
中國
俄國

站在中國的角度，進軍太平洋會受到俄國的濱海邊疆區與朝鮮半島的阻礙，前面還有日本列島。南方的屏障則是從奄美大島、沖繩、先島群島一路連接到臺灣。

所以中國才會主張釣魚臺列嶼的主權，又發生中國漁船與日本海上保安廳的衝突事件，引發各種問題。
站在中國的立場，也難怪會覺得日本是使其無法自由進出太平洋的阻礙了。

神風保佑日本？

日本列島受到季風與洋流等自然環境保護

第二次世界大戰之後，日本快速發展，從百廢待興的廢墟成長為經濟大國。然而從面積來看，日本在亞洲地區僅占第八位，大小與越南、馬來西亞和菲律賓相差無幾，實在稱不上大國。儘管如此，日本卻從未淪為歐洲列強的殖民地，唯二遭人登陸的經驗是**蒙古入侵**與第二次世界大戰之後美軍進駐。緊鄰歐亞大陸的小國為何能躲過歐洲列強、中俄二大國家的統治呢？

答案就在於「風」。日本列島的太平洋沿岸位於盛行風的**西風帶**，冬季還會颳起來自西伯利亞的季風。只要這些風稍微強勁一點，便能輕易將帆船帶離陸地，隨黑潮漂流。倘若流向太平洋方向，甚至可能漂流到北美地區。

至於日本海沿岸，雖然夏季風平浪靜，冬季卻會颳起來自西伯利亞的寒冷季風，與對馬洋流衝突，海面波濤洶湧，大雪又會模糊視線。對馬海峽自古以來是連結亞洲大陸與日本列島的海上要道，然而當地洋流的流速無論季節或天候狀況，都相當快速，是航行時的一大難題。造船技術落後的時代，光是要坐船到日本就已經非常困難。

年代
一〇一〇～一九四五年

相關國家
美國、蒙古、朝鮮等

蒙古入侵（日本稱為「元寇」）
元朝的忽必烈在規劃進攻位於中國南方的南宋時，將出兵日本（日本稱為「文永之役」）列入計畫。南宋先行滅亡，因此出動南宋士兵再次出征日本（日本稱為「弘安之役」）。二次入侵都遭遇鎌倉武士抵抗與暴風襲擊，以失敗告終。

西風帶
一整年都吹西風的地區。以北太平洋的北緯四十五度溫帶為中心，對洋流也會造成影響。

犯下地緣政治的錯誤，導致悲慘的結果

日本雖然受到自然環境保護，十三世紀時卻遭到來自歐亞大陸最強大的陸權國家蒙古入侵，也就是日本所說的「元寇」。蒙古大軍動員高麗（朝鮮的王朝）海軍，大批人馬逼近九州，最後卻敗於大浪與風雨。

豐臣秀吉也曾二度進攻朝鮮半島，遭到李舜臣利用對馬海峽的洋流切斷補給，最後不得不撤退（萬曆朝鮮之役）。

日本經歷明治維新，在日俄戰爭擊敗俄國，獲得滿洲。為了保衛滿洲，不斷增強陸軍勢力，陷入與中國的泥沼戰。結果原本遠離大陸以保安全的國家自行拋棄地緣政治上的優勢，導致國家滅亡。

受到季風與洋流守護的日本

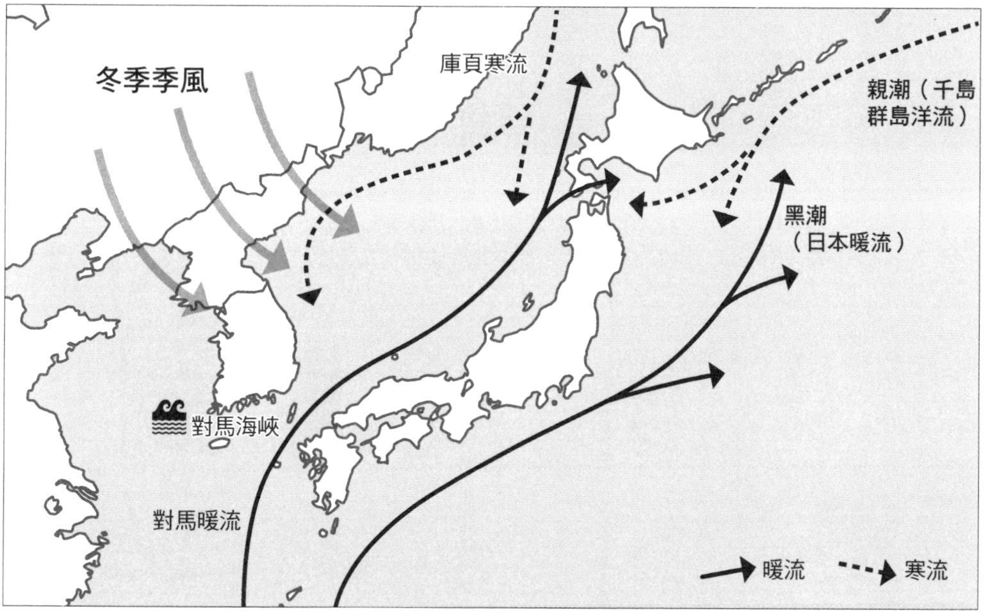

航海技術尚未發達之際，季風與洋流導致歐亞大陸的國家難以攻打日本。

海權勢力「薩摩藩」和陸權勢力「長州藩」的對立

年代
一六〇〇～一八九〇年代

相關國家
美國、英國、蘇聯等

鎖國其實是卓越的政治判斷？

時至江戶時代，江戶幕府一反過往的外交路線，採取「**鎖國**」政策。此舉促使日本國內經濟與獨特的文化急速發展，江戶成為當時世界第一的繁榮大都市。東南亞各國紛紛遭到歐洲列強統治之際，日本卻能鎖國長達三百年，究竟是為什麼呢？

織田信長和豐臣秀吉等人所活躍的安土桃山時代，將東南亞納入殖民地的分別是西班牙與葡萄牙。到了十七世紀中葉，計劃進軍亞洲的荷蘭一一奪走原本屬於西班牙與葡萄牙的殖民地，並在臺灣建立軍事據點。在此情況下，西班牙、葡萄牙與荷蘭卻無法輕易攻下日本，原因出在當時日本擁有全世界最多的槍械。

貿易會帶來利益，荷蘭與大清帝國是鎖國政策下唯二可和日本通商的國家。幕府與朝鮮則透過對馬藩，維持外交關係。荷蘭人與中國人僅能停留於長崎，不得深入日本列島。鎖國政策雖然經常被視為是保守的外交政策，但其實是根據武裝中立的地緣政治學觀點所採取的卓越政治判斷。

鎖國
江戶幕府的外交政策，嚴格規範與外國的交流。禁止日本人前往國外和住在國外的日本人回國，僅承認荷蘭與中國商船可在長崎進行通商。

徵兵制
國民在一定期間必須服兵役的制度，始於法國大革命。日本於明治六（一八七三）年發表徵兵制，規定男子年滿二十歲必須盡服兵役的義務。

近代日本根深蒂固的雙重結構

江戶幕府原本局勢穩固，卻因為黑船到來而開始衰退。眼見大清帝國在鴉片戰爭戰敗後遭到列強瓜分，幕府擔心成為第二個中國，於是和英美等歐洲列強簽訂了不平等條約。

另一方面，日本國內也出現批判幕府膽小的聲浪，以薩摩藩與長洲藩為主的倒幕運動日漸激烈，帶動之後的明治維新。薩摩與長洲二藩聯手建立明治政府，推行西化政策，例如引進**徵兵制**、制訂大日本帝國憲法與**廢藩置縣**等等。

實際情況卻是權力從幕府轉移到薩長二藩，由二藩的相關人士獨佔政府與陸海軍的要職，雙方意見屢屢分歧。

薩摩藩在島津家征服琉球之後，採取海權路線，成為帝國海軍的前身；位置靠近朝鮮半島，隨時警戒大陸動向的長洲藩，則成為帝國陸軍的前身。海軍以海權國家英美為假想敵，渴望掌握海上霸權，陸軍則視陸權國家蘇聯為假想敵，結果雙方在統整陸海軍的大本營中依舊持續對立，彼此互相爭奪預算。第二次世界大戰時日本同時面對海權與陸權勢力而戰敗，原因就在於薩長聯盟自明治維新以來的對立。

廢藩置縣

明治政府所推行的行政改革，目的在於將地方分權轉換為中央集權。明治四（一八七一）年甫推行之際，廢除共二六一個藩，改為三府三〇二縣，同年年底則削減至三府七二縣，由東京派遣縣令（知事）。

同時和海權和陸權勢力對抗只會招致滅亡，這等於是重蹈明朝的覆轍。

受到地緣政治學影響的日本軍人

師事馬漢的日本海軍英雄

現代地緣政治學之父麥金德與近代海軍之父馬漢在十九世紀末期到二十世紀初期，建立地緣政治學理論體系。當時的日本提出殖產興業與富國強兵的口號，吸取歐美各國的產業技術與文化思想，推動國家近代化。在此背景下，日本也出現了受到地緣政治學影響的人物。

首先是大日本帝國海軍的軍人秋山真之。他出生於伊予松山藩（現在的愛媛縣），是司馬遼太郎的小說《坂上之雲》的主角之一。他在甲午戰爭（參見116頁）時從軍，一八九七年奉命留學美國，直接拜馬漢為師。美西戰爭（參見30頁）爆發的前一年，他親身感受到美國國內戰事逼近的氣氛，學到**兵棋推演**的重要。美西戰爭時，美軍採取的聖地牙哥港封鎖策略，也成為日後秋山在參與日俄戰爭時，採取的旅順港封鎖策略的原型。

秋山觀摩美西戰爭之後回到日本，擔任海軍大學校的戰術教官，不僅引進海軍戰術教育體系與兵棋推演，日俄戰爭時還跟隨東鄉平八郎，主導聯合艦隊的戰略。封鎖旅順港以及用來擊敗號稱世界最強的**波羅的海艦隊**的「丁字戰法」與「七段擊」，都是秋山提出的作戰方式，為日本贏得對馬海峽海戰做出貢獻。這些作戰方式自然都是源自秋山向馬漢學習的軍事戰略。

年代
一八九〇～一九四〇年代

相關國家
美國、俄國、德國等

兵棋推演
在地圖上進行戰爭的沙盤推演，預測預定的作戰方式會帶給敵手何種影響。

波羅的海艦隊
俄羅斯帝國自豪的主力艦隊，設置於波羅的海。日俄戰爭時受命前往旅順港，於明治三十八（一九〇五）年的日本海海戰中遭到日本聯合艦隊消滅。

崇拜德國的陸軍軍人

如果說秋山真之是受到歐美地緣政治學影響的海軍代表，那麼受到德國地緣政治學影響的陸軍代表就是大島浩。他從小便寄居在住在日本的德國家庭，學習德語。一直主張親德政策，甚至被稱為「超乎納粹的國家主義者」。

他於一九三四年擔任德國大使館的武官，企圖促進日德關係。反覆接觸德國地緣政治學家豪斯霍弗爾與外交大臣里賓特洛甫，對日德簽訂反共產國際協定有功。該功績促成他於一九三八年擔任駐德大使，與里賓特洛甫共同為實現日德義三國同盟奔走。

然而德國戰敗後，大島浩遭到聯合國拘捕，遣返日本。**遠東國際軍事法庭**上以煽動軸心國結盟的罪名，被判為A級戰犯，處以無期徒刑。一九五五年假釋出獄後，對於在德國時的事情一概「閉口不談」，終身對此保持沉默。

戰略與思想該像秋山一樣當做手段，還是像大島一樣做為目的，歷史上充滿各種教訓。

遠東國際軍事法庭

又稱「東京大審」。聯合國為了追究日本在第二次世界大戰時犯下的戰爭罪而設置的法庭。首相東條英機等七人被處以絞刑，對於聯合國朝庶民投下原子彈等罪行則不予追究。

明治維新之後，日本向列強學習地緣政治學。此時又出現海軍和陸軍意見不合的情況

鑽石構想包圍中國

包圍中國是否就能維持大西洋與太平洋地區的秩序與自由？

美國國力衰退，中國日漸興起，世界迎向新的局面。在此情況之下，安倍晉三再次獲選為首相，在國際NPO組織「評論彙編（Project Syndicate）」上以英文發表論文（二〇一二年十二月二十七日），標題為「Asia's Democratic Security Diamond（亞洲民主安全之鑽）」。日本現代的政治家難得提出以地緣政治學為背景的政策。

簡而言之，安倍提倡的就是「建構中國包圍網」，以此論文牽制中國單方面主張擁有東海與南海的主權。除此之外，論文中還主張太平洋與印度洋的和平、安定與航海自由關係緊密，不得分割。關於戰略構想，安倍則表示「日本做為成熟的海洋民主國家，必須強化與澳洲、印度、美屬夏威夷群島的合作關係，建立鑽石包圍網以保護橫跨印度洋至西太平洋的海洋權益」。為了修復鳩山、菅與野田等民主黨政府所破壞的日美關係，安倍政府和印度莫迪政府（Narendra Damodardas Modi）合作，在印度洋進行聯合軍事演習。川普政府肯定安倍的構想，於是出現美、日、澳、印組成的四方安全對話（Quadrilateral Security Dialogue, QUAD）包圍中國的情況。這個組織將來應該會成為印度太平洋版的北大西洋公約組織吧！

年代

二〇一〇年代

相關國家

美國、印度、澳洲、中國等

英法協約

英國與法國在一九〇四年簽訂的殖民地分割協議。雙方承認由英國掌控埃及，法國管理摩洛哥。

英俄條約

英國與俄國在一九〇七年簽訂的殖民地分割協議，決定伊朗與阿富汗等地的勢力範圍。

歷史總是「重蹈覆轍」

其實安倍的構想與英國在第一次世界大戰時包圍德國的戰略十分相似。當時德國皇帝威廉二世看準英法對立，趁機建造龐大的海軍，計劃取得德國史上首次的海上霸權。然而英國對於德國興起抱持戒心，改與法國簽訂**英法協約**，又與俄國簽訂**英俄條約**，形成三國協約。德國由於遭到三面包圍而在第一次世界大戰中戰敗，嘗到苦果。

安倍的構想是與美國、印度、澳洲，達成四國協議，藉以防堵中國。構想是否得以實現，仰賴各國政局與輿論。羅馬歷史學家庫爾提斯（Curtius Rufus）曾說：「歷史總是重蹈覆轍」。究竟，中國是否會步上和德意志帝國一樣的後塵呢……

四國聯手組成中國包圍網

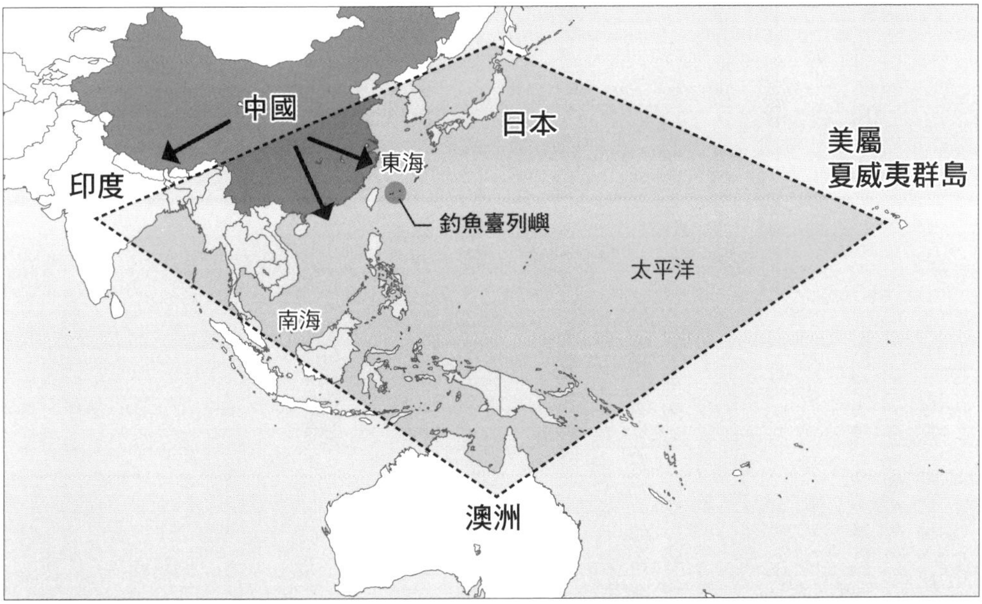

中國海路完全遭到封鎖（參見 191 頁），於是進軍南海與東海。四周國家組成包圍網，牽制中國的行動。

地緣政治學能拯救日本未來嗎？

日本不曾培養地緣政治學思考的理由

近年來，越來越常聽到地緣政治這個名詞，不過許多人聽了應該會覺得不自在。日本的地緣政治學來自德國，在第二次世界大戰時用來正當化**大東亞共榮圈**，日後又被**駐日盟軍總司令（GHQ）**視為日本擴張領土的政策，予以禁止。日本學界也認為地緣政治學是負面的學問，長期視為禁忌。為什麼地緣政治學在這種背景下，還會再度受到矚目呢？這是因為日本目前在國際上的立場出現了大幅變化。

日本在第二次世界大戰時慘敗，在駐日盟軍總司令的指導下重新建立從經濟到教育等各類國家相關制度。雖然戰爭結束了七十年，目前美軍依舊駐紮於沖繩，和俄國、中國等大陸國家互相對峙。換句話說，日本在美國的「保護」下，完全無須自行保衛國家與獨立發展外交。因此戰後的日本不僅缺乏地緣政治學的思想，也從未培育「戰略性思考」。七十年來，日本無法自行做出任何決定，一直維持在麥克阿瑟（Douglas MacArthur）口中的「日本人的精神年齡只有十二歲」的狀態。

年代 一九四〇～二〇一〇年代

相關國家 美國、俄國、中國等

大東亞共榮圈
第二次世界大戰時日本對亞洲的政策主張。在日本的帶領下，解放受到西方國家統治的殖民地，促使亞洲各民族獨立，共存共榮。原本的目標是正當化日本占領亞洲各國的政策，卻意外幫助了緬甸和印尼等國的獨立。

駐日盟軍總司令（GHQ）
第二次世界大戰後，同盟國設立的總司令部。最高司令官是美國陸軍上將麥克阿瑟，負責占領統治日本。

二十一世紀需要的地緣政治學思想

進入二十一世界之後，局勢有所改變。相較於美國國力在雷曼兄弟事件之後開始衰退，中國挾遼闊的領土與人口擴大影響力。今後兩者勢力可能會交替。事實上中國早已向美國提出瓜分太平洋的提案，在南海建設海軍基地與開發東海天然氣田應該也是其戰略的一環。日本由於無法自行保衛國家，今後可能會陷入窘境。

在這種情況下，日本究竟該怎麼辦呢？

最現實也最重要的是一邊建立穩固的美日關係，同時摸索如何自行保衛國家。在建立自保能力之前，儘量避免刺激中國也是選項之一。今後國家將邁向何種未來，掌握在全體國民手中。

無論如何，今後的日本都需要包含地緣政治學在內的「戰略性思考」。目前日本正面臨戰後以來最困難的選擇。

從地緣政治角度分析日本的未來

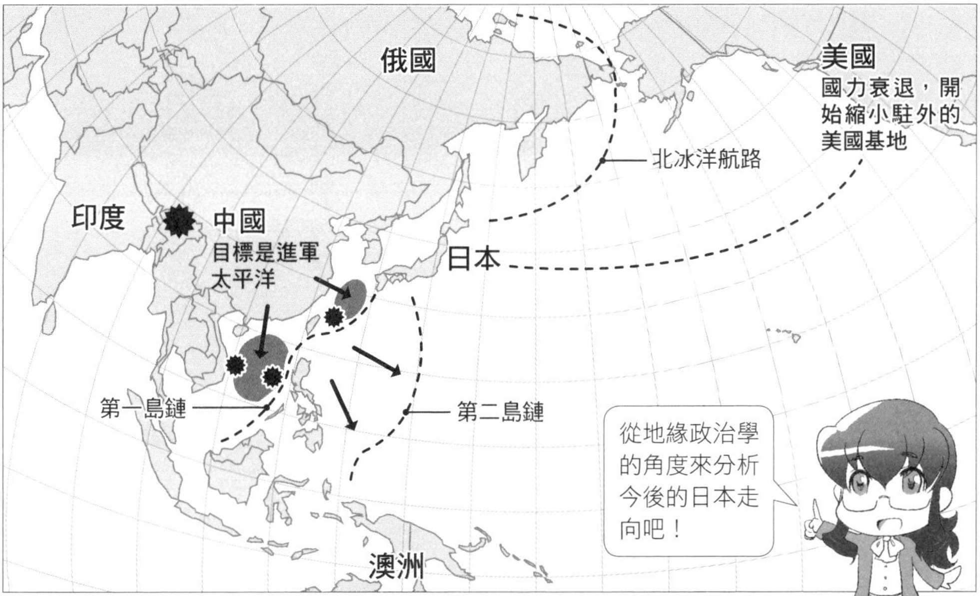

當美國傾向著重國內時，中國趁機進軍東海與南海。面對中國把東海和南海做為進軍太平洋跳板，日本也必須藉由戰略性思考，找到今後的方向。

日本該如何面對逐漸傾向本國優先的美國？

日本從第二次世界大戰戰敗直到現在，都是靠著駐守日本的美軍來維護國家安全。這是因為美國認為「日本是防衛亞洲太平洋地區的重要據點」。

然而主張應當重新檢討美日安保條約的川普上台之後，美日關係可能發生變化。川普雖然不見得會馬上著手，就中長期計畫來看卻是極有可能。

川普是共和黨員，認同門羅主義（美國優先主義）。他不關心國際社會秩序，只要不影響美國的利益，即有可能對中國與俄國在亞洲太平洋地區的蠻橫行為睜一隻眼閉一隻眼。最極端的例子是讓駐紮在橫須賀，負責維護遠東地區和平的第七艦隊撤退。如此一來，日本便失去後盾，也會出現填補軍事空白的國家——打算進軍太平洋的中國。

日本基本上有三個選擇：首先是維持當前的關係，繼續當美國的從屬國，例如負擔起美軍的駐日費用等「體貼經費」。

第二個選項是成為俄國或中國等陸權國家的從屬國，成為對方進軍太平洋的據點與屏障。

第三個選項是成為獨立國家，自行保衛國家，同時與世界各國建立外交關係。安倍晉三標榜「獨自外交」，在首次組閣時著手修憲以便於行使集體自衛權，可見他考量的應該是第三個選項。而將自衛隊以「軍隊」之名明記在憲法也應是選項之一。

其實安倍早已開始布局。例如位於非洲東部吉布地共和國的吉布地基地，是自衛隊的第一個國外基地，日本政府宣稱其目的在於對付索馬利亞的海盜。其實真正的目的是牽制中國和保衛海上通路，因為吉布地是連結紅海與阿拉伯海的海上要衝。

中國海軍於二〇一五年宣布也要在東吉布地建設基地，目前正在進行建設工程（譯註：已於二〇一七正式成立）。日本防衛省（譯註：類似台灣國防部）表示將擴大吉布地基地，以行對抗。

美國降低關注亞洲太平洋地區的秩序，還會引發另一個問題：俄國。俄國總統普丁提議「西伯利亞鐵路延伸至北海道」和「以天然氣輸送管連結日本列島與庫頁島」，取代解決北方四島爭議。如果這些提案真的實現，將成為地緣政治學上的一大事件，代表海權國家日本將仰賴陸權國家提供能源。另一方面，也有離間中俄陸權同盟的效果。

日本曾經採取強硬外交，脫離國際聯盟，與國際社會為敵，最後吞下「戰敗」苦果。「獨自外交」雖然並非壞事，重要的是了解外交與國家存亡的密切關係。

參考文獻

- 《學校不教的地緣政治學》（学校では教えてくれない地政学の授業）茂木誠、文化放送 PHP 研究所
- 《學世界史看懂新聞》（ニュースの"なぜ？"は世界史に学べ）茂木誠 SB Creative
- 《藉由世界史學地緣政治學！》（世界史で学べ！地政学）茂木誠 祥傳社
- 《地緣政治學入門——外交策略的政治學》（地政学入門——外交戦略の政治学）曾村保信 中央公論社
- 《Democratic Ideals and Reality》（マッキンダーの地政学）Halford John Mackinder 原書房
- 《The Geography of the Peace》（平和の地政学―アメリカ世界戦略の原点）Nicholas J. Spykman 芙蓉書房出版
- 《馬漢海權論集》（マハン海上権力論集）麻田貞雄 講談社
- 《The Revenge of Geography: What the Map Tells Us About Coming Conflicts and the Battle Against Fate》（地政学の逆襲「影の CIA」が予測する覇権の世界地図）Robert D. Kaplan 朝日新聞出版
- 《地緣政治學指出日本人不知道的國家方向》（日本人が知らない地政学が教える　この国の針路）菅沼光弘 Bestsellers
- 《地緣政治學是具備殺傷力的武器》（「地政学」は殺傷力のある武器である）兵頭二十八 德間書局
- 《The Accidental Superpower: The Next Generation of American Preeminence and the Coming Global Disorder》（地政学で読む世界覇権 2030）Peter Zeihan 東洋経済新報社
- 《圖解地緣政治：主權、資源與戰爭》（世界のニュースがわかる！図解地政学入門）高橋洋一 あさ出版／十力文化
- 《弓削塾的世界史：了解中國與阿拉伯》（ゆげ塾の中国とアラブがわかる世界史）弓削塾 飛鳥新社
- 《藉由圖解了解地緣政治學的基本》（図解でよくわかる地政学のきほん）荒巻豐志 誠文堂新光社
- 《為什麼了解地形與地理，世界史就變得如此有趣呢？》（なぜ、地形と地理がわかると世界史がこんなに面白くなるのか）關真興 洋泉社
- 《各國眼中的世界：現在就翻新你的國際觀！》（Atlas Du Monde Global）帕斯卡・博尼法斯、于貝爾・凡德林 如果出版社
- 《世界史精華》（世界史の極意）佐藤優 NHK 出版
- 《最終戰爭論 ・ 戰爭史大觀》（最終戦争論）石原莞爾 中央公論社／廣場出版
- 《日本邊境論》（日本辺境論）內田樹 新潮社
- 《The Islamist Phoenix: The Islamic State (ISIS) and the Redrawing of the Middle East》（イスラム国 テロリストが国家をつくる時）Loretta Napoleoni 文藝春秋
- 《石油的「蘊含量」是誰決定的？能源資訊學入門》（石油の「埋蔵量」は誰が決めるのか？エネルギー情報学入門）岩瀬昇 文藝春秋
- 《德意志帝國毀滅世界　警告日本人》（「ドイツ帝国」が世界を破滅させる 日本人への警告）Emmanuel Todd 文藝春秋
- 《虛偽的戰後日本》（偽りの戦後日本）白井聰、Karel van Wolferen 角川學藝出版
- 《永續敗戰論：戰後日本的核心》（永続敗戦論　戦後日本の核心）白井聰 大田出版／五南出版社
- 《The Next Decade: Where We've Been . . . and Where We're Going》（続・100 年予測）早川・非小説文庫
- 《東亞動亂　地緣政治學釐清日本的任務》（東アジア動乱　地政学が明かす日本の役割）　武貞秀士　角川 one thema 21

國家圖書館出版品預行編目資料

超地緣政治學最新修訂版 / 茂木誠監修 ; 武樂清 , Sideranch 繪製 ; 陳令嫻翻譯 . -- 修訂 1 版 . -- 臺北市 : 易博士文化 , 城邦文化事業股份有限公司出版 : 英屬蓋曼群島商家庭傳媒股份有限公司城邦分公司發行 , 2023.03
面 ; 公分
譯自 : マンガでわかる地政 改訂版
ISBN 978-986-480-275-3(平裝)

1.CST: 地緣政治

571.15 112000754

DO4010

超地緣政治學最新修訂版

原 著 書 名／マンガでわかる地政学 改訂版
原 出 版 社／株式会社池田書店
監 修 者／茂木誠
漫 畫／武樂清、Sideranch
譯 者／陳令嫻
選 書 人／蕭麗媛
企 畫 執 行／呂舒峮、黃婉玉
企 畫 監 製／蕭麗媛

業 務 經 理／羅越華
總 編 輯／蕭麗媛
視 覺 總 監／陳栩椿
發 行 人／何飛鵬
出 版／易博士文化
城邦文化事業股份有限公司
台北市中山區民生東路二段141號8樓
電話：（02）2500-7008 傳真：（02）2502-7676 E-mail：ct_easybooks@hmg.com.tw
發 行／英屬蓋曼群島商家庭傳媒股份有限公司城邦分公司
台北市中山區民生東路二段141號2樓
書虫客服服務專線：（02）2500-7718、2500-7719
服務時間：周一至周五上午09:00-12:00；下午13:30-17:00
24小時傳真服務：（02）2500-1990、2500-1991
讀者服務信箱：service@readingclub.com.tw
劃撥帳號：19863813
戶名：書虫股份有限公司
香港發行所／城邦（香港）出版集團有限公司
香港灣仔駱克道193號東超商業中心1樓
電話：（852）2508-6231 傳真：（852）2578-9337 E-mail：hkcite@biznetvigator.com
馬新發行所／城邦（馬新）出版集團 [Cite（M）Sdn. Bhd.]
41, Jalan Radin Anum, Bandar Baru Sri Petaling, 57000 Kuala Lumpur, Malaysia
電話：（603）9057-8822 傳真：（603）9057-6622 E-mail：cite@cite.com.my

美 術 編 輯／簡至成
封 面 構 成／劉淑媛、簡至成
製 版 印 刷／卡樂彩色製版印刷有限公司

本 文 設 計／小林麻實
D T P／菅沼祥平、鐮田優樹、アトリエゼロ
地圖製作協力／株式会社オンターゲット
編 輯 協 力／フィグインク、原田晶文
執 筆 協 力／谷口伸仁、砂崎良、片山喜康

MANGA DE WAKARU CHISEI-GAKU KAITEIBAN

Supervised by Makoto MOGI
Cartoon by Kiyoshi BUGAKU, Sideranch
First published in Japan in 2020 by IKEDA Publishing Co.,Ltd.
Traditional Chinese translation rights arranged with PHP Institute, Inc.
through AMANN CO., LTD.

2018年3月29日 初版
2023年3月07日 修訂1版
ISBN 978-986-480-275-3(平裝)

定價500元 HK$167

Printed in Taiwan

附錄

世界當前局勢地圖

藉由本張世界地圖可以俯瞰本書介紹的國家相對位置與地處重要位置的咽喉要道（參見6頁）。

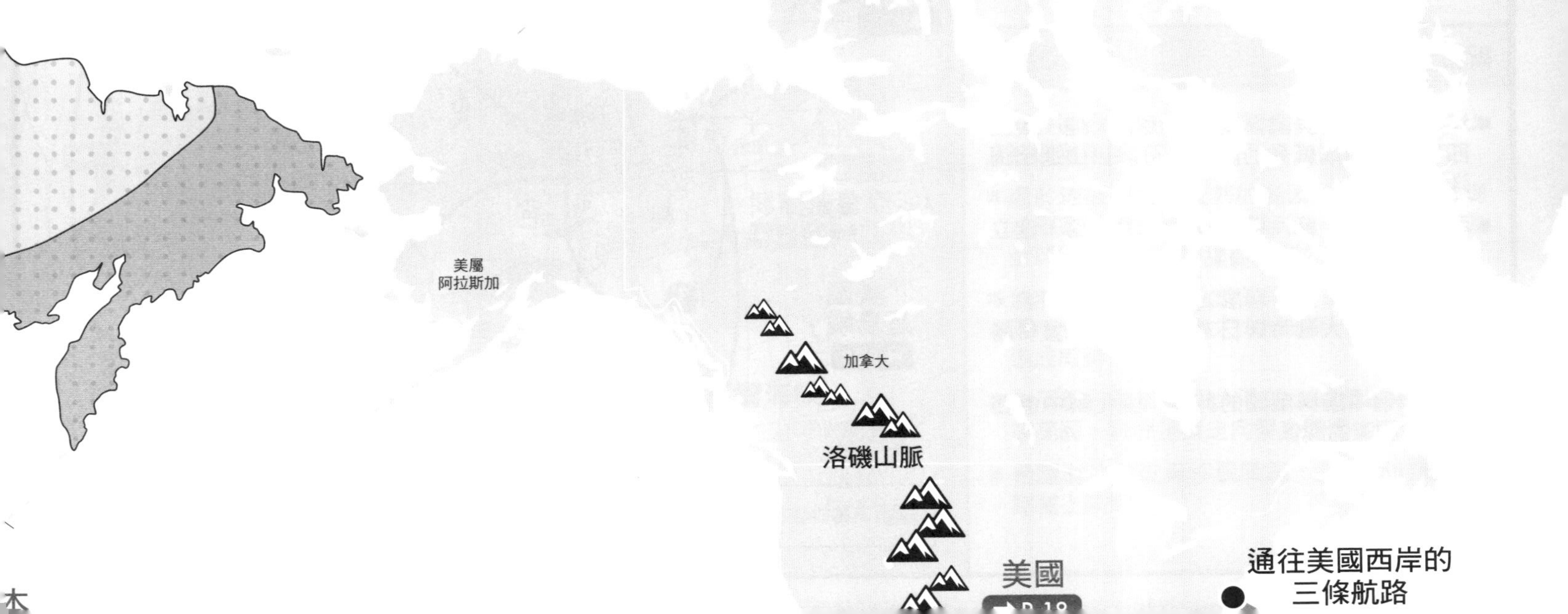
美屬
阿拉斯加
加拿大
洛磯山脈
美國
通往美國西岸的
三條航路

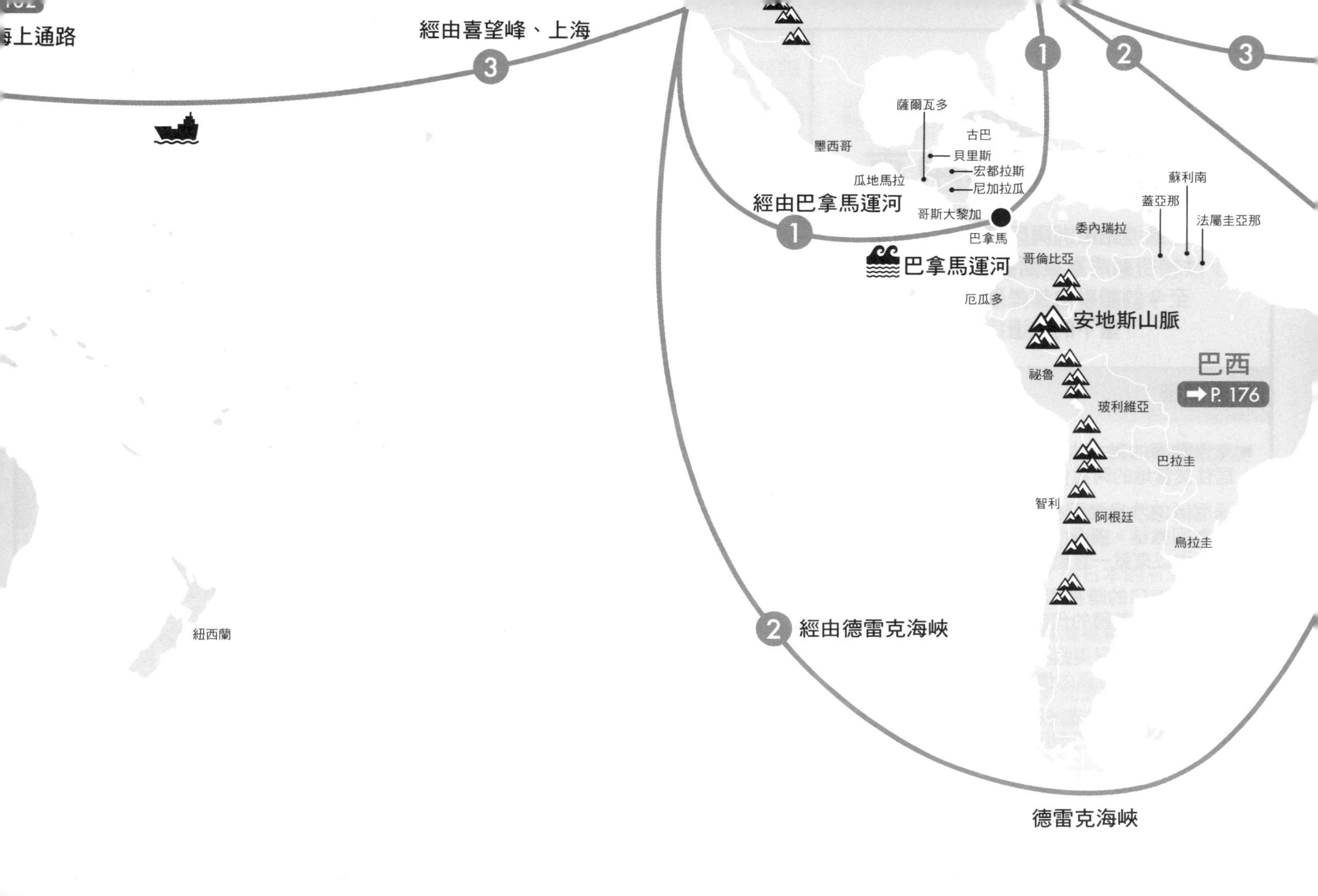

海上通路
經由喜望峰、上海
3
1
2
3
薩爾瓦多
古巴
墨西哥
貝里斯
宏都拉斯
瓜地馬拉
尼加拉瓜
經由巴拿馬運河
1
哥斯大黎加
巴拿馬
蘇利南
蓋亞那
法屬圭亞那
委內瑞拉
巴拿馬運河
哥倫比亞
厄瓜多
安地斯山脈
巴西
➡P. 176
祕魯
玻利維亞
巴拉圭
智利
阿根廷
烏拉圭
紐西蘭
2
經由德雷克海峽
德雷克海峽